사파 구하기

한 아이를 살려 세상을 구하다

사파 구하기

한 아이를 살려 세상을 구하다

와리스 디리 지음 | 신혜빈 옮김

여성성기훼손(FGM*)은 소말리아, 이집트, 에티오피아, 나이지리아 등 아프리카, 중동, 아시아의 30개 국가에서 행해진다. 그 중 FGM이 가장 많이 이루어지는 나라는 소말리아로, 여성의 98%가 피해를 당했으며 전 국민의 60% 이상이 할례 의식을 지켜야 한다고 믿는다. 이 책의 배경이 되는 지부티에서는 93%의 여성이 성기훼손을 당한다. 최근에는 이민자들에 의해 FGM 관습이 유럽 및 미주 국가로 퍼졌다. 특히 미국에서는 지난 20년간 FGM 피해를 당한 여성의 수가 3배 증가하기도 했다. 와리스 디리와 사막의 꽃 재단은 유럽 내 여성성기훼손 실태를 조사하여 발표함으로써 대부분의 유럽 국가와 많은 아프리카 국가들이 FGM 금지법을 도입하도록 만들었다.

통계에 의하면 세계 FGM 피해자 수는 2억 명에 달하고, 매 8초마다 한 명의 여아가 성기훼손을 당한다. 전 세계 여성 20명 중에 한 명은 FGM 피해자다.

* FGM은 Female Genital Mutilation의 약자로, 여성 성기 훼손 혹은 여성 성기 절제로 번역된다. 이 책에서는 '성기훼손' 혹은 '여성성기훼손'으로 붙여 써서 한 단어임을 나타냈다.

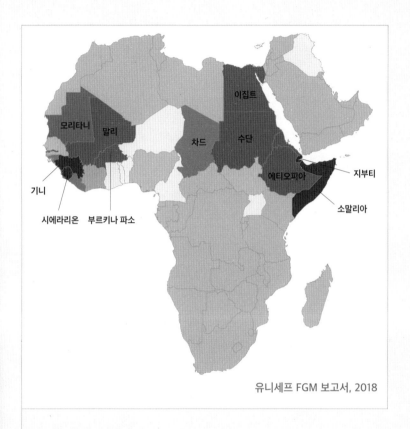

유니세프 FGM 보고서, 2018

1 - 9%

10 - 29%

30 - 49%

50 - 69%

70 - 89%

90 - 99%

1부

2부

와리스 사막의 꽃 재단을 세우고 여성성기훼손 근절에 앞장서는 인물로 사파를 구하기 위해 급하게 지부티로 향한다.

사파 이야기의 주인공 사파 누르는 영화 「데저트 플라워」(이하 영화)에서 와리스의 아역을 맡아 여성성기훼손을 당하는 장면을 촬영하였다.

이나브 영화에서 와리스의 동생 '영감님' 역할을 맡은 이드리스의 누나. 성기훼손에 반대했지만 끝내 피해자가 되었고, 두 여동생을 지키기 위해 사막의 꽃 재단에서 일하고 싶어 한다.

이드리스 사파의 아버지로 사파가 할례를 받지 않는 대가로 경제적 지원을 받는 것과 '전통'을 따르는 것 사이에서 갈등한다. 사파, 이나브와 함께 유럽 여행을 떠난다.

포지아 사파의 엄마로 사파에게 여성할례를 행해야 한다고 생각한다.

파두자 지부티에서 영화의 캐스팅을 계획하고 진행했으며, 이후에는 아역을 맡은 사파와 이드리스의 가족을 지원하고 있다.

조애나 와리스의 조력자이자 매니저로 와리스가 모든 일을 믿고 의지하는 친구다.

소피 사막의 꽃 재단 빈 사무소의 직원. 사파 일행의 유럽 여행을 책임지고 계획하였으며 동행한다.

월터 사막의 꽃 재단의 디렉터. 사파 일행을 와리스에게 데려다 준다.

린다 사막의 꽃 재단 부회장이자 인권 변호사로 프랑스에서 강력한 FGM 관련법을 제정하는데 앞장섰다. 지부티에 도착한 와리스를 반겨준다.

리야 에티오피아 출신 모델로 영화에서 와리스의 역을 맡았다.

이드리스 영화에서 와리스의 동생 '영감님' 역할을 맡았으며 유럽에 가고 싶어 한다.

알리크 와리스의 첫째 아들.

레온 와리스의 둘째 아들.

하오 와리스의 조카이자 수양딸. 와리스의 남동생인 아빠로부터 성기 훼손의 위협을 겪었으나 와리스가 입양하여 폴란드로 데려왔다.

모 하오의 오빠로 동생과 함께 와리스에게 입양되었다.

아미르 사파의 첫째 동생.

누르 사파의 둘째 동생.

1부

프롤로그

와리스 디리에게

제 이름은 사파 누르고 일곱 살이에요. 와리스 영화에
제가 나왔는데, 기억나세요? 저는 지부티에 살고 우리 가
족은 남동생 둘, 아미르와 누르, 그리고 엄마와 아빠가 있
어요.

그 영화 덕분에 발발라에 사는 사람들은 전부 저를 알
아요. 그래서 뿌듯해요.

아빠는 우리가 전보다 형편이 훨씬 나아졌대요. 먹을
것도 있고 전깃불도 들어온다고요. 그런 게 없는 사람도
많아요. 저는 학교도 다니는데, 정말 좋아요! 거기 다니는
아이들도 전부 와리스가 누구인지 알고, 제가 와리스 영

화에 나왔다는 것도 알아요. 아빠는 이제 우리도 유명해졌다고 늘 말씀하곤 하세요.

잘 지내세요? 저는 잘 지내요. 하지만 가끔 저만 혼자라서 아주 슬프기도 해요. 길에서 놀고 있을 때, 아이들이 저를 보고 도망가고 욕하고 나쁜 말을 해요. 절 보고 더럽다고 하지만, 그건 전혀 사실이 아니에요. 엄마랑 아빠도 나 때문에 말다툼하고 엄마는 소리를 많이 질러요. "사파는 망신거리야, 할례를 안 받았잖아!" 그리고 아빠는 화를 많이 내요.

나도 할례를 받는다면, 다른 아이들이 나랑 놀아주겠지만, 엄청 아플 테니까 무섭기도 해요. 그래서 받고 싶지 않기도 하고요. 모르겠어요. 어떻게 생각하세요?

학교 아이들은 지금은 잘 대해주지만, 처음엔 아니었어요. 사실 다른 애들은 전부 부모님이 대단한 일을 하시고 멀리 다른 나라에서 여기까지 왔어요. 저만 발발라에서 왔고 또 부자가 아니어서, 애들이 제 니캅*을 보고 못되게 굴기도 했어요. 그러다가 두라니 선생님이 엄마한테 말해서 이제 저는 니캅을 안 쓰고 학교에 가요. 저도 그게 더 좋아요.

제 단짝 친구는 다이앤 펄이라는 앤데 미국에서 왔어

* 이슬람 여성 의복 중 하나로, 눈을 제외한 얼굴을 가리는 베일

요. 다이앤 아버지는 외교관이라는데, 그게 뭔지는 잘 모르겠어요. 그게 뭔가요, 와리스? 다이앤은 지부티에서 제일 예쁜 집에 살고 사실 여덟 살이에요. 다이앤은 프랑스어를 그다지 잘하지 못해서, 그래서 저랑 같은 반인 거예요. 우리는 정말 친하게 지내고 모두가 다이앤이 제 친구라는 걸 알아요. 다이앤은 키도 커서 이제 다른 애들이 더는 못되게 굴지 않아요.

며칠 전에 어떤 사람들이 카메라랑 마이크를 들고 우리를 찾아와서 모두와 얘기를 나누고 엄마랑 아빠한테 많은 걸 물어봤어요. 그분들이 저한테 와리스 사진을 줘서 슬플 때마다 그 사진을 봐요. 그래서 제가 이 편지를 쓰는 거예요.

와리스는 세상에서 제일 아름답고 강한 여자예요. 와리스는 정말 멋져요! 제가 크면 꼭 와리스처럼 되고 싶어요.

언제 절 보러 오실 건가요?

다시 지부티에 오실 건가요?

그렇다면 좋을 거예요.

사랑해요.

2013년 1월 15일, 지부티
사파가 파두자의 도움을 받아

지부티시티의 교외 도시 발발라에서 날아온 이 어린아이의 글을 다시 한번 읽었다. 여태껏 나는 여자들로부터 감동적인 편지를 많이 받아왔다―우리 사막의 꽃 재단Desert Flower Foundation에 도움을 요청하는 피해자들의 편지, 나를 지원하는 부유하고 존경받는 여자들의 편지, 절망적인 상황에서 꺼내 달라고 애원하는 겁에 질린 여자들의 편지까지. 하지만 이렇게 어린 아이에게서 이런 편지를 받은 건 처음이었다.

브뤼셀의 한 호텔 방에 앉아, 사파의 편지를 읽고 또 읽었다. 그 말들이 내 심장을 옥죄는 올가미 같았다. 이 어린 아이가 겪어야 할 고통이 대체 무엇이기에―그것도 겨우 일곱 살짜리가―이렇게 길게 아이답지 않은 편지로 도움을 청해야 했을까? 해를 입지 않아 기쁘면서도, 다른 한편으론 외면당해 외로워하면서…

"사파가 발발라의 우리 팀이랑 이 편지를 같이 썼어요. 당신한테 내가 직접 가져다주겠다고 사파와 아주 단단히 약속해야 했죠." 나의 조력자이자 매니저인 조애나의 말이 내 머릿속에서 돌아가던 감정의 회전목마를 세웠다.

사파의 마을과 가족을 담은 그 영상이 보고 싶었다.

"사파 말로는 거기서 인터뷰를 했다면서요? 거기서 찍은 거 전부 보고 싶어요."

"문제없죠. 다 제가 갖고 있어요." 조애나가 나를 안심시켰다.

"호텔에 도착하면 다 방에 가져다줄게요."

나는 편지를 조심스레 접어서 재킷 안주머니에, 방금 그것이 아주 깊이 닿은 내 심장 가까이에 두었다.

메시지

목구멍이 조여와 숨이 거칠어진다. 땀에 젖은 떨리는 손으로 회색 가죽 의자의 팔걸이를 더듬거린다. 무언가 잡을 것이 필요하다. 여기서 나가고 싶다. 보고 싶지 않다. 이건 전에도 내 눈앞에 너무나 자주 펼쳐지던 광경이다. 이번에도 고개를 돌리지 못할 것을 나는 안다. 관자놀이에서 심장이 고동치는 게 느껴지고, 머리가 금방이라도 터져 버릴 것만 같다. 나는 겁에 질렸다. 조명을 끈 방이 일초마다 작아지고 좁아지는 듯하다. 하지만 나는 덫에 걸렸다. 과거라는 덫에.

찢어질 듯한 비명이 이어진다. 그 소리가 회의실 안에서 울려 퍼진다. 그리고 나를 정확히 관통한다. 어린 여자아이 얼굴이 고통으로 일그러져 내 눈앞에 다가온다. 온 사방이 피로 물든다. 가시덤불에서 나뭇가지 하나가 부러진다. 거칠고 뼈가 앙상한, 주름진 손이 옹이 진 나뭇가지에서 면도날처럼 날카로운 가시들을 잡아 뜯는다. 늙은 여자의 얼굴. 파괴적이고 고집스러운, 지독한 그 얼굴의 눈동자가 너무도 냉랭해서 등골이 오싹하다. 두 손이 아이의 다리를 잡고 비틀어 벌린다. 흔들림 없고 단호한 그 손은 다름 아닌 그 아이의 어머니 손이다.

그는 어린 딸의 삶을 완전히 파괴할 것이다. 어떻게 자식한테, 자기 피붙이한테 그렇게 잔혹한 짓을 저지른다는 말인가? 왜 어린 딸을 낚아채서 함께 도망치지 않는 것일까? 게다가 그의 딸 하나가 이미 그 도려냄과 꿰맴 때문에 출혈로 목숨을 잃었다. 이번에는 어떨까? 이 아이는 살아남을 수 있을까?

훗날, 다 큰 딸이 자기한테 왜 그런 짓을 했냐고 물으면, 그는 그것이 알라의 뜻이었다고 말할 것이다. 우리 민족의 전통대로 한 거라고. 그래야만 훌륭하고 충실한, 순결한 아내가 될 수 있다고. 그렇지 않다면 괜찮은 신붓값을 낼 남편감을 절대 찾지 못했을 거라고. 너 자신의 안전을 위한 일이었다고. 네가 속한 부족에서 늘 행해졌던 일이고, 앞으로도 쭉 그럴 거라고. 여자가 되는 길에는 고통과 복종이 수반된다고.

그 모든 것을 나는 안다.

어마어마한 분노가 내 안에 쌓인다. 울화와 절망의 눈물이 차올라 얼굴을 타고 떨어진다. 내 머릿속은 오직 하나의 생각으로 가득하다. 이것을 멈춰야 한다. 여기에 영원한 종지부를 찍어야 한다.

브뤼셀 베를레몽 빌딩 강당의 조명이 켜졌다. 서둘러 뺨에서 눈물을 닦아내고 주위를 둘러봤다. 나는 유럽연합(EU) 집행위원회 부위원장의 초대를 받고 여성성기훼손에 반대하는 국제 콘퍼런스에 와 있었다.

영화 「데저트 플라워Desert Flower」의 잔혹한 할례 장면이 콘퍼런스의 문을 열었다. EU 집행위원, 장관, 국회의원, 수많은 비영리 단체 대표와 기자가 내 앞의 스크린을 충격받은 얼굴로 쳐다봤다. 그들은 모두 1998년 같은 제목으로 출간된 내 책, 겨우 다섯 살에 성기훼손을 당한 후 어떻게 내가 집에서 탈출했는지 쓴 『사막의 꽃』*을 익히 알았다. 그 자리에 참석한 많은 이들이 책을 읽었고, 그중 몇몇은 2009년 개봉한 영화도 이미 봤다. 모든 이들의 얼굴이 경악으로 가득 찼다. 객석에는 유럽과 아프리카의 최고 정치인, 고위급 EU 관료들과 주요 비정부기구 대표

* 번역서 개정판 2015년 섬앤섬 출간

들도 앉아 있었다. 모두 힘을 가진 사람이었다. 수십만 여아를 성기훼손으로부터 보호하고, 피해자를 지원하고, 다시금 삶을 가치 있게 만들어 줄 힘이.

다만 왜 그러지 않는지가 의문이었다. 그들은 자신의 위치에서 응당 해야 할 일을 왜 하지 않는가.

침묵 속에서 그들이 지켜보는 동안 연단으로 향하며 마음을 가라앉히고 나와 내 삶을 형성한 그 잔혹한 장면을 마음 한구석으로 치우려고 애썼다.

"와리스, 여기요." 앞줄에 앉은 조애나가 휴지를 건넸다.

내 조력자이자 매니저, 오른팔, 그리고 그 이상인 사람. 여성성기훼손, 세계에 널리 알려진 이름으로는 FGM에 저항하며 함께 싸웠던 지난 수년 동안, 그는 나의 가장 가까운 친구이자 가장 믿음직한 동지가 되어주었다.

조애나는 그 할례 장면의 이미지가 내게 어떤 영향을 주는지 알았다. 전 세계에서 「데저트 플라워」가 개봉하고 상영될 때 나는 세계 각지를 돌아다니며 그 영화를 수십 번 넘게 봤다. 심지어 영화 제작에 직접 참여했고, 성기훼손 장면을 최대한 사실적으로 담자는 의견에도 찬성했다. 물론, 매년 전 세계에서 여아 3백만 명이 당하는 그 시술, 의식이 완전히 깨어있는 상태에서 음핵과 소음순, 대음순을 더러운 면도날로 도려낸 다음, 남아있는 피투성이 음순을 마느질로 꿰매는 그 과정의 진짜 공포와 진혹힘을 영화에서 그대로 묘사하기는 불가능할 것이다.

영화 스크린에서 나를 연기하는 그 어린아이의 비명은 들을 때마다 나를 끔찍했던 그때로 다시 돌아가게 했다. 수도 없이 그 장면을 볼 때마다, 조애나는 나를 안아주었고 진심으로 나를 위로했다. 이번에도 역시 그가 앞줄에서 내 눈을 깊이 들여다보며, 전에도 수없이 그랬듯 고개를 끄덕이며 내게 용기를 주었다.

발표 시작 몇 시간 전, EU 집행위원회 부위원장 비비안 레딩을 만났다. 그는 정의, 기본권 및 시민권 분과 집행위원이기도 했다.

"와리스, 브뤼셀에서 다시 볼 수 있어 정말 기뻐요!" 레딩이 따뜻한 미소로 나를 맞이했다.

그의 푸른 눈동자가 우아한 무테안경 너머로 빛났다. "우리 함께 이 문제를 세상에 알려야죠. 사람들 모두가 알아야 할 문제예요." 그가 팔짱을 끼며 단호하게 덧붙였다.

잠시 나는 할 말을 잃었다. 그러고는 코웃음을 쳤다. "세상에 알리자고요?" 부위원장이 반응하지 않자, 나는 쏘아붙였다.

"1996년부터 나는 사람들에게 FGM을 알리는 일만 줄곧 해 왔어요. 뉴욕의 유엔(UN)에서, 이곳 브뤼셀의 EU에서, 아디스아바바의 아프리카 연합에서, 전 세계 각국 정부에서 연설했어요. 토크 쇼 수십 개에 출연했고, 수없이 많은 인터뷰에 응했고, 내밀한 이야기까지 다 털어놔야 했어요. 사람들의 눈을 뜨게 위해 내 사생활을 희생해야 했죠." 목소리가 높아지다 어느새 떨리기 시작했다. "나는 UN과 아프리카 연합의 특사로 임명됐고, 사막의 꽃 재단도 세웠어요. 수년 동안 전 세계에서 일어나는 성기훼손을 막기 위해 내 마지막 남은 힘 한 방울까지 모두 쏟아부었어요. 그런데 아직도 이 문제를 어떻게 하면 세상에 널리 알릴 수 있을지를 나와 논의한다고요?"

레딩이 다시 내 눈을 똑바로 볼 수 있게 되었을 때, 나는 더욱 차분하게, 하지만 더욱 단호하게 말을 이어갔다. "저는 이 자리에 의식 고취를 위해 온 게 아닙니다. 저는 FGM을, 여아에 대한 이 범죄를 영원히 끝내려고 왔습니다. 당신의 도움을 받아서요. 이미 논의는 충분히 오갔습니다. 이제 실천으로 보여줄 때입니다. 유럽연합과 유럽 전역의 모든 정부가."

2006년 나의 세 번째 저서 『사막의 아이들Desert Children』 출간 직후, 사막의 꽃 재단에서 진행한 FGM의 유럽 확산

세에 대한 우려스러운 조사 결과를 EU 각료 이사회 앞에서 발표한 적이 있다. 우리 팀과 나는 여러 대책까지도 목록으로 만들어, 유럽의 의사 결정자들 앞에 내놓았다. 이 구체적인 아이디어와 제안 중에서 어느 것이 부분적으로나마 실행되었을까?

아무것도 실행된 게 없다.

그러는 동안, 수백만의 여아와 성인 여자들이 계속해서 고통받았다. 이들은 감염으로 비참한 죽음을 맞이하거나, 끔찍한 아픔을 안고 살아야 한다.

"여자아이들이 참혹히 죽어 나가지 않도록 어떻게 보호하실 건가요? 또 이미 피해를 당한 여자들은 어떻게 도울 계획이신가요?" 내가 그를 압박했다.

레딩의 사무실 문이 활짝 열렸다. 그는 빠르게 침착을 되찾았고, 두 팔을 벌려 방문객을 껴안았다. "와리스, 인사드려요. 이쪽은 부르키나파소 퍼스트레이디 샹탈 콩파오레예요. 부르키나파소 정부는 아프리카에서 FGM 근절에 가장 큰 성공을 거뒀죠."

카메라 플래시가 쏟아지고 사방에서 마이크가 튀어나왔다. 촬영 기사 세 명과 사진사 두 명이 휘황찬란한 예복으로 온몸을 감싼 유명 퍼스트레이디를 둘러싸고 호들갑을 떨었다. 그것으로 나와 부위원장의 대화도 끝이 났다.

하지만 내 전투 의지는 다시금 깨어났다.

수년 전 나는 몇몇 국가의 정치인들이 나를 일종의 상징물로 이용하고 있다는 점을 깨달았다. 와리스 디리와 찍은 사진 한 장과 심금을 울리는 글귀는 그들이 FGM에 어떤 조치를 취하고 있다는 신뢰를 줄 테니까. 나는 수년간 국제 콘퍼런스에서 '스타 게스트'로 수요가 많았다. 거기선 내게 요구사항을 발표하게 해 주었고, 얼굴에 미소를 띠고 의장이며 장관들과 단체 사진을 찍게 해 주었다. 다만 내게 허락되지 않은 게 한 가지 있다. 그들을 다시 찾아가 내 요구사항 중 어느 것이 실제로 시행되었는지, 정확히 어떤 조치를 취해 FGM 철폐를 위한 내 싸움을 지원하고 있는지 묻는 것이다.

최근 나는 정치인들의 초대는 적게 수락하고, 사막의 꽃 재단 일에 더 집중하기로 했다. 이번 EU 집행위원회 행사도 참석해야 할지 오랜 시간 고민했다. 하지만 이번 이야말로 드디어 엄격한 제재 시행을 약속받을 수 있을지 모른다는 희망이 나를 브뤼셀로 이끌었다.

연단에 다다른 뒤 왼쪽 재킷 주머니, 사파의 편지를 넣어둔 곳에 손을 갖다 댔다. 영화에서 고작 세 살의 나이에 어린 나를 연기한 그 사파의 모습이 어찌나 사실적이었는지! 그리고 지금껏 사파는 그 잔혹한 할례를 피할 수 있었다. 적어도 편지에는 그렇게 적혀 있었다. 그런데 지금 그 어린 사막의 꽃이, 우리가 맺은 계약에도 불구하고 힐례의 위험에 처해 있다면?

생각을 정리하려 애쓰며, 여러 번 크게 심호흡을 했다.

"부위원장님, 위원님들과 대표님들." 연설을 시작했다. 백여 명의 전문가와 관련인의 시선이 모두 내게 집중됐다.

"2006년 1월, 저는 바로 이 건물에서, 각료 이사회 앞에서 2년간의 조사 결과를 발표했습니다. 우리 사막의 꽃 재단에서 어떠한 공적 자금 지원도 없이 진행한 조사였습니다. 저는 제 성명뿐 아니라, FGM 근절을 위해 전 세계 정부가 모두 시행해야 할 여러 대책까지 제시했습니다. 또한 어떻게 하면 우리가 피해자를 존중하며 도울 수 있을지도 말씀드렸습니다. 그 자리에 있던 장관들과 EU 위원들은 모두 깊은 감명을 받았습니다. 뜨거운 박수를 보냈습니다. 제 요구를 실행에 옮길 것을 약속했습니다. 그 후, 실제로 어떤 것들이 시행되었을까요?"

나는 주위를 둘러보았다. 회의실 안에는 어색한 침묵만이 흘렀다.

"아무것도 시행되지 않았습니다."

"여러분이 이 자리에 다시 불러주셔서, 저는 지금 EU와 유럽 각국 정부가 FGM 근절을 위해 어떤 조치를 취해야 하는지 논의하는 이곳에 와 있습니다. 마치 우리가 2006년에 논의했던 모든 것이 기억 저편으로 사라진 듯합니다. 그래서 저는 다시금 제 성명과 모든 요구사항을 여기 가져왔습니다. 우리 재단 웹사이트에서도 아주 쉽게 찾아볼 수 있죠. 유의 깊게 읽어주시고, 늦게나마 하루빨리 이 조치를 시행해주십시오!"

머리 위로 그 서류들을 단호히 흔들어, 뒷줄에 앉은 사람들까지 볼 수 있도록 했다.

"이 자리에 계신 여러분." 내가 손가락으로 객석을 가리켰다.

"여기 계신 모든 분들 한 분 한 분이 그 힘을 갖고 계십니다! 전 유럽의 소아과 및 산부인과 전문의, 조산사, 교사, 망명 지원가, 사회복지사, 청소년 지원가, 경찰관, 검사와 판사까지 모두가 알아야 하고 교육받아야 합니다. 그래야만 우리가 모두 공조하여 이 범죄에 영원한 종지부를 찍을 수 있습니다. 제가 제안한 조치들은 효과적인 만큼 간단합니다. 죄 없는 여아들을 보호하고 싶지 **않으신가요**? 진정 피해자들을 도울 생각이 없으신가요?"

회의실 안의 침묵이 압박감과 동시에 해방감을 줬다. 드디어 수년간 내 가슴을 무겁게 짓누르던 실망과 좌절을 토해낼 수 있었다. 그 기회를 놓치지 않고 말을 이어갔다.

"끝나고 아무것도 안 할 거라면 왜 자꾸 콘퍼런스를 여십니까? 이런 행사의 목적은 여러분이 재선에 성공하기 위함이 아닙니다. 방금 영화에서 보신 그 아이와 같은 여아들을 돕기 위함입니다. 사파의 가족은 저처럼 원래 소말리아 출신입니다. 태어났을 때부터 사파의 삶은 이미 정해진 듯했습니다. 하지만 제 영화에 출연하면서, 사파의 삶은 바뀌었습니다. 그 영화의 배역을 맡은 덕분에 부모님이 계획 중이던 할례의 위협에서 벗어날 수 있었습니다. 사파는 현재 일곱 살이고 학교에서 정규 교육을 받고 있으며, 이는 사파에게 자신의 삶에 스스로 선택을 내릴 기회가 있다는 뜻입니다. 하지만 사파 한 명만으로는 부족합니다. 우리는 백만 명의 사파가 필요합니다. 아프리카, 아시아, 유럽 전역에서. 그리고 오직 여러분의 도움만이 그들을 구할 수 있습니다. 오직 여러분의 도움만이 죄 없는 여아들에게 살고 싶은 삶을 줄 수 있습니다. 간곡히 부탁드리건대, 무엇이든 제발 **해주십시오.**"

"잘했어요, 와리스!"

회의실 바깥 복도에서, 조애나가 나를 꼭 껴안았다. 나는 아무 말도 하지 않았다. 감정이 요동쳤고, 진이 빠진 데다 피곤해서 정신이 아득했다.

"그 장면을 틀지 말았어야 했어요." 택시 안에서 내가 한숨을 내쉬었다.

"매번 볼 때마다 기억이 전부 되살아나요. 모든 게 너무 생생해서 내가 보고 있는 게 진짜인 것 같은 착각마저 들 정도로."

조애나가 내게 안쓰러운 눈길을 보냈다. 그에게 종종 그 영화를 보면 어린 시절로 돌아가게 된다고 얘기하곤 했다. 소말리아의 사막, 끝도 없이 펼쳐진 하늘 아래로. 우리는 자주 배를 곯았고 마실 물도 턱없이 부족했다. 그런 데도 나는 행복했다. 두려움을 몰랐다. 사막에는 여러 위험이 도사리고 있었지만, 부모님은 내게 경계하는 법을 알려주었고 나는 사막의 지리를 훤히 알았다. 그러지 못했다면 열세 살의 나이에, 어떤 늙은 남자와 나를 결혼시킬 생각이었던 아버지의 계획에서 탈출해 혼자 사막을 건너지 못했을 것이다. 나는 우리 집을 사랑했다—물론 나의 어머니도. 엄마를 맹목적으로 믿었다. 다섯 살 때 그 끔찍했던, 피로 물든 그날, 그 일이 있기 전까지는.

"와리스, 그 장면을 튼 건 옳은 일이었어요." 조애나가 대답했다. "영화에 할례 장면이 빠지면 안 된다고 주장했던 것, 기억나요? 사람들에게 경각심을 주기 위해서였잖아요. 당신의 판단이 옳았어요. 게다가," 그가 말을 이어갔다. "영화가 그 아이, 사파를 지켜줬죠." 나는 재킷 주머니에 손을 갖다 대 사파의 편지가 잘 있는지 확인했다.

조애나는 크게 심호흡한 뒤 '한 사람의 생명을 구한 것은 온 세상을 구한 것과 다름없다'는 탈무드의 말을 인용했다. 내 눈에 눈물이 차올랐다. 조애나가 보기 전에, 두 팔로 그를 꼭 껴안고 그의 볼에 입 맞췄다. 그제야 눈물을 내 볼 위로 떨구었다.

호텔에 도착했을 때, 재킷을 벗고 안주머니에서 작게 접은, 누렇게 바래 가는 종이 한 장을 꺼냈다. 크고 부드러운 침대 위에 털썩 앉았다. 사파가 내게 써 준 그 문장들을 얼른 또 한번 보고 싶었다. 내 마음을 읽은 것처럼, 조애나는 이틀 전 내 방 책상 위에 설치해 놓고 간 노트북을 열었다.

"뭐 해요?" 내가 물었다.

"지부티에 있는 우리 직원들이 가장 최근에 당신한테 보내준 사진을 찾아보려고요. 영상도 몇 개 있어요."

조애나가 내 침대맡 탁자에 자료 상자를 올려놓고 디브이디 하나를 노트북에 넣었다. "나 지금 너무 피곤해요, 와리스. 방에 가서 자기 전에 빈에 있는 우리 아들한테 전화 한 통 해야겠어요. 나 없어도 괜찮겠죠? 필요한 게 있으면 전화 주세요."

그가 문을 닫고 나갔을 때, 내 얼굴에 미소가 번졌다. 내 소울메이트인 조애나는 매니저이자 친구로서 11년간 내게 도움과 조언을 아끼지 않았다. 그가 내 곁에 있어 줘서 이루 말할 수 없이 고마웠다. 그는 언제나 내 고민을 들어줄 준비가 되어 있었고, 내가 충동적인 결정을 내릴 때마다 곤란했을 텐데도 나를 이해해주었다. 조애나는 공산 정권 치하의 그단스크에서 자랐는데, 부모님이 정권에 저항했기에 가족은 늘 가난하고 불우했고 조애나는 힘겨운 어린 시절을 보냈다. 청년 시절, 조애나는 폴란드를 떠나 대학 진학을 위해 오스트리아로 향했고 거기서 직장도 구했다. 처음에는 독일어를 한마디도 못 해서 언어를 익힐 때까지 아르바이트로 생계를 꾸려나가야 했다. 하지만 학업을 무사히 마쳤고, 오래지 않아 성공한 경영인이 되었다. 조애나의 이야기는 내가 런던에 살 때를 떠올리게 했다. 당시 소말리아 대사관에 있던 내 친척들은 나를 하인 취급했다. 그들이 떠날 때 나는 함께 돌아가지 않았다. 그 후 길에서 살던 힘든 나날들이 이어졌고, 영어를 한마디도 못하던 내가 구할 수 있는 일이라고는 맥도널드의 청소부 일뿐이었다.

조애나는 말 한마디 통하지 않는 타국에서 아무런 도움 없이 혼자 모든 걸 헤쳐나가며, 어려움을 극복하고 절대 포기하지 않는다는 게 어떤 의미인지 잘 알았다. 그 경험이 분명 우리 둘을 끈끈하게 묶어주고 있었다.

생각에 잠긴 채, 이불 밑으로 미끄러져 들어가 무릎 위에 노트북을 놓고 파일을 클릭하기 시작했다. 첫 번째 사진은 사파의 가족사진이었다. 키가 작고 마른, 다리가 앙상한 심각한 표정의 남자가 사파의 아빠라는 걸 단번에 알아차릴 수 있었다. 수염을 기른 그는 누런 이를 드러내 보였다. 이마에선 두꺼운 핏줄이 불거졌다. 그의 민소매 옷이 색 바랜 바지춤에서 반쯤 빠져나와 있었고, 바지 윗단추는 떨어져 나가고 없었다. 그 옆은 사파의 엄마였다. 통통한 체격의 여자가 소말리아 여자들이 많이 쓰는 흰 꽃무늬가 그려진 빨간 히잡을 쓴 채 서 있었다. 그의 아몬드 모양 눈동자가 카메라를 불안하게 응시했고, 얼굴은 희미한 미소를 띠었다. 손에는 내가 몇 주 전 지부티에 보낸 꾸러미가 들렸다. 거기엔 내 디자이너 친구가 만든 작은 장신구가 여럿 들었는데, 사파의 여자 가족에게 주는 선물이었다.

어머니와 아버지 앞에는 사파의 남동생 아미르와 누르가 서 있는데, 언뜻 보면 쌍둥이 같다. 둘 중 더 작은 누르는 파란색과 흰색이 섞인 「스타워즈」 티셔츠를 입었는데, 너무 큰 그 티셔츠에는 '클론 병사'라는 문구가 쓰여 있다. 카메라를 쳐다보는 수줍은 시선에 보는 내가 흐뭇해졌다. 아미르는 아랍어 문구가 쓰인 찢어진 파란색 옷을 입었다. 동생과는 달리 사나운 표정을 짓고 있다. 그리고 가운데에 선 사파는 내가 기억하는 모습 그대로 활짝 웃고 있다. 내가 보내 준 선물—분홍색 화장품 상자—을 두 손으로 들고 있다. 목에 건 목걸이에는 내가 사파에게 준 행운의 상징물이 달려 있다. 그 파티마의 손이 어린 사파를 악으로부터 보호해 줄 것이었다.

'행운의 마스코트를 차고 있어서 다행이야.' 나는 생각했다. 왜 그런지 모르겠지만, 이 단체 사진을 보고 있으니 등골이 서늘했다. 누구인지 잘 모르는 이 노인 때문에 그런 걸까? 그의 적대적인 시선과, 한 살도 채 안 되어 보이는 여자애의 작은 몸을 꽉 붙잡은 거대하고 앙상한 그 손 때문일까? 사진을 바라볼수록 직감은 더 선명해졌다. 뭔가가 잘못됐다. 하지만 이 가족이 숨겨야 할 것이 대체 뭐란 말인가?

사파의 다른 사진 전부를 샅샅이 뒤지기 시작했다. 이 사랑스러운 아이는 크고 동그란 눈과 헝클어진 까만 머리칼을 내보이며 사진마다 쾌활하고 태평해 보였다. 이와 대조적으로, 다른 가족들의 얼굴에는 모두 의심과 불신이 역력했다. 하지만 내가 잘못 본 것일지도 몰랐다. 그저 카메라 플래시에 겁먹은 것일 수도 있었다. 노트북에 저장된 영상이 분명 내게 더 많은 걸 알려 줄 것이었다. 흥분을 안고 '재생' 버튼을 눌렀다.

천천히, 약간 흔들리면서, 카메라가 담갈색 사막의 풍경을 비췄다. 빛이 반짝이는 아프리카의 지평선은 내가 너무도 잘 아는, 지부티와 소말리아가 맞닿는 경계였다. 이런 그림을 볼 때마다 내 심장엔 둔하지만 완강한 고통이 찾아오곤 한다. 오랫동안 유럽에서 윤택하고 편안한 삶을 산 나에게 유럽은 제2의 고향이 되었지만, 내 진짜 고향은 아프리카의 사막이다. 나이가 들수록 그리움도 커진다. 부모님은 내게 꼭 맞는 이름을 지어주셨다—와리스는 '사막의 꽃'이라는 뜻이다. 장면이 갑자기 바뀌며 내 생각의 흐름을 멈추었다. 분홍, 청록, 초록의 양철지붕 판잣집들이 거대한 물결을 이루며 화면을 채운다. 빈곤의 요새가, 머리 위 지붕만 겨우 허락할 뿐인 그 집들이 형형색색 빛난다. 비포장도로가 산더미 같은 쓰레기와 바위, 자갈과 회색 먼지를 뚫고 마을을 구불구불 통과한다. 카메라가 클로즈업해서 보여준 녹슨 양철 울타리에는 어느 지점부턴 파란색 페인트칠이 되어 있다. 작고 허름한 나무문이 아쉬운 대로 달아 놓은 경첩에 비스듬히 달랑거린다. 바위 턱에서, 따분해 보이는 흑백 얼룩무늬 염소 한 마리가 울타리 옆 먼지 속에서 시끄럽게 놀고 있는 아이들을 본다. 삐걱거리는 소리와 함께 나무문이 열리며 여자애가 뛰어나와, 밝은 미소를 지으며 카메라에 대고 손을 흔든다.

사파다. 발목까지 오는, 분홍색과 노란색 꽃무늬가 그려진 치마를 입었다. 색색의 작은 구슬이 땋은 머리끝에서 통통 튄다. 노랑, 빨강, 파랑과 초록 구슬들이 봄의 초원에 핀 꽃들처럼 태양 아래서 빛난다. 또다시 내 시선이 사파의 반짝이는 목걸이에 꽂혔다. 파티마의 수호하는 손이 목덜미 오목한 곳에 보였다. 사파의 빛나는 흰 미소에 작고 까만 틈을 발견하고는 웃지 않을 수 없었다. 젖니가 빠지기 시작한 것 같았다. 사파는 소리내 웃으며 양철 판잣집으로 달려가, 벽에 기대 세워 둔 작은 빗자루로 향한다.

"저는 늘 청소를 해요!" 사파는 지부티의 두 공용어 중하나인 프랑스어로 자랑스레 외치며 낡은 밀짚 빗자루를 낚아채 모래 바닥을 열심히 쓸다가, 곧 먼지구름에 가려져 거의 보이지 않게 되었다.

"사파, 몸이 너러워시잖아! 매번 널 씻길 만큼 물이 남아도는 줄 아니?" 사파의 엄마가 화면에 잡히며 짜증 섞인 말을 했다. 카메라를 발견하자 그는 멋쩍게 웃는다.

다음 장면은 사파와 가족들이 사는 오두막의 내부를 비춘다. 일기설기 엮은 양철 벽과 구멍 난 판자 지붕 아래 작은 방 두 칸이 어른 일곱과 아이 다섯의 집이다. 사파와 어머니가 그 오두막의 어설픈 두 침대 중 하나 위에 앉았다.

"사파가 할례를 면했다는 사실에 주위 사람들이 어떻게 반응하나요?" 화면 바깥에서 우리 직원이 묻는 말이 들렸다.

"이곳 여자애들은 모두 할례를 받아요." 사파의 엄마가 우리가 공유하는 모국어인 소말리어로 답하며, 어린 딸의 얼굴에 앉으려는 파리를 손으로 쳐 냈다. "사파 말고는 모두가 할례를 받아요." 그가 다시 한번 강조했다.

딸이 영화 출연과 그에 따른 계약 덕분에 할례를 면했다는 사실이 기쁘지 않으냐고, 우리 직원이 물었다.

"그랬죠. 남편과 저는 사파가 할례를 받게 하지 않겠다는 계약에 서명했어요." 그 소말리아 여자가 답했다. "하지만 솔직히 말하면 그게 옳은 결정이었다는 확신은 없어요. 할례 의식은 우리 전통의 일부예요. 사파가 할례를 받지 않으면 우린 사파의 남편을 절대 구할 수 없을 거예요. 사파는 다른 여자애들처럼 우리 사회의 일원으로 받아들여지지지 않을 거예요. 그러니 어쨌든 언젠가는 우리 딸이 반드시 할례를 받도록 해야겠죠."

그 순간 숨을 쉴 수 없었다. 방금 무슨 말을 들은 거지?
내가 잘못 들었나?

벌떡 일어나서 정지 버튼을 클릭한 뒤, 내가 사파 어머
니의 말을 잘못 알아듣지 않았나 고민했다. 그동안 유럽
에 오래 살면서 내 소말리어가 퇴화한 것일까?

"그러니 어쨌든 언젠가는 우리 딸이 반드시 할례를 받
도록 해야겠죠." 그 아프리카 여자의 말을 또 한 번 똑똑
히 들었다.

눈물이 앞을 가린 채, 사파가 불안해하며 머리를 엄마
에게 기대는 것을 보았다. 이 사람은 우리 재단과 맺은 계
약을 깨고자 했을 뿐 아니라, 자신의 평판과 주위 사람들
의 시선 때문에 자신의 아이를 무참히 희생시킬 준비가
되어 있었다.

심장이 고동치기 시작했다. 실망과 분노로 이성을 잃을
지경이었다. 동료들과 내가 그토록 상세히 설명하며 여성
할례는 끔찍한 범죄라고, 그와, 나와, 우리 모두에게 그렇
다고 역설했던 그 모든 대화가 대체 무슨 소용이었나? 사
파의 가족에게 경제적 안정과, 아이들을 위한 양질의 교
육과, 더 나은 미래를 약속했던 그 계약은 또 무슨 소용이
있었나? 사막의 꽃 재단은 물, 음식, 가사용품, 의료비와

교육비 전액을, 오직 사파가 할례를 당하지 않는다는 전제하에 지원하기로 약속했던 것이다.

카메라에 대고 냉정히 선언한 사파 어머니의 한마디가 이 모든 것에 의문을 던졌다. 딸에게 할례를 저지르는 게 이 사람한테는 정녕 온 가족의 생존과 미래보다도 중요하다는 말인가? 그 전통이라는 게 이 세상 어떤 계약보다도 강한 모양이었다.

침대맡 탁자 위 작은 시계를 흘끔 확인했다. 이미 늦은 밤이었다. 그래도 조애나가 이해해 줄 거라 생각하며, 수화기를 들고 그의 방 내선 번호로 전화를 걸었다. 그는 졸린 목소리로 수화기에 대고 "여보세요?"라고 속삭였다.

"조애나." 내 목소리가 너무 커서 그가 화들짝 몸을 일으키는 게 느껴질 정도였다. "영상 방금 확인했어요. 당장 지부디에 가서 사파 부모님과 얘기해 봐야 해요."

"왜요? 무슨 문제라도 있어요?"

"인터뷰에서, 사파 엄마가 우리 계약을 어기고 딸에게 할례를 받게 할 거라고 소말리어로 말했어요. 조애나, 지금 당장 사파를 도우러 가야 해요. 너무 늦기 전에!"

"지금 바로 비행편을 확인해 볼게요. 시간을 지체할 순 없죠." 내가 무슨 말을 더 하기도 전에 그가 급하게 전화를 끊었다.

"너무 늦지 않았기를 바랄 뿐." 텅 빈 방에 대고 소리 내 말했다. 곧 벌떡 일어나서 출발 준비를 하기 시작했다. 나는 조애나를 잘 알았다. 지부티시티로 가는 아침 첫 비행기를 잡을 게 분명했다.

짐은 금세 다 쌌고, 불과 30분 전에 사파의 엄마로부터 나쁜 소식을 전해준 노트북도 다시 가방에 넣은 뒤, 잠자리에 들었다.

방 안은 칠흑같이 어두웠다. 우아하고 두꺼운 커튼으로 브뤼셀 거리의 밝은 불빛을 가려 놓은 탓이었다. 출발 전 몇 시간이라도 자 두려고 애를 썼다. 하지만 사파에 대한 생각이 계속 머릿속을 맴돌았다. 사파는 괜찮을까? 이미 늦은 건 아닐까? 푹신한 침대에서 뒤척이다 마침내 겨우 잠이 들었다.

피부에 닿는 태양의 열기가 느껴진다. 수면에는 따뜻한 햇볕이 비쳐, 바닷물이 밝은 청록색으로 반짝인다. 끝없이 광활한 인도양이 우리 앞에 펼쳐지고, 머리 위 하늘은 쨍한 파란색이다. 밝게 칠한 작은 고깃배가 물 위를 까닥 댄다. 반짝이는 잔물결이 그 주위로 거품을 일며 부딪히고 사라진다.

"와리스!" 젊은 뱃사공 아메드가 소리친다. "저기 보이는 작은 섬에 내려 줄게요."

그가 손가락으로 수평선 위 어렴풋이 보이는, 새들이
떼 지어 맴도는 곳의 윤곽을 가리킨다. 나는 고개를 끄덕
이고 바다 공기를 깊이 들이마신다.

"저 섬엔 사람이 살지 않아요." 아메드가 설명한다. "하
지만 어떤 어부가 살았던 낡고 다 쓰러져 가는 오두막이
하나 있어요. 폭풍우가 몰아쳐 항구로 돌아가지 못할 때
섬에 하룻밤 묵으려고 지은 집이죠. 거기 데려다줄게요."

사파는 내 옆에, 초록색으로 칠한 나무 의자에 앉아 있
다. 바람이 사파의 부드러운 검은 머리칼을 간지럽힐 때,
햇살이 거기 비쳐 불그스름한 빛이 돈다. 사파의 흰 치마
가 나부낀다. 지부티 발발라의 빈민가 아기가 이렇게나
어엿하게 자랐다. 사파의 흰 치아가 타오르는 태양 아래
빛난다. 기쁨으로 환히 웃으며, 아이는 녹슨 배 지붕의 버
팀목을 꼭 붙잡는다. 우리는 둘 다 눈을 가늘게 떠 저 멀
리 외딴 섬을 더 잘 보려고 애쓰는 중이다. 짜고 따뜻한
물이 배 안으로 튀어 우리 발목 주변을 맴돈다.

"와리스, 바다에서 배를 타본 건 이게 처음이에요. 정말
아름다워요. 여기 영원히 있고 싶어요. 와리스랑 같이."
사파가 흥분해서 소리친다.

그러더니 그 순간을 담으려는 듯 눈을 감는다. 부드럽

게 콧노래를 부르기 시작하고, 그 선율이 바람에 실려 흩어진다.

아메드는 속도를 늦추고 배가 길고 흰 모래사장을 향해 부드럽게 밀려가도록 둔다. 해변을 둘러싼 산호초는 예술가가 지은 거대한 벽 같다. 열심히 주변을 둘러보니 아메드가 말한 것처럼 다 쓰러져 가는 오두막이 작은 언덕 위에 서 있다.

"해변까지 데려다줄 수는 없어요. 배가 모래에 빠지면 오도 가도 못하거든요." 아메드가 설명한다. "남은 몇 미터는 걸어서 가야 해요."

낡은 배의 녹슨 난간을 넘어 바다로 뛰어든다. "이제 네 차례야. 걱정 마. 바닷물은 기분 좋고 따뜻해." 배를 올려다보며 내가 소리친다.

흰 치마를 그대로 입은 채, 청록빛 물 위로 사파가 뛰어든다. 곧 다시 수면으로 떠 올라, 물을 마구 튀기며 웃는다.

나는 사파의 손을 잡는다. "이리 와. 같이 바닷가로 가자."

해변에 다다르자, 우리는 타는 듯한 모래 위 부서진 조개껍데기와 마른 해초 사이로 조심스레 발걸음을 옮긴다.

"이리 와." 내가 말한다. "어부가 살던 오두막에 가자.

거기에 옷을 벗어두고 나오면 돼."

골이 파인 문이 큰 소리로 삐걱대며 열린다. 우리는 호기심을 가득 안고 안으로 들어선다. 바다와 썩은 생선 냄새가 우리를 맞이한다. 열기와 짠 바다 공기로 썩어 떨어져 가는 낡은 나무 탁자 옆에, 녹슨 침대 틀과 그 위 누렇게 바래 가는 신문이 보인다. 침대 위에는 찢어진 고기잡이 그물이 걸려 있다. 벽 널빤지 사이 틈으로 햇볕이 스며들어온다. 우리는 재빨리 옷을 벗고 수영복 차림으로 바다에 다시 뛰어든다. 사파는 신이 나서 나를 따라 껑충껑충 달려간다. 작은 파도가 모래를 에워싼다. 갈매기와 까마귀가 얕은 물에서 먹이를 찾는다.

"이리 와, 더 멀리 가 보자." 내가 사파에게 말한다. "저 멀리, 더 깊은 곳에, 물에 누워 몸을 맡기고 떠다닐 수 있는 데로. 어렵지 않아. 특히나 이린 소금물에선. 바다가 우리를 띄워 줄 거야."

따뜻한 파도가 우리 다리를 빙빙 맴돈다. 깊은 물에 다다르자 내가 멈춰선다.

"이제 그냥 등을 대고 누워 봐." 사파에게 다정한 목소리로 말한다. "내 손으로 네 등을 계속 받치고 있을게. 무서워하지 마. 아무 일도 없을 테니까. 날 믿어."

사파는 아무런 망설임도 없이 내가 말한 대로 한다. 내

오른손이 사파의 가벼운 몸 아래로 미끄러지듯 들어가자 사랑스러운 이 아이가 작은 수련처럼 떠오른다.

사파는 만족스러운 미소를 지으며 눈을 감는다. "나는 와리스를 믿어요."

햇볕이 뜨거운데도 사파의 말에 소름이 돋는다. 아이의 귓가에 부드럽게 속삭인다. "사파, 이제 내 도움이 필요 없다고 네가 말할 때까지 내가 널 잡고 있을게."

사파가 다시 눈을 뜨자, 그 얼굴에 미소가 사라진다. "와리스, 저기 봐요. 하늘에 저게 뭐예요?"

내가 돌아본다. 폭풍우가 올 듯하다. "비가 올 건 가봐." 사파를 안심시키려 한다. "무서워할 것 없어. 우리 밑에도 물, 우리 위에도 물. 온 사방이 물이지. 우리 같은 사막의 아이들에겐 신나는 파티일 뿐이야."

말을 채 끝내기도 전에 섬광이 하늘을 스치더니 곧 우레 같은 천둥소리가 바다에 울려 퍼진다. 어느새 다시 땅에 발을 딛고 선 사파가 공포에 사로잡혀 눈이 커졌다.

"오두막에 돌아갈래요." 사파가 애원한다. "바다에 계속 있고 싶지 않아요. 혼자서 계속 수영하세요. 저는 지금 나갈래요."

어쩔 수 없이 사파를 보낸다. 사파가 모래사장을 가로질러 오두막으로 돌아가는 동안, 나는 배에서 봤던 산호

초가 있는 곳까지 헤엄친다. 폭풍이 불어와 파도가 훨씬 높아진다. 하지만 나는 수영을 잘하고, 이런 도전을 즐기는 사람이다. 폭풍이 우리가 있는 곳까지 도착하려면 아직 멀었다. 숨을 깊게 들이쉬고, 툭 튀어나온 바위까지 헤엄쳐 가 그 위에 앉아 오두막을 바라본다. 갑자기 심장이 요동치기 시작한다. 사파가 혼자가 아니다.

긴 검정색 로브를 두른 한 여자가 사파에게 말을 걸며 손짓하고 있다. 이 사람은 누구고, 대체 어디서 온 걸까? 아메드가 섬에 아무도 살지 않는다고 했는데!

"사파! 사파!" 낼 수 있는 가장 큰 소리로 외친다. 양팔을 모두 휘젓는다. "사파!"

하지만 휘몰아치는 바람이 어느새 더욱 거세져, 미친 듯이 울부짖는 내 소리를 삼킨다. 번개가 하늘을 가르며, 뒤따르는 천둥이 불길하게 우리를 향해 다가온다. 폭풍이 섬에 다다르자 거대한 파도가 내가 앉은 바위에 부딪히며 나를 거세게 때린다. 산호초를 따라 걸어 해변으로 돌아가기로 한다. 면도날같이 날카로운 산호초가 발바닥을 무자비하게 파고든다. 하지만 어떠한 고통도 느껴지지 않는다. 계속 더 멀리, 더 빨리 달려간다. 어느새 사파를 끌고 낡은 나무문으로, 오두막 안으로 들어가고 있는 그 위험한 여자에게서 두 눈을 떼지 않는다. 마침내 산호 벽의 끝에 도착해, 해변을 질주해 오두막으로 향한다. 숨을 거칠게 몰아쉬며, 문을 잡아당긴다. 아까 전엔 쉽게 열렸는데, 이젠 잠겨 있다. 양 주먹으로 문을 세차게 두드린다.

"사파! 사파! 안에 있어? 문 열어줘!" 있는 힘껏 소리친다.

도와달라는 사파의 목소리가 들린다. 그리고 외마디 비명이 울려 퍼진다.

소스라치며 벌떡 일어나 땀에 흠뻑 젖은 얼굴을 두 손으로 닦아냈다. 천천히 눈을 뜨니, 두 눈이 퉁퉁 부어 여전히 눈물로 가득 차 있었다. 침대맡 탁자에서 휴대폰이 울리고 있었다. 몽롱한 상태로 손을 뻗었다.

"와리스! 나 조애나예요. 조식실에서 기다리고 있어요. 세 시간 후에 비행기 출발해요."

계약

바스마티 쌀 50kg 한 포대

밀가루 50kg 한 포대

파스타 10kg 한 상자

식용유 5L 한 상자

홍차 2kg

설탕 50kg

토마토소스 한 상자

분유 2.5kg

비스킷 24상자

말린 참치캔 48개

주방 세제 한 상자

세제 한 상자

두 달 치 등유와 라이터
최초 배달 시 추가 항목: 증기솥 1개

조용히, 조애나가 내 영화의 제작사와 사파의 부모가 2007년에 맺은 계약 조항을 읽어주었다. 우리는 에티오피아 항공 비행기 안에 함께 앉아, 이륙을 기다리고 있었다.

"위에 적힌 모든 물품을 사파의 18세 생일 전까지 두 달 간격으로 보낸다." 내 보조원이 계속 읽어나갔다. "이에 더하여 사파가 성인이 될 때까지, 재단은 학교 등록금, 통학 비용, 교복, 교과서, 공책 및 종이, 개인 지도교사 비용을 전액 지원한다. 그 대신 사파의 부모는 딸이 성기훼손을 당하지 않게 하겠다고 약속한다. 또한 1년에 6회 사파가 소아과 검진을 받도록 하여 성기의 훼손 여부를 확인받는 데 동의한다."

옆에 앉은 조애나의 손에 들린 글에 주의를 집중했다. 인쇄된 줄글 밑, 포지아와 이드리스 누르의 서명이 크고 선명하다. 사파의 부모는 사막의 꽃 재단의 지부티 담당 직원이자 영화 제작사에서도 일했던 파두자와 계약서를 썼다. 공증인을 대동한 자리에서, 사파의 부모는 사파가 평생 성기훼손을 당하는 일이 없게 하겠다고 약속했

47

다. 내 남동생 역할을 맡은 (우리 가족은 늘 그 앨 '영감님'이라 불렀다) 소말리아 아이 이드리스의 가족과도 계약서를 썼다. 아들 말고도 세 자매를 둔, 반쯤 눈이 먼 이드리스의 아버지도 딸들에게 할례를 강요하지 않겠다고 약속했다.

나는 내 삶을 그린 영화의 캐스팅 과정에 매우 깊이 관여했다. 그것이 FGM이라는 민감한 이슈를 다룰 그 영화의 제작에 동의하며 내건 조건 중 하나였다. 캐스팅 팀은 뉴욕과 로스앤젤레스, 지부티를 오가며 꼭 맞는 배우를 물색했다. 내 성인 역을 누가 맡아야 할지는 곧 분명해졌다. 에티오피아 출신 모델 리야 케베데는 맷 데이먼, 앤젤리나 졸리, 로버트 드니로와 함께한 「굿셰퍼드」, 니컬러스 케이지와 함께한 「로드 오브 워」 등의 영화에서 이미 그 재능을 증명해 보였다. 유능하고 멋진 이 여성은 세계 무대에서 가장 성공한 모델이기도 하다. 리야는 구찌, 이브 생로랑, 루이비통, 로레알, 에스티 로더 등 여러 세계 최고 브랜드의 모델로 활약했다. 그의 뉴욕, 파리, 밀라노의 패션쇼 경력 말고도 내게 깊은 인상을 남긴 것은, 리야가 UN 세계보건기구(WHO) 특별 대사로 활동했다는 사실이었다.

수년 전 리야를 만난 적이 있다. 내가 모델로 활동할 당시, 내 친구이며 동료 모델이자 데이비드 보위와 결혼한 이만이 주최한 파티에서였다. 내 모델 커리어가 정점을 찍은 뒤, 인권 활동가로서 운동에 더욱 집중하기 위해 모델 일을 그만두기로 결심했을 때였다. 이만의 세련된 뉴욕 아파트에서 한 청년이 나를 열렬히 바라보고 있었다. 몇 시간 뒤, 마침내 그는 내게 말을 걸었다.

"와리스, 저는 리야라고 해요." 그가 수줍게 말을 꺼냈다. "당신과 FGM 근절 운동에 대해서라면 모조리 읽었어요. 사진도 전부 봤고요. 뉴욕에 온 지는 얼마 안 됐어요. 여기 패션계에서 일을 시작해 보려고요."

내가 작별 인사를 하며 행운을 빌어주었을 당시에는, 우리가 10년 뒤 또 한 번 마주쳐 그가 내 영화의 주연을 맡을 거라고는 상상도 하지 못했다.

주요 배역 말고도 내가 가장 마음을 쓴 작은 배역이 하나 있었다. 끔찍한 성기훼손 장면에 등장할 그 어린아이 역할이었다.

지부티에선 아무도 장편영화를 제작한 적도 없고 전문 배우도 없었기 때문에, 배역은 전부 아마추어가 맡게 될 것이었다. 다섯 아이의 엄마인 우리의 동료 파두자가 캐스팅을 계획하고 진행하는 업무를 맡았다.

영화를 찍는다는 소문이 삽시간에 수도에 퍼졌다. 온

마을에서 부모 수백 명이 아이를 데리고 캐스팅 현장에 도착했다. 여자들은 가진 것 중에 가장 근사한 히잡을 쓰고, 아이를 말쑥하게 차려 입혀 데려왔다. 다들 큰 영화의 배역을 따낼 기회를 놓치고 싶지 않아 했다. 일상이 바뀌고 돈도 벌 수 있을 테고 자신들이 처한 상황이 나아질 수도 있었다. 이 때문에 제작팀이 배우를 고르기가 더욱더 힘들어졌다. 하지만 그들은 이것 하나만큼은 확실히 하겠다고 다짐했다―어린 와리스 역할에 맞는 아주 특별한 아이를 찾아낼 거라고. 그들은 어린 사막의 꽃 역할을 맡을 자의식 있고 매력 있는 아이를 원했다.

더없이 훌륭한 셰리 호만 감독의 진두지휘 하에, 캐스팅 담당자들이 아이 수십 명과 대면했다. 많은 아이가 겁에 질려 어쩔 줄 몰라 했고, 그래서 카메라 앞에 서기에 적합하지 않았다. 개중 몇몇은 처음엔 좋은 인상을 주었지만, 부담이 큰 이 역할을 맡을 준비가 되어 있지는 않았다. 팀 내부에서 지부티에서의 캐스팅을 중단하고 유럽이나 미 대륙에서 전문 배우를 섭외해야 하는 게 아니냐는 얘기도 나왔다.

그러던 어느 날 발발라 빈민가에서 온 한 여자가 딸 둘을 데리고 왔는데, 둘 다 활발하고 귀여운 아이들이었다. 그는 또 다른 아이 하나를 안고 있었는데, 그 아이 얘기는 한마디도 하지 않았다. 캐스팅 팀은 그의 딸 둘을 관찰하며 몇 분간 얘기도 나누었으나, 곧 둘 중 누구도 어린 사막의 꽃 역할에 맞지 않는다는 사실이 분명해졌다. 실망한 젊은 엄마가 돌아서서 떠나려는 순간, 파두자가 그를 불러 세웠다.

"잠깐만요! 안고 오신 그 어린 여자애는 누구죠?"

"얘요? 아, 그냥 사파라는 앤데, 이웃집 딸이에요." 여자는 일축하며 말했다. "오늘 하루 봐 주기로 해서, 같이 데려온 거예요."

파두자가 아이의 생기 넘치는 눈을 들여다보자, 아이는 그를 보며 즐겁게 웃었다.

"잠시만요." 파두자가 떠나려는 여자를 잡았다. "이 아이 사진을 몇 장 찍고 싶은데요."

이쯤 되자, 어린 사파는 아예 양팔을 파두자를 향해 뻗고 있었다.

"우리 딸 중 하나를 데려가지 않고요?" 여자가 그에게 쏘아붙이며 이웃집 딸을 꼭 붙들었다. "사파는 너무 어려요. 게다가 애 부모는 절대 영화 출연을 허락하지 않을 거예요. 그 가족은 아주 신앙이 깊거든요."

파두자는 침착을 유지했다. "이 아이 가족은 어디에 사나요?" 그가 부드럽고 친절한 목소리로 물었다. "직접 가서 부모님께 허락을 구하려고요."

"그럼 발발라까지 가야 해요." 여자가 말했다. "위험한 곳이라는 거, 잘 아실 거고요."

파두자는 곧바로 가방을 챙겨서 후보 사진을 찍던 카메라를 그 안에 넣었다. 얼마간 오디션은 파두자 없이 진행해야 할 것이었다. 그는 당장 여자와 함께 빈민가에 사는 사파 가족을 만나러 출발했다.

발발라는 지부티시티의 빈민 지역이다. 인구 40만이 플라스틱이나 양철 판자 지붕 아래 비좁은 곳에서 지내며, 집 대부분은 수도나 전기도 들어오지 않는다. 하지만 그 빈민 중에서도 최빈곤층조차 이곳 형편이 그들의 고향인 소말리아보다 나은 편이다. 그들은 최악의 상황에서 도망쳐 온 것이다. 지부티의 남쪽 접경 지역에 여전히 기승을 부리는 오랜 내전을 피해 매년 수천 명의 사람들이 달아난다. 그보다 더 많은 소말리아 사람들이, 아이와 어른 수십만 명이, 매년 국가적 재앙 수준의 잦은 가뭄으로 굶어 죽지 않기 위해 어쩔 수 없이 고향을 떠난다.

발발라 빈민가의 주민들에겐 한 가지 공통점이 있다. 가족과 함께 더 나은 삶을 찾으러 이곳에 왔지만, 그들이 여기서 겪을 고충에 대해선 전혀 짐작하지 못했다는 점이다. 이 무질서 상태의 빈민가에는 일거리가 거의 없으며,

이곳은 공식 난민촌도 아니다. 깨끗한 식수 또한 마찬가지로 드물며, 주민들은 빈곤선에 훨씬 못 미치는 삶을 살아간다. 아동 사망률은 지부티의 다른 어느 곳보다도 높다. 심각한 소요가 자주 발생해, 발발라와 지부티시티를 잇는 도로가 주기적으로 봉쇄된다.

파두자가 향한 마을은 안전과는 거리가 먼 곳이었다. 쉽지 않은 일이 될 것을 그도 알고 있었다.

마지 못해, 사파를 시내 캐스팅 장소에 함께 데려왔던 그 젊은 여자는 사파의 부모가 사는 오두막으로 파두자를 안내했다.

"사파는 여기 살아요. 잘해보세요. 난 이제 가요." 그는 흙먼지 위에 사파를 털썩 내려놓고 가버렸다.

당황한 채 파두자가 허름한 양철 판잣집 바깥에 서 있을 때, 안쪽에서 수염 난 깡마른 남자가 그를 유심히 쳐다보고 있었다. 사파의 아버지였다. 그가 나와서 파두자에게 세차게 손짓하며 말했다.

"뭐 하러 왔어요? 저리 가요!"

그 까맣고 큰 눈동자로 사파가 궁금한 듯 바라보는 동안 파두사는 황급히 남사에게 방문 이유를 설명했다.

"계약을 하고 싶어서 찾아왔어요. 따님이 저희 영화에 출연하게 허락해 주신다면 돈을 많이 드릴게요." 그가 설

명했다. 우선 그것부터 확실히 말해야 한다는 걸 파두자
는 아주 잘 알았다.

남자는 생각에 잠겨 딸을 바라봤고, 사파는 그에게 환
히 웃어주었다. "잠깐 기다려요!" 그렇게 몇 분이 흘렀다.
양철 판잣집 안쪽에서 큰 목소리가 오갔다. 곧 사파 아버
지가 불쑥 다시 나와 이번에는 아주 공손하게 파두자를
집 안으로 들였다. 작은 방 한구석 나무 의자에 다부진 젊
은 여자가 앉아 있었는데 누가 봐도 사파의 엄마였다. 그
의 이름은 포지아였고 사파의 아빠 이름은 이드리스였다.
포지아와 그 옆에 앉은 주름살 많은 노인은 그다지 우호
적이지 않아 보였다. 파두자는 이 여자가 사파의 할머니
라는 걸 단번에 알아차렸다. 그는 소말리아 문화권에선
할머니가 가장 역할을 하며 가족 내 최종 결정권자라는
사실을 잘 알았다.

짧은 인사가 끝나고, 사파 아버지는 단도직입적으로 말
했다. "우선 우린 프랑스 행 비행기 표와 비자를 원해요.
물론 돈도 많이 필요할 테고."

이 가족의 과한 요구도 파두자에게는 놀랄 일이 아니었
다.

"가족을 먹여 살리기에 나 혼자선 역부족이에요. 몇 날
며칠 동안 먹을 게 없는 일도 부지기수고." 이드리스가 설

명했다. "여기선 깨끗한 식수를 거의 찾아볼 수가 없어요. 우리 중 한 명은 늘 아프고요. 의사를 찾아가거나 병원에 갈 형편이 못 돼요. 우리 아들을 학교에 보내고 싶지만, 그럴 돈이 없어요. 여기엔 일자리가 없어요. 일을 못 구하면 나는 가족을 책임질 수 없고요."

사파의 가족과 사막의 꽃 재단 직원 사이에 서서히 대화가 진행되기 시작했다. 파두자가 그 회의적인 어른들에게 설명하기로, 우리 단체는 앞으로 사파의 가족 모두에게 더 나은 삶을 보장할 것이었다. 그가 덧붙이길, 사파는 영화의 중요한 장면—할례 신—에 출연할 것이며, 이는 물론 완전히 모의로 진행될 예정이었다.

"혹시, 사파가 할례를 이미…?" 그 어린아이가 아직 그 끔찍한 일을 당하지 않았기를 바라며 그는 조심스레 물었다.

"아뇨." 아이 아버지가 대답했다. "하지만 그 돈만 있으면 드디어 할례를 받게 할 수 있겠죠. 이 동네 여자애들은 이미 모두 할례를 받았는데, 우리 딸만 아직도 정숙하지 못하게 저대로 뛰어다니고 있어요. 동네 사람들도 우릴 보고 수군거리기 시작했고, 이대로라면 우리 사파에게 괜찮은 신붓값을 줄 남편도 구하지 못할 거예요. 우리는 정말 그 돈이 필요해요."

파두자는 남자의 말에 마음이 착잡했다. 그는 발발라 사람들이 파라오식 할례, 즉 성기훼손 중에서도 가장 가혹한 형태인 음부 봉쇄법을 택한다는 점을 잘 알았다. 내게도 수년 전에 행해진 것으로, 마취 없이 음핵을 완전히 잘라내며, 대개 더럽고 낡은 면도날을 사용한다. 그 후 음순을 잘라내고, 상처는 덤불에서 꺾은 날카로운 가시로 봉합한다. 상처가 아물 때까지 아이는 다리가 묶인 채 누워 지내야 한다. 성냥 머리만 한 작은 구멍 하나만 남겨, 이 작은 구멍으로 소변과 후에는 월경혈이 나온다. 이 끔찍한 과정에서 엄청나게 많은 수의 여아가 과다 출혈이나 패혈증, 감염으로 죽는다. 이 잔인한 의식에서 살아남은 아이들도 남은 평생 형언할 수 없는 고통에 시달린다. 유아기에 성기를 훼손당한 것만으로는 충분히 가혹하지 않다는 듯, 아이 부모가 언젠가 그를 넘길 미래의 남편은 흉터가 남은 그의 질을 날카로운 칼로 찢어 열 것이다. 여자에게 성행위는 잔혹하고 고통스러운 경험이며, 출산 시 여자는 생명의 위협에 직면한다. 훼손된 질은 신축성을 잃어 잘 늘어나지 않는다. 죽은 조직과 흉터는 아기가 쉽게 통과할 수 없다. 수많은 아프리카 여자들이 출산 도중 고통스러운 죽음을 맞는다. 생존자들도 남은 평생 트라우마를 안고 산다.

그런데도, 그 여자들은 자신의 딸에게 정확히 같은 짓을 저지르게 된다. 종교, 전통, 문화의 압력에 못 이겨 자신의 어린 딸을 도륙의 장소로 데려가고 만다.

그 순간 파두자가 사파의 가족에게 말하고 싶은 것이 너무나도 많았다. 하지만 그는 말만으로는 아무런 효과가 없다는 것을, 또 이 어린아이를 구하기 위해선 그보다 더 영리한 계획이 필요하다는 것을 잘 알았다.

일 보 후퇴하여 지부티시티에 돌아온 파두자는 감독 셰리 호만과 다른 팀원들에게 전통을 신경 쓰는 그 가족의 생각을 전했다. 그리고 내게 전화했다.

나는 경악했다. "그 애가 우리 영화에 출연했다가 그 끔찍한 일을 실제로 당하게 놔둘 순 없어요!"

셰리, 파두자와 나는 무엇이 최선일지 몇 시간 동안 계속 논의했다. 마침내 우리는, 바라건대 관련된 모든 이들에게 최선이 될 방안을 생각해 냈다.

다음 날 아침, 파두자가 발발라의 빈민가를 다시 찾아갔다.

"괜찮은 제안을 하나 할게요"로 그가 두 번째 대화의 문을 열었다. "사파의 영화 출연을 허락하신다면, 더 나은 삶을 보장해 드릴게요. 경제 사정에 대해선 앞으로 걱정하실 일 없을 거예요. 음식과 물을 포함해 필요한 물품을 정기적으로 보내드릴 겁니다. 아이들도 학교에 보내고, 누구든 아프면 유능한 의사의 진찰을 받을 수 있을 거예요."

포지아와 이드리스, 사파의 할머니가 파두자의 말에 귀를 기울였다.

"사파가 할례를 당하거나, 시집갈 필요가 없습니다. 언제든 돈은 충분할 테니까요." 파두자가 말을 이어갔다. "우리의 조건은 하나입니다. 영화 제작사와 계약서를 써주세요. 사파는 앞으로 쭉 할례를 당하지 않을 거라고요. 따님이 우리 쪽 소아과 전문의에게 정기 검진을 받게 한다는 조건에도 동의해 주셔야 합니다."

사파 아버지의 눈을 들여다봤을 때, 파두자는 이미 그가 이쪽으로 넘어왔다는 걸 알았다. 물론 이드리스도 여느 아프리카 남자처럼 힐례를 딩하지 않은 여자와는 질대 결혼하지 않았을 것이다. 그렇다고 해서 그가 그 잔인한 의식에 실질적인 어떤 입장이 있는 건 아니었다. 자기가 신경 쓸 문제가 아니라고 여겼기 때문이다. 어쨌든 아프리카에서 할례를 주관하는 건 여자들이다. 하지만 가족의 경제 상황은 그가 신경 쓸 문제**였던** 것이다.

하지만 사파 어머니는 화가 난 듯 고개를 내저었다. "우리에게 돈이 그렇게까지 중요하진 않아요. 이건 우리 전통을 지키느냐 버리느냐 하는 문제예요. 사파가 이 동네에서 유일하게 할례를 받지 않은 여자애가 된다면, 분명 사람들이 우릴 비웃을 거예요!" 지원을 청하려는 듯 그가 가족의 어른을 바라봤다.

지금껏 내내 사파의 할머니는 가만히 앉아 고개를 숙인 채, 파두자에게 눈길 한 번 주지 않았다. 이제야 처음으로 고개를 든 그의 눈에선 어떠한 표정도 읽히지 않았다. "나가세요. 가족들과 상의해야 하니."

파두자는 오두막을 나와 불타는 태양 아래 섰다. 뜨거운 바람이 그의 얼굴에 먼지를 내뿜었다. 이 계획이 과연 성공할 수 있을까? 어린 사파는 얼룩무늬 염소 옆 돌 위에 쪼그리고 앉아 있었다. 이 계약이 정말 사파를 구할 수 있을까?

몇 분 후, 이드리스가 오두막에서 얼굴을 빼꼼 내밀었다.

"좋아요." 그가 말했다. "제안을 받아들이죠. 사파는 할례를 받지 않을 겁니다. 하지만 먹을 게 한 번이라도 늦게 도착했다간, 바로 해버릴 줄 알아요!"

나중에 파두자가 말하길, 그 순간 이드리스를 끌어안고 싶었으나, 어느새 바깥에 함께 나와 있던 사파 어머니와 할머니의 매서운 눈빛에 흠칫 놀라 그럴 생각을 접었다고

59

한다.

그래서 그는 대신 차분하게, 하지만 단호하게 말했다. "시내에 있는 공증인과 약속을 잡아 뒀어요. 지금 바로 가서 계약하죠."

그로부터 수년이 지난 지금, 나는 그 계약이 깨졌을지도 모른다는 불안감에 두근대는 심장을 안고 여기 지부티로 가는 비행기 안에 앉았다. 내 귀에 들리는 이 소리가 점보제트기 안의 에어컨 소리인지, 아니면 사파에 대한 내 두려움인지 알 수 없었다. 그 애가 영화 세트장에서 너무도 사실적으로 재현한 그 잔인한 행위를 현실에서 실제로 겪어야 했다면, 그보다 더 끔찍한 일이 또 있을까?

조애나 쪽을 쳐다보니 그는 객실 벽에 머리를 기대고, 숨을 깊게 들이쉬고 있었다. 피로로 지쳐 잠들었던 것이다.

나도 좌석을 뒤로 넘기고 눈을 감았다.

두 시간 후 식사 쟁반 소리가 우리 둘을 깨웠다. 세련된 에티오피아 승무원이 우리에게 음료와 저녁 식사를 준비해 주었다. 이륙하기 전, 승무원 몇 명이 서로 소곤대는걸 들었다. 하지만 그중 한 명이 내게 와 말을 건 것은 그때가 처음이었다.

"와리스 디리 씨. 드릴 말씀이 있는데요." 그가 공손히 말했다. 그는 내 쪽으로 몸을 숙이고 얼굴을 당겨 주변의 다른 승객에게 얘기가 들리지 않도록 했다. "3년 전 아디스아바바에서 가족과 함께 당신 영화를 봤어요. 우리 가족 여자들은 모두 할례를 당했죠. 영화를 보고 나서 우린 할례에 관해, 또 당신이 전한 메시지에 관해 긴 얘기를 나눴어요. 남자 가족들은 그 의식이 얼마나 끔찍한지 그때 처음으로 알게 됐고요."

나는 계속하라는 뜻으로 고개를 끄덕였다.

승무원의 까만 눈동자가 빛나기 시작했다. "아프리카 여성을 위해 하고 계신 모든 일에 너무나 감사해요." 곧 그는 오른손을 자신의 왼쪽 손목으로 뻗었고, 거기엔 알록달록한 팔찌가 달랑거리고 있었다. "이 행운의 팔찌를 드리고 싶어요."

내가 무슨 말을 꺼내기도 전에, 그는 그것을 벗어 내게 쥐여주었다.

"부디 받아주세요. 그러면 제가 정말 기쁠 거예요."

그가 내 손목에 팔찌를 묶어주고 웃었다.

그 영화는 내가 바랄 수 있는 것보다 더 많은 일을 해냈다. 그 승무원은 그 순간, 내가 사파에 대해 확신 없이 두려움에 떨었을 때, 그가 해준 말이 얼마나 내게 큰 힘이 됐는지 몰랐을 것이다.

영화

　오랫동안 나는 『사막의 꽃』의 영화화를 반대했다. 1998
년 책이 출간된 이후로, 몇몇 할리우드 제작자가 내게 연
락해, 내 인생사를 큰 스크린에다 띄우고 싶어 했다. 그들
이 제시한 콘셉트는 많았지만, 메시지는 모두 한결같았
다 '아프리카의 신데렐라', '사막에서 런웨이로', '가난
한 유목민 소녀, 슈퍼모델이 되다' 그런 접근은 어떤 것
도 나를 설득하지 못했다. 사막에서 탈출해, 런던에서 비
참한 삶을 살다 영국의 유명 사진가 테런스 도너번이 맥
도널드에서 청소부로 일하던 나를 발견했고, 마침내 내가
세계에서 가장 수입이 많은 모델 반열에 올랐다는 사실은
누가 봐도 할리우드 블록버스터 영화 소재감이다. 하지만
내겐 그것만으로는 충분하지 않았다. 아무도 내 인생사

중 내게 진정으로 중요한 부분, FGM을 다루려 하지 않았다. 여성성기훼손은 할리우드라는 화려한 영화 업계의 흥행 소재가 되지는 못할 것이었다. 그들은 모두 내 성공 이야기를 찍고 싶어 했지만, 내 삶의 본질적인 부분인 그 상상도 못 할 참상을 보여주고 싶어 하는 사람은 아무도 없었다. 믿기 힘들겠지만, 수년 동안 나는 들어오는 영화화 제안을 모두 거절했다.

그러던 어느 날 영국의 유명가수이자 프로듀서인 엘튼 존에게서 연락이 왔다. 나는 그를 신뢰했고, 옵션 계약을 체결하여 그의 영화 제작사 로켓 프로덕션과 사전 계약을 맺었다. 엘튼은 영화 대본이 내가 생각하는 방향으로 쓰이도록 각별히 신경썼다. 나를 런던의 저택에 초대해서, 작가 여러 명과 함께 대본을 검토할 수 있게 배려하기까지 했다. 하지만 FGM이라는 금기시된 주제에 대한 내 예민함 때문인지, 아니면 단순히 나와 작가들 간에 합이 안 맞았던 탓인지, 그 프로젝트도 중간에 엎어졌다.

그 후 시간이 좀 지나서야 독일 프로듀서 페터 헤르만과 감독 셰리 호만을 만났다. 이 두 사람은 FGM이라는 중요한 이슈를 부시하지 않고 내 삶을 담은 영화를 만들 준비가 되어 있었다. 셰리는 대본 작업에 수개월을 매달렸다. 참여한 모든 이들의 공감과 이해 덕분에, 또 그들이 내게 발언권을 허락한 덕택에, 그 후 수년간 내 삶과 함께 갈—아니, 내 삶의 목적이 될—영화가 세상에 나올 수 있었다.

영화 제작이 끝나자, 홍보 투어가 시작되었다. 인터뷰 할 때마다 내가 당했던 성기훼손 얘기를 꺼내야 했다. 내 성생활에 관해 물어보지 않는 토크 쇼가 없었다. 물론 영화와 내 FGM과의 싸움을 전 세계에 알리는 일이 얼마나 중요한지 잘 알았다. 그런데도, 영화 상영회가 끝나고 돌아올 때면 호텔 방에 앉아 절망에 빠졌다. 이 일의 필요성을 절감하면서도, 내 가장 내밀한 면을 대중 앞에 보일 때마다 내 안에서 타는 듯한 고통을 느끼며 괴로워했다. 그냥 도망쳐버릴까 생각한 적도 여러 번 있었다—모든 걸 뒤로 하고 여기가 아닌 다른 곳에서 새롭게, 평범한 삶을 시작할 수만 있다면. 하지만 영화 개봉 후 사막의 꽃 재단 앞으로 온 수많은 이메일과 편지가 내가 계속 나아갈 수 있도록 힘과 확신을 주었다.

에티오피아의 수도 아디스아바바에서의 첫 상영이 내 여정의 정점을 찍었다. 어머니, 형제들, 조카들이 모두 그들의 사막의 꽃을 담은 영화를 보기 위해 소말리아에서 와 있었다. 특히 나는 어머니와의 재회를 손꼽아 기다렸다. 마지막으로 본 것도 오래전이었다. 비록 사는 동안 어머니를 떠올리면 내 유년기에 있었던 그 끔찍한 일이 늘 함께 생각나겠지만, 드디어 어머니 앞에 섰을 때 내 마음은 눈 녹듯 녹았다. 긴 녹색 치마와 가죽 샌들 차림의 어머니는 마치 내 영화에 출연한 배우처럼 보였다.

엄마는 바뀐 게 거의 없었다. 여전히 온종일 일하며 손주들과 염소를 보살피는 소박한 사람이었다. 하지만 에티오피아 언론사를 앞에 두고 함께 한 사진 촬영에서 엄마는 나를 놀라게 했다. 문명과는 먼 사막에서 평생을 보낸 유목민으로서 앞에 나서는 엄마의 모습이 너무도 편안해 보였던 것이다. 내 옆에서 카메라를 보고 미소를 짓고 포즈를 취하며 눈을 빛내는 모습은 평생 사진 찍히는 일만 하고 산 사람 같았다. 하지만 그날 저녁엔 그것보다 더 놀랄 일이 나를 기다리고 있었다.

"그런 걸 굳이 보여줘야 했니?" 영화 상영 후 호텔로 돌아온 엄마가 내게 물었다.

그게 무슨 뜻인지 나는 단번에 알아차렸다.

몇 시간 전, 할례 장면이 나올 때 나는 어두운 영화관 안에서 엄마를 살펴봤다. 오래전 본인이 직접 목격했던, 다른 누군가가 내게 가한 고문이 눈앞에서 재현되는 것을 보는 동안, 엄마가 무슨 생각을 하고 있는지 표정에서 읽어내려 했다. 그 끔찍한 순간을 그때처럼 차디찬 눈으로 바라볼 수 있을까? 가시덤불 뒤에서 내 다리를 벌려 칼을 잡은 여자의 수고를 덜어주던 그때처럼? 아니었다. 놀랍게도 어머니는 눈을 감았고, 어린 사파의 찢어지는 듯한 비명에 움찔하기까지 했다.

"엄마, 우리가 영화에 왜 그런 장면을 넣었는지 잘 아시잖아요. 여자들에게 어떤 짓이 자행되는지 사람들이 꼭 알아야 해요." 엄마가 생각에 잠겨 히잡을 벗고 소파에 앉는 동안, 나는 그에게 시선을 떼지 않고 말을 이어갔다. "영화관에서 엄마를 계속 보고 있었어요. 그 훼손 장면에서 눈을 감더군요. 영화 장면은 허구고 현실은 그보다 훨씬 끔찍한데도, 엄마는 그걸 제대로 쳐다보지도 못했다고요!"

어머니는 조용히 눈을 내리깔았다. 그 순간, 쏟아내고 싶은 것들이 그것보다 훨씬 많았다. 엄마기 수년 전에 그랬듯, 내가 자길 이해하지 못하는 것뿐이라고 말했다면, 나는 정신 차리라고 소리치며 엄마를 붙잡고 흔들었을지도 모른다. 하지만 때마침 누군가가 노크를 했다.

영화 상영이 있는 동안 내 아들을 맡아 준 도우미가 아기를 데리고 들어왔다. 레온은 내게 환한 미소를 지어줬고, 그 순간 모든 분노를 잊었다.

"엄마, 우리 둘째 아들 레온을 소개할게요." 자랑스레 아기를 엄마에게 내밀었다.

어머니는 내가 애정을 담아 '아기 사자'라 부르는 내 아들을 받아 들고, 다정하게 그 볼에 입을 맞추었다. 내가 건강한 두 아들의 엄마라는 사실에 확실히 기쁜 눈치였다.

첫아들 알리크가 태어났을 때 그 기쁨을 어머니와 함께 나누고 싶었으나, 당시 나는 멀리 미국에 살고 있었고, 내가 파트너와 헤어지고 나서 알리크는 아버지와 함께 지냈다. 당시엔 내가 혼자 부모 노릇을 할 형편이 되지 못했다. FGM과의 싸움을 막 시작하던 때라, 이동도 잦았고 생활도 평범하지 않았다. 하지만 지금, 내 세계는 그때와는 몹시 달라졌다. 이제 내 두 아들은 내 인생에서 가장 중요한 존재가 되었으며, 육아도 수년 전보다는 훨씬 수월하게 일과 병행할 수 있게 되었다.

"귀엽기도 하지." 어머니는 환히 웃으며 아기를 꼭 껴안았다. "신경 써서 잘 키워야 한다."

그게 정확히 무슨 의미인지 나는 알았다. 오래전부터 어머니는 언젠가 내가 FGM 철폐 운동을 그만두고 주부와 엄마로 사는 삶에 매신하길 바랐다.

사그라들었던 분노가 내 안에서 다시 끓어오르기 시작했다. 어째서 엄마는 내가 당신과 같은 삶을 택하지 않을 것이며, 아프리카 여성의 해방을 위한 내 사명을 포기하지도 않을 거라는 점을 이해하지 못할까? 절망적이었다.

엄마의 다음 말이 나의 허를 찔렀다.

"와리스." 엄마의 목소리가 떨리기 시작했다. "내가 소말리아에서 네 조카 하오를 같이 데려온 거 알지."

"알죠. 영화 상영 전에 잠깐 얘기도 나눴는걸요. 무슨 일 있어요, 엄마?" 내가 주저하며 물었다.

"그 애를 같이 유럽에 데려가 줘. 너만이 그 앨 구할 수 있어. 네 올케가 그 애의 할례를 계획 중인데 곧 저질러 버릴 것 같아. 우리 가족 중에선 누구도 말릴 사람이 없어."

방금 내가 무슨 말을 들은 건지 도저히 믿을 수가 없었다. 우리 엄마가, 수년 동안 늘 할례를 옹호하며 나와 말다툼을 했던 그 엄마가, 이제는 손녀를 지키러 나선 것이다. 여전히 레온을 안은 채, 엄마는 기대를 담은 눈으로 나를 바라봤다.

"정말… 진심으로… 생각이 바뀌셨어요, 엄마?" 마침내 더듬거리며 내가 물었다.

어머니는 내 눈을 똑바로 보더니 숨을 깊이 들이쉬었다. 그리고 말했다. "와리스, 여자애들이 겪는 건 우리의 전통이자 문화야. 몇 년 전까지만 해도 나는 할례를 안 한 여자가 있을 줄은 상상도 못 했지."

어머니가 한 말은 거짓이 아니었다. 수많은 여자들이, 내 세대뿐 아니라 내 아랫세대 여자들까지도, 자신들이 다른 모든 이 세상 여자들과 같은 운명을 타고났다고 믿는다.

"그리고 이젠," 어머니는 말을 이어갔다. "다른 삶도 있다는 걸 알아. 괴로움도 고통도 없이 사는 삶 말이다. 그리고 내 손주들이 걱정이야. 할례 때문에 너무 많은 아이들이 목숨을 잃어. 내 힘으론 하오를 구할 수 없어. 하지만 넌 할 수 있잖니! 제발, 와리스, 그 앨 데려가 줘."

어머니가 잠자리에 들고 레온도 잠들자, 나는 호텔 방에 딸린 작은 발코니로 나갔다. 별이 가득한 하늘이 아디스아바바의 어두운 거리 위로 빛났다. 남동생을 설득해서 두 아이를 함께 데려갈 수 있을까? 하오를 데려간다면 오빠인 모도 어떤 식으로든 도움을 주어야 할 터였다.

"나중에 크면 고모처럼 되고 싶어요." 조카 하오가 영화가 끝난 후 내 귀에 속삭였다.

하오에게 우선 학교부터 졸업해야 한다고 설명해 주었다.

"아빠 말로는 좀 있으면 돈이 다 떨어질 거래요." 하오가 슬픈 목소리로 대답했다. "몇 주 전에 경비원 일이 끊졌거든요."

그 대화를 떠올려 보니, 올케가 하오의 할례를 왜 그렇게 서둘렀는지 이제야 알 것 같았다. 하오의 신붓값이 적어도 몇 달 동안은 가족을 먹여 살릴 수 있을 것이었다. 그렇게 되도록 보고만 있을 수 없었다. 하오와 모도 나와 함께 유럽으로 가야 했다.

그리하여 2009년 어느 무더운 여름밤, 나는 두 아이의 엄마에서 네 아이의 엄마가 되었다.

지부티에 도착하다

뜨거운 사막의 바람이 지부티 공항에 도착한 우리를 반겨주었다. 나는 털 달린 겨울 부츠를 그대로 신은 채, 보라색 패딩 점퍼를 벗어서 팔에 걸고 있었다. 브뤼셀에서 조애나와 함께 급하게 떠날 채비를 하다 별 생각 없이 입고 온 것이었다. 전날 밤 조애나가 파두자에게 연락해서 우리가 간다고 말해두었지만, 우리가 벨기에를 떠나기 전 필요한 비자가 준비되지 않은 상태였다. 그래서 도착장에서 비자를 기다리는 수많은 여행객과 함께 줄을 서야 했다.

공항 안 숨이 막힐 듯한 더위 때문에 우리 이마에 땀방울이 맺혔다. 줄을 선 다른 사람들과 함께 조금씩 앞으로 이동하며 조급하게 발을 동동거렸다.

갑자기 아프리카 세관 요원의 외침이 들렸다. "어, 와리스 디리잖아? 지부티에서 영화 찍은 그 유명한 모델!"

본능적으로 모자를 눈 위까지 끌어내리며 그의 말을 못 들은 척했다. 하지만 그러기엔 이미 늦었다. 그 잠깐 사이에 요원 다섯 명이 조애나와 나를 둘러쌌고, 호기심 가득한 눈으로 내 얼굴을 빤히 쳐다봤다.

"와리스, 같이 가시죠. 여기 이렇게 줄 설 필요 없어요." 그중 한 사람이 흥분에 찬 목소리로 말했다. "와리스는 특별히 빼 드릴게요. 또 영화 찍으러 오셨나 봐요."

당혹스럽게 주변을 둘러보았다. 줄을 선 여행객들이 우리를 부러운 듯 쳐다보기 시작했다.

"아뇨." 어색하게 내가 대답했다. "만나야 할 사람이 있어요. 우린 지부티에 사는 한 여자아이를 도우러 왔어요."

우리가 뭘 어찌해 볼 도리도 없이, 요원들이 우리를 데리고 줄 선 사람들을 지나 사무실로 들였고, 문이 닫혔다. 방 안의 온도를 조금이라도 낮춰보려는 듯, 오래된 벽걸이 에어컨이 덜컹거리며 켜졌다. 요원들이 한 명씩 방을 나가, 조애나와 나만 축축한 플라스틱 의자 위에 남게 되었다.

"이제 어떡하죠?" 내가 물었다.

"곧 비자가 나올 거예요. 받자마자 곧장 사파 집으로 출발하면 돼요." 조애나가 확신에 차 말했다.

우리는 기다리고 또 기다렸다. 30분은 족히 지났으나, 아무 일도 없었다. 나는 조급해지기 시작했다.

"그대로 줄 서 있어야 했어요. 지금쯤 이미 세관을 통과했을 텐데." 좌절하며 내가 말했다.

조애나가 나를 안심시키려 노력하고 있을 때 요원 한 명이 들어왔다. 아까 그 친절한 무리 중 한 사람은 아니었고, 제복에 달린 견장을 봤을 때 그 사람들의 관리자인 듯했다.

"이게 대체 어떻게 된 일이죠?" 화를 내며 내가 물었다. 그의 단호한 눈빛에도 굴할 내가 아니었다. 나는 아무런 법도 어기지 않았다. "비행기를 열네 시간을 탔어요. 피곤해서 기절할 지경이에요."

직원은 플라스틱 의자를 또 하나 가져와서 우리 반대편에 앉았다. "디리 씨, 입국하려면 노동 비자가 필요한데 모르셨어요?" 거드름 부리며 그가 물었다. "유럽에서 미리 신청하셨어야죠. 그러지 않았으니, 저희 쪽에서 상황을 파악하고 필요시 유럽으로 돌아가는 항공편을 잡아드리기 전까진 여기 계셔야 합니다."

말문이 막혔다. "노동 비자요?" 내가 분노에 차 소리쳤다. "노동 비자가 대체 왜 필요하죠? 저는 개인 자격으로 온 겁니다."

"하지만 제 동료들 말로는 영화 촬영 목적으로 오셨다고 하던데요?"

반신반의하는 표정이 그의 얼굴을 뒤덮었다. 당황한 낌새가 역력한 그 요원은, 노동 비자 담당 사무실로 일이 이미 전달된 터라 상황을 우선 바로잡아야 하기에, 관광 비자 발급에 시간이 약간 걸릴 거라고 설명했다. "당연히 저희 쪽에선 최대한 서두르겠습니다. 늦어도 24시간 안에는 입국할 수 있을 거예요." 제복 차림의 남자가 너그러이 말했다.

피로와 절박함, 분노를 동시에 느끼며, 앉은 채 고개를 내저었다. 이런 일이 생기다니! 겨울 부츠와 패딩 점퍼 차림으로 숨 막히게 더운 공항 건물에 갇혀 입국 허가도 받지 못한 채, 세관 반대편에서 짐이 기다리고 있는데도 옷조차 갈아입지 못하고 있었다. 조애나는 무력한 눈으로 나를 바라봤고, 눈 밑엔 짙은 그림자가 드리웠다. 애정을 담아 내 팔을 그의 어깨에 둘렀다. 이 모든 일을 나와 함께 겪게 해서, 어느 것 하나 순탄치 않아서 미안했다. 하지만 아프리카에선 늘 이런 식이다. 역경과 싸움을 피할 수가 없다.

마침내, 끝나지 않을 것 같은 기다림이 한 시간가량 더 이어지고 나서, 그 보안 요원이 돌아왔다. 그는 자기 휴대폰을 내게 건넸다. "받으세요, 제 책임자예요. 직접 얘기하고 싶다네요."

"여보세요? 와리스 디리입니다. 개인 자격으로 입국하고자 하는데요. 그쪽 직원들이 일을 왜 이렇게 힘들게 만드는지 모르겠네요." 수화기 너머 상대방의 인사를 기다리지 않고 곧장 말을 꺼냈다.

어김없이 영화 촬영에 관한 심문이 이어졌다. 나는 이를 갈며 질문에 모두 답했고, 마침내 그가 말했다. "디리씨. 이제 세관 통과하셔도 좋습니다. 비자는 호텔에서 받아볼 수 있게 해드리죠. 하지만 상황이 정리되기 전까지 여권은 저희가 갖고 있겠습니다."

내 앞의 요원에게 전화기를 넘기고, 조애나를 불러 함께 바깥으로 나갔다.

더는 시간을 지체할 수 없었다. 벌써 점심때가 가까워져, 사파의 학교 수업이 끝날 시간이 다가오고 있었다. 조애나와 나는 학교에 사파를 데리러 가서 우리끼리만 얘기를 나누고 싶었다. 그다음에 펼쳐진 일은 마치 기적 같았나. 세관을 통과해 도착장으로 향하자마자 유리문 틈으로 초조하게 내다보는 파두자를 발견했던 것이다. 그는 놀라운 인내심을 발휘해—또 이 나라의 입국 심사가 얼마나 속

터지게 느린지 잘 알았기에—고맙게도 몇 시간 동안이나 더위를 견디며 우리를 기다리고 있었다.

놀랍게도 우리의 오랜 지원군은 혼자가 아니었다. 그의 옆에는 프랑스 출신의 사막의 꽃 재단 부회장이자 인권 변호사로 잘 알려진 린다 베일-큐리엘이 파리에서 와 있었다. 보안 요원들이 그에겐 아무런 트집도 잡지 않은 듯했다. 반면 내 얼굴은 아프리카에서 잘 알려져 누구라도 나를 보면 여성 인권을 위한 나의 저항과 싸움을 떠올리기 마련이었다. 그 운동은 많은 이들의 눈엣가시이기도 하다.

나는 린다를 따뜻하게 안았다. 여성성기훼손에 대한 강력한 법 제정에 힘써온 그의 노력은 오래전부터 내게 큰 감명을 주었다. 그는 아프리카에서 온 프랑스 내 이민 가정 여아들이 주기적으로 검진을 받아 성기훼손 여부를 확인받도록 하는 법안을 통과시키는 데 핵심적인 역할을 했다. 프랑스의 FGM 관련법은 세계 어느 나라보다도 강력하다. 프랑스에서 린다는 할례를 행한 자들의 유죄 판결을 이끌어내 실형을 받게 했을 뿐 아니라, 피해자들이 겪은 고통에 대해 보상받을 수 있도록 했다. 이 똑똑한 프랑스인은 사막의 꽃 재단 지부를 세우는 데 도움을 주려고 여기 지부티에 와 있었다.

"서둘러요." 파두자가 나섰다. "늦었어요. 사파가 학교 정문에서 우리를 기다리고 있을 거예요."

타는 듯한 더위를 뚫고 주차장으로 가니 작고 낡은 회색 푸조 한 대가 우리를 기다리고 있었다. 이곳의 다른 대부분의 차와 마찬가지로, 에어컨이 없는 차였다. 차 안의 열기는 참을 수 없을 정도였고, 건조한 공기에 숨이 막혔다.

"창문 좀 열어도 되죠?" 운전석에 올라탄 파두자에게 내가 물었다.

"아뇨!" 그가 다급하게 대답했다.

하지만 이미 버튼을 누른 뒤였다.

"다시 닫을 수가 없어요. 장치가 고장 났거든요." 파두자가 중얼거리며 주차장에서 차를 뺐다.

나는 눈을 감고 바람을 느꼈다. 그러다 먼지구름을 맞닥뜨리고 나서야 왜 창문을 열면 안 되는지 깨달았다.

사파가 다니는 사립 프랑스 학교는 공항에서 그리 멀지 않았다. 30개국이 넘는 곳에서 온 천 명 이상의 아이들이 그 학교에 다녔다. 지부티의 여느 사립 학교가 그렇듯 학비도 매우 비쌌으므로, 거기 다니는 아이들의 부모는 죄다 외교관, 정치인, 사업가였으며 대부분은 외국인이었다. 사파만이 예외였다. 발발라의 빈민가에서 등교하는 학생은 사파밖에 없었다. 학교 사람 모두가 흔치 않은 사파의 얼굴과 영화 출연 사실을 알았다.

거대한 흰 건물 외벽에 '에콜 드 라 나티비테'라는 문구가 보이자, 그곳에 차를 댔다. 학교 정문 앞에 이미 사람들이 서서 기다리고 있었고, 대부분이 학부모였다. 그들을 향해 달려오는 아이들의 책가방이 작은 몸집과 대조되어 더욱 거대해 보였다. 몇몇 다른 학생들은 커다란 차량으로 곧장 향했는데, 기사들이 현란한 동작으로 문을 열어주었다. 이 모든 유쾌한 움직임을 보며 아이들의 떠들썩한 목소리를 듣고 있으니 마음이 흐뭇했다. 그 순간 엄마로서 내 심장도 덩달아 빠르게 뛰기 시작했다. 나의 아들 레온, 조카 하오와 모가 어떻게 지내고 있는지 궁금해졌다. 물론 우리 아이들은 도우미이자 내 친한 친구인 세나이트가 그단스크에 있는 우리 집에서 잘 돌보고 있을 것이었다. 아이들은 분명, 브뤼셀에서 이틀만 지내고 돌아올 예정이었던 내 여행이 갑자기 연장된 이유를 이해해줄 것이었다―다른 아이를 구하기 위해서라는 걸. 그들이 누리는 안전을 누리지 못하는 한 아이를.

출발하는 차들의 행렬이 일으킨 거대한 먼지구름이 학교 주차장을 가득 메웠다. 조애나, 파두자와 나는 차에서 내려 사파를 찾으러 갔다.

"어디에도 사파가 안 보여요." 먼지 너머 파두자가 눈을 가늘게 뜨며 말했다. "놓친 게 아니었으면 좋겠는데."

차에 남은 린다가 큰 소리로 기침을 했다. 모래 구름이 그 작고 낡은 차 안까지 들어와 계기판 위와 린다의 폐에 안착했던 것이다. 학교 담장 앞뒤 어느 쪽에도 사파가 안 보여서, 막 차에서 기어 나오던 린다에게 사파를 찾으러 가볼 테니 그대로 있으라고 일렀다. 그런데 린다가 일어나는 순간 웃음을 터뜨리지 않을 수 없었다. 잿빛 먼지로 머리부터 발끝까지 뒤덮인 린다는 흡사 유령 같은 모습이었다. 그는 콜록대며 눈을 비볐다.

속으로 여전히 웃으며 학교 운동장으로 걸어 들어가 건물 바깥으로 빠져나오는 아이들 무리를 뚫고 들어갔다. 학생들 얼굴을 하나하나 뜯어보며 사파를 찾았다. 하지만 거기에도 사파는 없었다.

조애나와 나는 슬슬 걱정되기 시작했다. 그 앨 찾으러 이렇게 먼 길을 왔는데, 사파는 대체 어디 있을까? 학교 운동장과 바깥 거리도 어느덧 한산해지기 시작했다. 주변은 점점 조용해지는데, 사파를 찾는 우리 목소리만 자꾸 커셨다.

"여기서 기다려요." 마침내 파두자가 말했다. "사파 선생님한테 가볼게요. 애가 어디 있는지 알지도 몰라요."

잠시 후 당혹스러운 얼굴을 하고 그가 돌아왔다.

"무슨 일이에요?" 목소리에서 미처 긴장을 숨기지 못한 내가 물었다.

"다른 아이들과 함께 교실을 나섰대요." 그가 말했다. "오늘 보라색 원피스를 입었대요. 와리스가 온다고, 예쁘게 보이려고요."

피로와 두려움과 절박함으로 눈물이 차올랐다. "어딘가에 있을 거예요." 기운을 조금 내보며 그렇게 말했지만, 조애나는 당혹한 채 어깨만 으쓱할 뿐이었다.

우리는 함께 넓은 운동장을 가로질렀다. 줄지어 늘어선 유칼리나무가 아이들에게 열기를 가려줄 그늘이 되어주었다. 남자애들 몇 명이 아스팔트 경기장에서 농구를 하고 있었다. 개중에도 사파를 본 아이는 없었다. 우리는 운동장을 빠르게 가로질러 막 문을 닫으려던 교장실로 향했다. 교장은 우리를 공손하게 맞이했지만, 사파의 행방을 물었을 때 돌아온 그의 대답 또한 실망스럽긴 마찬가지였다.

"교실에 한번 가보죠." 내가 파두자와 조애나에게 제안했다.

우리는 텅 빈 교실, 약 서른 명의 아이들이 앉는 작은 책걸상 사이에 덩그러니 섰다. 화려한 색깔의 로브를 두른 한 노인이 바닥을 쓸며 투덜거렸다. 내 시선은 천천히 벽을 따라가다, 걸려 있는 수십 점의 아이들 그림에 닿았다. 한 그림이 내 시선을 단숨에 사로잡았다. 담갈색 해변과 청록색 바다를 색연필로 그린 그림이었다. 그 그림을 자세히 보려 가까이 다가갔다. 그제야 그 해변의 작은 언덕에, 아이가 진한 갈색으로 그려 놓은 오두막이 보였다. 순간 브뤼셀에서 꿨던 끔찍한 악몽이 되살아났다. 그건 내가 꿈속에서 사파와 함께 놀았던 바로 그 해변이었다. 소스라치게 놀라 뒷걸음질 쳤다. 그 오두막 위에는 정말로 짙은 먹구름이, 검은 연필로 거칠게 휘갈겨 그려져 있었다.

숨이 턱 막혔다. 이건 믿기 힘든 우연일까, 아니면 나를 향한 하늘의 계시일까? 눈을 가늘게 뜨고, 그림 오른쪽 밑에 작게 적힌 글자를 읽어 내려갔다. 거기 적힌 건 '사파'였다.

최악의 상황이 떠오르기 시작했다. 사파가 도망친 거라면? 사파가 사라진 게 그 애 부모와 관련이 있을까? 그날 아침, 파두자는 포지아와 이드리스에게 내가 발발라로 그들을 방문하러 올 거라 전했다. 어쩌면 사파가 이미 할례를 당한 뒤고, 내가 너무 늦게 도착했는지도 몰랐다. 설마 그 악몽이 어떤 징조였을까?

누군가가 어깨를 툭 쳐 몽상에서 깨어났다. "차에 가서 휴대폰으로 사파 부모님께 연락 한번 해볼게요. 애가 어디 갔는지 알지도 몰라요." 파두자가 말했다.

"같이 가요." 내가 말했다. 당장 그 교실에서, 벽에 걸린 그 악몽이 너무도 불길하게 느껴지는 그 텅 빈 방에서 나가고 싶었다.

바깥에 나와 정문 앞 벤치에 조애나와 나란히 앉아 두 손에 얼굴을 묻었다. 온갖 생각이 머릿속을 맴돌았다. 온몸에 힘이 빠졌고 절망스러웠다.

"와리스! 와리스! 사파가 어딨는지 알았어요!" 파두자가 운동장을 가로질러 우리에게 뛰어오며 소리쳤다. "걔가 글쎄, 어딜 갔냐면요." 도착한 파두자가 숨 가쁘게 말했다. "학교 친구가 사파를 자기 생일 파티에 초대했대요. 그 애 부모가 수업 끝나자마자 둘을 데려갔고요. 우리가 몇 분 차이로 놓친 모양이에요."

가슴을 짓누르던 몇 톤짜리 바위가 마침내 떨어져 나간 듯했다. 우리의 사파는 무사했다. 하지만 그 기쁨은 금세 곤혹으로 바뀌었다.

"얘도 참, 어떻게 우리한테 이럴 수가 있지?" 소리 높여 내가 말했다. "우리가 오늘 오는 걸 알고 있었으면서! 나중에 진지하게 얘기 좀 해야겠어요."

작고 낡은—그리고 이제는 완전히 먼지로 뒤덮인—푸조가 능력껏 속도를 내 우리를 도심의 거리로 덜컹대며 데려갔다.

지부티시티. 아덴만을 끼고 있는 이 작은 나라의 수도는 아프리카에서 가장 중요한 전략적 요충지다. 아프리카와 아시아 대륙 사이, 인도양과 홍해가 만나는 단 몇 킬로미터 길이의 좁은 길목, 일명 '눈물의 문'이라고 불리는 바브엘만데브 해협에 자리 잡고 있다. 아랍권에선 유조선이, 아시아에선 차량과 전자제품과 직물을 실은 화물선 수십 대가 날마다 이 길목을 통과해야 한다. 이 해협을 장악하는 자가 곧 유럽의 에너지 보급을 장악한다고 해도 과언이 아니다.

바다를 낀 그 위치 때문에, 지부티는 이웃 국가인 에티오피아에도 경제적으로 매우 중요한 국가다. 아프리카에서 가장 큰 국가 중 하나인 에티오피아로 통하는 유일한 경로가 지부티를 통과하기 때문이다. 지부티의 다른 이웃 나라인 에리트레아와 소말리아는 수년간 심각한 내전을 치르고 있다. 바로 이 때문에 약 2만 3천 제곱킬로미터밖에 되지 않는 이 작은 나라에 미국과 프랑스의 군대가 대규모로 주둔해 있다. 독일 해군 선박도 마찬가지로 정박

해 있다. 이들은 모두 아랍권 해안은 물론이고 동아프리카의 상공과 해안까지 감시한다.

지부티는 전 세계에서 온 외교관과 첩보 기관 요원, 무기상과 군인들로 넘쳐난다. 동아프리카에서 온 난민들이―소말리아, 에리트레아, 에티오피아, 수단에서 온 여자, 남자, 아이들까지―이곳을 거쳐 아시아 국가나 페르시아만을 낀 두바이와 카타르 등지로 향하며 일자리와 더 나은 삶을 꿈꾼다. 파렴치한 밀입국 업자 무리가 이들의 불행으로 호황을 누려 왔다. 그들은 사람 수백 명을 오래되고 녹슨 선체에 구겨 넣어 비인간적인 방법으로 지부티에서 예멘까지 실어나른다. 낡을 대로 낡은 배가 침몰하여 매년 수많은 난민이 죽고, 심지어 업자들이 그들을 배 밖으로 던져버리기도 한다. 물론 뱃삯은 받고 나서다.

"아직도 해적이 이곳을 습격하나요?" 장대한 항구를 지나며, 지부티라면 손바닥처럼 훤히 꿰고 있는 파두자에게 물었다. 하지만 차를 쌩하고 지나가는 바람 소리에 내 말이 묻히고 말았다.

"뭐라고요, 와리스?" 도로 위 움푹 팬 구멍들에 차를 박살 내지 않으려 전방을 주시하며, 파두자가 소리쳤다.

나는 그에게 몸을 기울였다. "저 군인들이요. 해적 때문에 여기 와 있는 거죠? 효과는 좀 있나요?" 소음을 뚫고

84

잘 들리게 애를 쓰며 내가 말했다.

십여 년 전, 소말리아 해적의 잔혹한 납치 사건이 잇따라 세계의 이목을 끌었다. 소말리아의 많은 젊은 어부들이 먼 바다로 나가 돈을 많이, 빨리 벌 수 있다는 유혹을 이겨내지 못했다. 굶주림 때문에 많은 이들이 범죄자가 되었는데, 대형 국제 어선단이 소말리아 인근 해역의 물고기 씨를 말려 소규모 어부들의 생계를 위협했기 때문이다. 이탈리아 마피아 소유의 폐기물 회사들이 토박이 어부들의 몫이었던 연안을 침범하여 화학 폐기물을 불법으로 유기했다. 오염된 생선으로 굶주림을 달랬던 어부 가족들은 전에 없던 질병을 앓았다. 많은 이들이 암으로 죽었고, 점점 더 많은 신생아가 기형으로 태어났다. 이런 상황에서 어부들이 잃을 게 뭐가 있겠는가? 해적 일은 그들의 생존과 돈이 걸린 마지막 희망이었다.

"그런 것 같아요!" 파두자가 소리치며 대답했다. "군인들이 여기 주둔한 뒤로 해적의 공격은 없었어요. 아덴만이 전보다 훨씬 평화로워진 건 사실이죠."

물론 소말리아 어부들의 문제까지 해결되진 않았다.

곧 지부티시티의 구시가지에 다다르자, 긴 여정의 끝에 몰려온 피로가 씻겨 내려가는 기분이었다. 나는 이곳을 사랑했다. 프랑스 식민지 시기 건물들은 이전의 위용을 어느 정도 유지하고 있었지만, 쓸쓸히 부스러지며 무너지기만 기다렸다. 하지만 시장은 생기로 가득했고, 색색의 좌판마다 넘치는 활기가 나를 기쁘게 했다. 아이들, 여자들, 소리치는 상인, 수상쩍은 거리 행상과 걸인들이 좁은 길목을 메운 형형색색의 스카프와 티셔츠, 장신구, 과일, 곡물과 향신료 등 이 도시에서 팔려고 내놓은 그 모든 물건 틈에서 북적거렸다.

물론 이런 시장에서 특히 돈이 되는 상품은 아프리카의 최고 인기 일용품인 마약 카트khat다.

카트 관목은 에티오피아 고원에서 재배되어, 수년간 국가 주요 수출품으로 자리 잡았다. 남자라면 대부분 하루에도 몇 번씩, 한 번에 몇 시간씩, 지루함을 죽이고 무엇보다도 굶주림을 잊으려 말린 카트 잎을 씹는다. 영국에서는 규제 약물이고 지부티에선 합법인데, 흥미로운 점은, 잎을 생산하고 파는 일은 여자가 하지만 남자만이 그 '아프리카의 코카인'을 소비할 수 있다는 사실이다.

우리를 태운 차가 이 도시의 얼마 없는 나무 그늘에서, 혹은 으슥한 거리 한구석에서 카트를 씹는 소규모 남자 무리를 여럿 지나쳤다. 그들의 표정 없는 눈동자가 나를 슬프게 했다. 이 남자들을 중독으로 몰고 갔을 상황이 그려졌다. 카트는 빈곤과 두려움, 걱정과 고난을 잊게 한다.

이곳 주민 대부분에게, 카트는 불행에서 벗어날 유일한 탈출구다.

"어린아이도 많이들 카트를 씹는다고 들었는데 사실인가요?" 린다가 뒷좌석에서 물었다.

"안타깝지만 그래요." 파두자가 대답했다. "소말리아 군부 지도자들이 어린 군인들에게 카트를 나눠준대요. 사람을 쏘고 죽이는 일에 두려움을 느끼지 못하도록."

아무 말도 할 수 없었다. 이 절망적인 상황에서 누가, 무엇이 이 대륙을 구할 수 있을까? 분명한 건 내게는 답이 없다는 사실이었다.

"저 집인가 봐요." 잠시 후 파두자가 도시 외곽의 한 골목에 차를 세웠다.

드디어 사파의 친구가 사는 집에 도착했다. 가시철조망이 쳐진 길고 높은 담벼락 안으로 빨간 문이 나 있었다.

파두자가 차에서 나와 문을 두드렸다. "안녕하세요!" 그가 소리쳤다. "저는 파두자예요. 사파를 데리러 왔는데요!"

곧 젊은 남자가 나와 그를 데리고 들어갔고, 나는 조애나, 린다와 함께 차에서 기다렸다. 왜 학교 밖에서 우릴 기다리지 않았느냐고, 왜 그렇게 걱정 끼쳤냐고 사파를 어떻게 꾸중할지 상상하면서. 하지만 내 생각의 흐름은 그새 차를 둘러싼 아이들의 호기심 어린 시선에 끊기고 말았다. 아이들은 이 낡은 먼지투성이 고물차에 누가 탔는지 보기 위해 몰려든 것이다. 아프리카 사람들이 얼마나 호기심이 왕성한지, 처음 보는 사람한테도 얼마나 가까이 다가오는지, 외계인이라도 보는 양 얼마나 집요하게 건드리고 빤히 쳐다보는지를, 나는 완전히 잊고 있었다. 이 군중에게 장난을 조금 쳐 보기로 했다.

"얘들아." 차에서 내리며 소말리어로 소리쳤다. "거기 서서 그렇게 쳐다보는 걸 보니 할 일이 정말 없는 모양이구나?"

몇몇 아이들은 놀라서 뒤로 물러났지만, 대부분은 그 자리에 그대로 서서 열렬히 질문 공세를 퍼부었다.

"소말리아 사람이에요?" 한 남자아이가 물었다.

"물론이지. 들으면 모르겠어?" 모국어로 내가 대답했다.

"그런데 왜 베일을 안 썼어요? 히잡은 어디 갔어요?" 아이가 까불며 말했다.

"히잡?" 내가 거들먹거리며 응수했다. "그런 걸 왜 써야 하지? 여긴 그런 거 안 써도 더운데."

이쯤 되니 성인들도 나를 둘러싼 이 무리에 몇 명 합류해 있었다. 그들은 입을 떡 벌리고 나를 보며 경악했다. 사실 나는 그들의 격분을 즐겼다. 특히 남자들이 내가 얼굴을 가리지 않았다는 것에 불편해한다는 사실을 알고 있었다. 내가 그들의 억압에 저항하고 있다는 뜻이니까.

군중 속에 서 있던 도중, 갑자기 아이 한 명이 내 품으로 파고드는 게 느껴졌다. 작은 손 하나가 내 손을 찾아 부드럽게 쥐었다. 놀랍게도 그 아이는 호기심 많은 동네 꼬마 중 하나가 아니었다. 사파였다.

사파는 그 커다랗고 까만 눈망울로 나를 올려다보며 애정 어린 미소를 지었다. "안녕하세요, 와리스." 사파가 조용히 말하며 머리를 내 팔에 기댔다.

"얘들아, 이제 가 봐. 저리 가서 놀아." 다른 아이들에게 내가 말했다.

사파와 단둘이 있고 싶었다. 아이들이 가고 나서, 나는 모래 바닥에 무릎을 꿇고 사파를 꼭 껴안았다. 드디어 사파를 찾았다. 드디어 직접 안부를 물을 수도, 보호할 수도 있게 됐다. 필요하다면 내 삶을 바쳐서라도.

차에서 준비했던 훈계와 설교는 이제 까맣게 잊은 지 오래였다. 사파의 갈색 아몬드 모양 눈동자를 바라봤다. 사파는 파두자가 내게 처음 데려왔을 때처럼 여전히 내 마음을 사로잡았다. 그때나 지금이나, 바로 이 아이라는 확신에는 변함이 없었다. 상냥하고 따뜻한 마음씨와, 용기와 반항심을 함께 가진 아이. 사파를 보면 어린 시절의 나를 보는 듯했다. 사파는 자기가 원하는 게 무엇인지 확실히 알았다. 내가 그랬듯 종종 엄마 아빠를 몹시도 곤란하게 했다.

"제발 고약한 남자애처럼 굴지 말고 여자애답게 굴면 안 되겠니?" 어렸을 적 어김없이 사막에서 겁 없이 모험을 떠날 때면 아버지는 몇 번이고 나를 야단치곤 했다. 그때도 나는 긴 치마를 싫어해서 더 편하게, 빠르게 뛰어다니려고 치맛자락을 끌어 올리거나 찢곤 했다. 이렇게 사파의 눈을 들여다보니, 나의 길들일 수 없는 천성이 보였다. 그것이 결국 내 삶을 구했다. 나와 닮은 이 성격을, 강한 여자애다운 이 면모를 두고 정말로 혼을 내야 할까?

그러지 않고 다만 조용히 그 앨 내 팔로 꼭 껴안았다.

사파의 가족

"와리스가 내 옆에 앉으면 안 돼요?" 푸조에 올라타자 사파가 말했다. 파두자는 벌써 운전석에 앉아 출발할 준비를 하고 있었다.

린다와 나는 자리를 바꿔 기뻐서 싱글벙글한 사파가 나와 조애나 사이에 앉을 수 있도록 했다. 사파를 곧바로 호텔로 데려가 그 편지 내용에 관해, 아이의 걱정과 질문에 관해 조용한 곳에서 얘기를 나누고 싶었다. 그러면 안 되겠느냐고 다른 일행에게 물었다.

"미안하지만 그건 안 돼요, 와리스." 파두자가 말했다. "사파 부모님이 우릴 기다리고 있어요. 시간이 많이 흘렀지만, 이제야 와리스 당신을 만나고 싶대요. 그러니까 발발라에 먼저 가야 해요."

차 안의 찌는 듯한 더위에도 사파는 내게 바짝 달라붙었다.

"우리 사파." 심장이 녹아내리는 걸 느끼며, 내가 말했다. "네가 나한테 얼마나 소중한 존재인지 아니? 널 위해 정말 많이 기도했어. 다시 볼 수 있길 얼마나 바랐는지 몰라."

사파는 말없이 밝은 보라색 원피스에 감춰진 목걸이를 꺼냈다. 수호하는 파티마의 손, 행운의 상징물이자 내가 준 그 목걸이를.

지부티시티에서 몇 킬로미터를 더 가서 다다른 앰불리 강의 다리는 도시 중심부와 기피대상인 발발라의 빈민가를 나누는 경계다. 인구가 넘쳐나는 빈민가 가까이에 오래된 등대가 서 있는데, 이 동네의 이름이 여기서 유래했다. '발발bal-bal'은 소말리어로 '비추다'라는 뜻이다. 지치고 낡았지만 여전히 소임을 다하는 등대가 있어, 사람들이 그 주변 지역을 '발발라'라고 부르기 시작했다. 정착지가 생긴 건 도시를 내란으로부터 보호할 목적이었던 프랑스 군사 기지가 시작이었다. 지부티가 1977년 독립을 선언하면서 검문소가 철거되었고, 기지는 거주지로 바뀌어 이웃 국가에서 밀려 들어온 수많은 난민이 그곳에 정착했다.

다리 위의 군 초소 밑에는 더러운 갈색 물이 바다를 향해 꿀렁거리며 흘러갔다. 중무장한 군인이 우리를 멈춰 세우자 사파는 무서운 듯 내 무릎 위에 풀쩍 올라왔다. 제복을 입은 아프리카 군인이 의심스러운 눈초리로 차 주위를 어슬렁거렸다.

"어떻게 된 거예요?" 이 근방을 자주 다니는 파두자에게 내가 물었다.

"와리스, 지금은 아무 말도 하지 마세요!" 그가 대답하며, 군인에게는 친절한 미소를 보냈다. 그리고 내게 속삭였다. "당분간은 모든 차량을 대상으로 정기 검문을 해요. 다른 여러 아프리카 나라처럼, 선거 후에 심각한 소요 사태가 있었거든요. 선거 결과를 믿지 않는 시민들이 거리로 나왔어요. 특히 여기 발발라는 상황이 심각했어요. 사람들이 자동차에 불을 지르고, 시위대가 거리를 점거해 돌을 던지기도 했거든요."

또 다른 군인이 우리에게 다가와 활짝 열린 창문에 머리를 집어넣었다.

"갖고 있는 무기가 있습니까?" 그가 퉁명스럽게 물었다.

"없습니다." 파두자가 대답했다. "우린 이 아이를 발발라에 계신 부모님께 데려다주러 가는 길이예요."

여기저기 뜯어보던 군인의 시선이 뒷좌석에 앉은 사파

에게 닿았다. 사파는 얼굴을 내 배에 힘껏 파묻었다.

"가도 좋습니다." 그는 우리를 통과시켜 주었다.

우리는 다리를 건너 빈민가에 도착했다.

아프리카에 수백 개가 넘는, 내가 많이 보아 온 여느 판자촌과 다르지 않았다. 그간 나는 인권 운동가로 활동하며 이런 빈민가 주민들을 도우려 수년 동안 힘써온 비정부기구 활동가를 많이 알게 되었다. 발발라의 문제는 하루가 다르게 심각해졌다. 난민들이 날마다 정착촌으로 밀려들어 왔고, 주민 수는 대략 8만 명에 달한다. 생활 환경도 날이 갈수록 나빠졌다. 위생 관리가 제대로 이루어지지 않아 전염병이 자주 퍼졌다. 받을 수 있는 의료 서비스가 사실상 전무한 수준이라, 수많은 영아가 첫돌을 못 넘기고 죽었다. 주민 수백 명이 만성 폐 질환으로 고생했는데, 밥을 지으려면 비좁은 오두막에서 직접 불을 피워야 하는 터라, 유독성 연기를 꾸준히 들이마신 탓이다. 작은 스토브를 갖출 형편이 되는 집에서도 등유를 사용하는데, 이것 또한 마찬가지로 건강에 해롭다.

얼핏 보기만 해도 이곳의 환경이 얼마나 열악한지 알 수 있었다. 양철 판잣집 사이 지저분한 골목으로 들어서자마자 파두자가 차를 세워야 했다. 길 한복판에 한 여자가 서서 구걸하고 있었다. 그가 몸에 두르고 있던 천 안에, 한 아기가 가슴이 미어지게 울고 있었다. 십중팔구 굶주림과 목마름 때문이었을 것이다. 파두자는 여자가 비켜서기를 바라며 경적을 울렸고 여자는 터덜터덜 맥없이 길가로 물러섰다.

그저 앉아서 손 놓고 있을 수가 없었다. 파두자가 다시 출발하려는 순간, 그를 멈춰 세웠다. "잠시만요!" 내가 소리쳤다.

작은 갈색 배낭을 뒤져서 돈을 갖고 차에서 내려 그 젊은 여자의 손에 쥐여주었다. 그는 지친 미소를 지으며 내게 감사를 표했다.

그러자 파두자의 푸조가 순식간에 아기를 안은 엄마들로 둘러싸였다. 갑자기 허공에서 튀어나오기라도 한 것 같았다. 그들도 절박하게 돈이 필요했고, 울며 도움을 청했다. 나도 나 자신을 멈출 수 없었다. 급하게 배낭을 뒤져 있는 현금을 모조리 털어 여자들에게 나눠주었다. 차에 탄 사파와 다른 사람들이 그 광경을 지켜보았다.

파두자가 웃음을 터뜨리며 말했다. "조금만 있으면 와리스 인심 좋다고 온 동네 소문나겠어요. 나중에 돌아갈 때 발발라 주민 절반은 우리 길을 막겠네요."

다시 출발한 우리는 울퉁불퉁한 비포장도로를 따라 쓰레기 더미 사이를 달렸다. 이 길에 끝이 없을 것 같다는 생각이 들던 찰나, 사파가 흥분하며 펄쩍 뛰어 올랐다.

"저기예요, 와리스!" 사파가 소리쳤다. "저기가 우리 집이에요!"

사파가 창문 밖으로 몸을 내밀자 바람이 그 까만 머리칼을 간지럽혔다. 그걸 보고 있으니 지난 악몽이 다시금 떠올랐다—낚싯배에 불던 바람에 사파의 머리카락이 흔들리던 그 장면.

"저기 앞에서 기다리고 있는 사람이 우리 엄마예요." 사파가 자랑스레 말하며 머리부터 발끝까지 온몸을 가린 작고 통통한 여자를 가리켰다.

어떤 망가진 자동차 두 대 사이에 차를 세운 뒤 다들 내렸다. 사진에서 한눈에 알아봤던 사파의 엄마에게 곧장 향해 내가 소말리어로 인사를 건넸다. 무심코 포옹하려고 양팔을 벌렸지만, 그 소말리아 여자는 몸을 돌렸다.

"와리스라고 합니다." 다시 새롭게 내가 말했다. "성함이 어떻게 되세요?"

그 젊은 여자는 말없이 나를 못 본 듯 지나쳤다.

"엄마 이름은 포지아예요." 사파가 엄마의 손을 잡으며 내게 말했다. "와리스, 여기요! 아빠랑 동생들, 할머니랑 삼촌, 고모들이 기다리고 있어요."

사파는 나머지 손으로 내 손을 잡고 즐겁게 웃으며 우

리 둘을 비스듬한 나무문으로 끌고 갔다. 브뤼셀에 있을 때 조애나가 보여준 그 영상에서 본 문이었다. 뒤이어 파두자, 린다, 조애나가 우리를 따라 흙먼지 날리는 마당으로 들어왔고, 긴 빨랫줄에 걸린 색색의 옷이 환영의 춤을 추는 듯 바람에 나부꼈다. 나무에 묶여 있던 작은 염소도 날아드는 파리의 습격에 우리만큼이나 괴로워했다.

마당 저편에 보이는 작은 벽돌집은 이웃집들에 비하면 거의 호화스럽기까지 했다. 전기도 들어오는 데다 콘크리트로 지은 베란다까지 갖춰져 있었기 때문이다. 영상에서 본 다 쓰러져 가는 오두막을 예상했던 나는 깜짝 놀랐다. 그 후, 우리가 맺은 계약과 사막의 꽃 재단의 지원 덕분에, 사파의 가족이 더 좋은 집을 지을 수 있었던 것이다. 상황이 나아진 걸 보니 기뻤고, 그 덕에 사파의 가족들이 분별력을 되찾아 우리 계약을 깨려는 생각을 버렸기를 바랐다.

사파의 온 식구가 새집 베란다에 모여 있었다. 오두막에서 사람들이 계속해서 나오며 줄지어 서는 모습이 마치 단체 사진을 찍을 준비라도 하는 모양새였다. 사파 아버지로 보이는 깡마른 남자가 한가운데 자리를 잡았다. 그가 자랑스레 데리고 있던 두 아들, 아미르와 누르는 사나운 표정으로 서 있었다. 반대로 아이들 아버지는 어색하게 웃으며 고개를 까딱 숙여 나를 맞이했다. 이 대가족의 나머지 일원은 모두 조용히, 무표정으로 나를 빤히 바라볼 뿐이었다.

"안녕하세요, 만나서 정말 반가워요." 약간은 주저하며 내가 말했다.

조애나, 린다, 파두자가 이 심상찮은 상황에서 응원을 보내듯 내 옆에 와서 섰다.

아무런 반응이 없었다. 아무도 내 인사를 받아주지 않았다.

사파는 여전히 내 손을 잡은 채 나무 그늘에서 쉬고 있던 작은 염소에게 나를 끌고 갔다. "와리스, 애는 염소 아리예요. 아리는 완전히 제 염소예요. 제가 매일 남은 음식을 주고 물도 갖다줘요."

그 순간만큼은 베란다에 서 있는 군중의 적대감을 까맣게 잊었다. 나는 몸을 굽혀 염소를 쓰다듬었다. "그거 아니? 내가 사막에 살았을 때 우리 집에도 염소가 정말 많았어." 내가 말했다. "염소를 돌보는 건 내 일이었지. 아침 일찍 일어나 염소를 몰고 가서 먹이를 먹인 다음, 해가 지고 우리가 모두 움막으로 돌아갈 때까지 염소는 전부 내가 혼자 돌봤어. 그 염소들이 내가 가진 것 중에 가장 소중했지. 나도 사파 너처럼 염소를 아주 좋아해. 아름답게 빛나는 털옷도 좋고, 무엇보다도 의지가 강해서 좋아."

내 말을 증명하려는 듯, 염소가 매애 하고 울었다. 사파와 나는 웃음을 터뜨렸다. 일어나서 사파의 가족을 향해 돌아봤을 때, 그들은 여전히 베란다에서 꼼짝도 하지 않고 나를 쳐다보고 있었다.

마침내 이드리스가 두 아들을 아내에게 보내고 천천히 나를 향해 걸어왔다. "지부티에선 얼마나 머물 예정이죠?" 그가 인사말도 없이 내게 물었다. "둘이서만 따로 얘기할 게 있어요." 내가 대답하기도 전에 그가 말을 이어갔다. "우리 가족과 나는 이제 더는 지부티에서 살 수가 없어요. 우리를 유럽에 같이 데려가 줘요."

일이 참 재밌어졌다. 가족 중 누구도 사막의 꽃 재단의 후원에 고마움을 표하지도 않고, 심지어 내게 인사를 건네지도 않는데, 나는 어떻게든 이들을 모두 유럽에 데려가야 하는 것이다.

"제가 좀 피곤해서요. 그건 내일 얘기하면 안 될까요?" 쉽지 않을 게 분명한 그 대화를 최대한 미루고 싶었다.

"그래요. 내가 내일 호텔로 갈 테니 자세한 건 전부 그때 얘기하죠." 이드리스가 내답했다.

사파는 식구들을 내게 소개하고 싶어 안달을 냈다. 어른들은 여전히 나를 뚱한 표정으로 바라봤지만, 사파는 동생들을 끌고 내 앞에 데려왔다. "제 남동생이에요. 이름은 아미르, 누르고요. 오후에 제가 숙제를 다 하고 나면 다 같이 바깥에서 놀아요. 늘 제가 재밌는 놀이를 생각해 내요. 제일 좋아하는 놀이가 있는데 다 같이 하면 안 될까요?" 사파가 제안했다.

나머지 가족들은 내게 말할 기미도 전혀 보이지 않았으므로, 사파의 제안을 받아들였다.

우리는 땅바닥에 앉아, 넷이서 작은 원을 만들었다. 사파가 유럽 어린이들이 하는 것과 비슷한 놀이를 시작했다. 흥분한 사파는 소말리어로 소리치며 가느다란 검지를 펴 우리를 차례로 가리켰다. "누가 누가 걸릴까요. 걸리는 사람 빠지기. 빠지기 싫으면 나이 말하기."

사파의 손가락이 가리킨 쪽은 동생 둘 중 더 어린 누르였고, 누르는 사파를 멍하니 쳐다보기만 했다.

"누르, 네 차례야. 몇 살인지 말해야지." 사파가 웃었다.

하지만 아직 어린 누르는 부끄러운 듯 고개를 돌리더니 크게 울기 시작했다.

포지아가 서둘러 달려와 아이를 들쳐 안았다. 그러면서 사파를 흘겨봤는데, 그 매서운 눈초리에 나까지 겁이 났다.

"막내랑은 같이 잘 못 놀아서 아쉬워요. 자기가 몇 살인지도 몰라요." 사파는 엄마의 눈초리를 못 알아보고 내게 설명했다. "같이 놀 수 있게 매번 알려주는데도 그래요. 자기 차례가 되면 그냥 울어버려요."

그걸로 놀이는 끝이 났다. 우리는 지저분한 땅바닥에서 일어나 함께 베란다로 향했고, 거기엔 사파의 가족이 여전히 줄지어 서 있었다. 파두자와 린다는 약간 떨어진 곳에서 조용히 얘기를 나누고 있었다.

"와리스, 이쪽이 우리 엄마, 포지아예요. 이미 아시죠? 이쪽은 아빠고 성함은 이드리스예요." 사파가 조금 전 끝나버린 놀이에서 그랬듯 검지로 사람들을 한 명씩 가리키며 말했다. "파투마는 우리 할머니예요. 저기 있는 두 사람은 삼촌이고, 옆엔 고모들이랑 사촌들이예요. 여기 이 아기는 제가 제일 좋아하는 동생이고요." 사파는 자신 있게 고모에게서 아기를 받아 들더니 자랑스레 내게 보여주었다.

"안아봐도 될까요?" 사랑스러운 아기를 내려다보며 그 어머니에게 조심스레 물었다.

여자는 조용히 고개를 끄덕여 허락을 보냈다.

온 가족이 가만히 지켜보는 가운데, 아기를 머리 위로 올렸다 내렸다 하며, 코를 맞대고 껴안았다. 나는 아기를 무척 좋아한다. 사랑스러운 그 생명체들, 삶이 앞으로 어떤 것을 준비해 둘지 아직 알지 못하는 어린아이들을.

사파의 사촌 동생을 품에 안고 포지아에게 다시 다가갔다. "앗살라무 알라이쿰." 아주 공손하게 인사하며, 내 오른손을 그에게 내밀었다.

그는 키가 작았는데, 150센티미터도 안 되는 듯했고, 둥그렇고 앳된 얼굴이 아무래도 많이 어려 보였다. 그가 내 두 번째 인사 시도를 받아주자 이 기회를 잡아 대화를 시작했다.

"원래 가족분들은 어디 출신이세요?" 그에게 소말리어로 물었다.

"이드리스는 지부티에서 태어났지만, 저는 오가덴에서 왔어요." 포지아가 대답했다.

"오가덴이면, 에티오피아에 있는 곳 아닌가요? 어떻게 지부티로 오게 되셨어요?" 내가 물었다. 드디어 누군가가 내게 말을 한다는 사실이 기뻤다.

"가뭄을 피해 떠나왔어요. 모든 걸 잃었죠. 우리 소와, 우리 땅도 전부. 아무도 우릴 도와주지 않았어요. 에티오피아인들은 우리에게 국제 구호 차량 접근조차 허락하지 않았어요." 사파 어머니가 내게 얘기하기 시작했다.

오가덴이 에티오피아로 넘어가기 전, 한때 소말리아 영토였다는 사실은 알고 있었다.

"가족들이 참 많이 죽었어요. 하지만 우리 부모님은 우리를 데리고 지부티까지 왔죠. 우리가 아직 어릴 때였어요." 그는 자기 어머니에 관해, 그리고 자신을 열세 살 때 신부로 데려간 열네 살 연상의 남편에 관해 이야기를 이어갔다. 그리고 결혼하고 나서 얼마 안 있어 세 아이 중 첫째로 태어난 사파에 관해서도 언급했다. "오가덴에선 우리 식구와 가축을 모두 감당할 여유가 있었죠." 슬픔이 서린 목소리로 포지아가 덧붙였다. "하지만 여기서 우린 빈민 중에서도 최고로 빈곤해요. 정말 살기 힘들어요."

"오가덴에서 오셨으면, 소말리아에 있는 갈카요 시도 아시겠네요?" 내가 물었다.

"물론이죠. 에티오피아 국경에 접해 있잖아요." 포지아가 말했다. "거기 사는 친척이 있어요. 우린 다로드족 사람이거든요."

순간 흠칫 놀랐다. 그러고는 사파 어머니의 팔을 잡았다. "제가 갈카요 출신이에요. 저도 다로드족이고요."

이것으로 분위기가 풀어졌고, 포지아도 더는 나를 경계하지 않았다. 그는 친자매처럼 나를 끌어당기며 따뜻하게 안아주었다.

"이리 와요." 그가 다른 식구들에게 말하자, 순식간에 다들 호기심을 갖고 우리를 둘러쌌다.

어른들이 전부 동시에 말을 꺼내기 시작해, 여러 목소리가 일제히 나를 향해 쏟아졌다. 갑자기 모든 이들이 나에 대해 알고 싶어 했고 또 내게 자신에 대해 알려주고 싶어 했다. 사파의 고모는 집 안으로 급히 들어가 물병과 컵을 몇 개 들고 왔다. 이드리스는 의자를 몇 개 가져와 린다와 파두자가 앉을 수 있게 했다. 그 후 사파의 할머니 파투마가 말을 꺼내며, 어린 손녀 이름의 의미를 우리에게 알려주었다.

"사파의 이름, '사파 이드리스 누르'는 맑음과 순수함을 뜻해요." 얼굴에 주름이 깊은 그 노인이 설명했다.

잠시 후 내가 기회를 엿보다 말을 꺼냈다. "다들 제가 여기 온 이유를 아시죠. 우리에겐 끔찍한 전통이 있습니다. 바로 여성성기훼손이죠." 삽시간에 모두의 표정이 굳어졌다. "저는 여기에 그것과 싸우러 왔습니다." 나는 개의치 않고 말을 이어갔다. "이 잔인한 의식엔 한 가지 목적이 있기 때문입니다. 여성을 억압하기 위해서죠. 여러분에겐 훌륭한 딸, 사파가 있습니다." 나는 우리가 후원해 온 그 아이를 가리켰다. 사파는 다시 염소에게 가 등을 쓰다듬어주고 있었다. "저는 사파를 후원하고 있고, 이는 여러분 또한 후원한다는 의미입니다. 저 어린아이가 그렇게 끔찍한 일을 당해선 안 됩니다!"

가족들은 당혹스러워하며 고개를 떨구었다. 마치 내가 불손한 말이라도 꺼낸 것처럼. 누구도 입 밖에 꺼내지 않고, 또 입 밖에 꺼내선 안 되는 말이라도 한 것처럼.

"저는 며칠간 지부티에 머무를 거예요. 그리고 우정의 표시로, 여러분 모두를 제가 묵는 호텔에 초대해 식사를 함께할까 합니다." 긴장을 없애려는 시도로 내가 말했다. 다행히 효과가 있었다. 한순간에 분위기가 가벼워졌고, 우리는 다시 즐겁게 이야기를 나누었다. 아무도 성기훼손 문제를 언급하지 않았다. 적어도 지금은.

"이제 호텔로 돌아가죠." 한 시간은 족히 지났을 때 내가 말했다.

이미 파두자와 린다의 얼굴에 피곤함이 쓰여 있었고, 특히 조애나와 나는 긴 여정으로 많이 지쳐 있었다. 머리도 지끈거렸고, 그날 맞닥뜨린 모든 일 때문에 진이 빠진 상태였다.

"이제 정말 쉬어야겠어요." 내가 설명했다.

엄마 옆에 서 있던 사파가 크고 슬픈 눈으로 나를 쳐다봤다. 닭똥 같은 눈물이 부드러운 두 볼을 타고 아래로 굴러떨어졌다.

"착하지, 우리 사파. 내일도 다시 만날 거야." 아이를 안심시키며 내가 말했다.

하지만 기운을 차리는 대신, 사파는 두 손에 얼굴을 묻고 큰 소리로 울기 시작했다. 내가 다가가 아이를 번쩍 안았다.

"우리랑 같이 있으면 안 돼요?" 입술을 떨며 사파가 물었다. "방도 있어요. 여기서 나랑 같이 자요."

찬찬히 설명하며 그럴 수 없다고, 유럽에 있는 내 아이들과 통화도 해야 한다고 사파에게 말했다. "그 애들도 내가 보고 싶지 않겠니?" 사파가 이해할 수 있게 애를 쓰며 내가 설명했다. 소용없었다. 사파는 가느다란 팔을 내 목에 감고, 조그마한 입을 내 귀에 갖다 대고 흐느꼈다. "와리스, 제발 저도 데려가 주세요. 같이 있고 싶어요." 내가 무슨 말을 꺼내기도 전에, 사파는 아버지에게 향했다. "아빠, 와리스 호텔에 나도 가서 하룻밤 자고 오면 안 돼요? 네?"

이드리스는 놀란 눈으로 나를 쳐다봤다. 잠시 후 정신을 가다듬고 그가 말했다. "아니, 너는 여기 있어야 해. 우리 가족과 함께 있어야지." 그가 딸에게 쏘아붙였다. 하지만 싸워보지도 않고 포기할 사파가 아니었다.

"하지만 아빠, 와리스는 얼마 안 있다 가잖아요. 내일 아침에 아빠가 날 데리러 오면 되죠. 아니면 나랑 같이 가 보고 마음에 안 들면 그때 나랑 집에 와도 되고요."

'역시 우리 꼬마 투사다워. 포기를 모르지.' 그 순간, 얼굴에 내비치진 않았지만 차오르는 모성애와 뿌듯함을 느꼈다.

사파의 아빠는 말없이, 베란다에서 우리의 토론을 지켜보던 파투마에게 갔다. 그러더니 잠깐 말을 주고받다가 돌아왔다.

"좋아, 사파. 딱 이번 한 번만 호텔에서 와리스와 하룻밤 자고 와도 돼. 하지만 내일 아침 정확히 7시에 학교 갈 준비가 돼 있어야 한다." 그가 딸의 얼굴에 대고 손가락을 무섭게 치켜들었다. "그리고 와리스." 마찬가지로 단호하게 그가 내게 말했다. "애가 학교에 늦지 않도록 해 주세요. 점심 도시락 잊지 말고요. 자, 사파, 들어가서 네 교과서 갖고 나와야지."

사파는 한순간도 놓치지 않고 아빠에게 달려가 감사의 포옹을 날렸다.

눈물 같은 건 한 방울도 안 흘렸다는 듯 사파가 책가방을 메고 미심쩍어하는 가족을 뒤로한 채 신나게 집을 나섰고, 우리는 파두자의 푸조로 돌아갔다.

나의 세 친구는 이미 차에 앉아 마침내 출발할 순간만 기다리고 있었다. 짐으로 가득한 트렁크에 사파의 책가방을 놓을 자리를 찾고 있는데, 이드리스가 그 소박한 집 대문을 박차고 뛰어나왔다.

'이젠 또 뭐가 문제야?' 나는 망연자실했다. 인내심에도 슬슬 한계가 찾아왔다. 얼른 그곳을 빠져나와 호텔에 도착해 몇 시간이라도 잠을 자고 싶었다.

"마음이 바뀌었어요." 사파의 아버지가 소리치며, 우리가 여기 처음 도착했을 때 폐차인 줄 알았던 그 낡고 녹슨 차를 향해 걸어갔다. "나도 같이 가요. 따라갈게요. 사파, 우리 차에 타야지."

하지만 사파는 아빠를 발견하자마자 푸조에 올라타 거기서 한 발짝도 움직이지 않았다.

"아, 이런." 나는 조용히 혼잣말로 중얼거리며 마침내 차에 올라탔다.

조애나는 그저 지친, 생각에 잠긴 눈빛을 내게 보냈다. 우리의 여행이 이런 국면을 맞을 줄은 상상도 못 했을 것이다.

우리는 곧 발발라를 빠져나왔다. 그런데 위험한 구역을 달리고 있을 때, 사파 아버지가 우리를 추월했다. 파두자가 잽싸게 반응하지 않았다면 순간 그 낡아빠진 노란색 차를 뒤에서 박을 뻔했다. 파두자가 브레이크를 꽉 밟자 우리 몸이 격하게 앞으로 쏠렸다. 이드리스가 차에서 내려 우리에게 달려와 열린 창문으로 머리를 들이밀었다.

"저기, 와리스." 그가 아무렇지도 않게 말을 건넸다. "까먹고 있었어요. 혹시 돈 좀 있어요?"

나는 경악하며 조애나를 봤다가, 다시 그에게로 시선을 돌렸다. "하지만 우리 재단에서 이미 당신 가족을 지원하고 있잖아요. 또 무슨 필요한 게 있으세요?"

이드리스가 주저했다. "음, 그게…" 더듬거리며 그가 말했다. "사실 3천 프랑이 필요해요. 내야 할 돈이 좀 있거든요." 3천 지부티 프랑이면 15유로도 안 되는 돈이었지만, 이 나라에선 상당히 큰돈이었다.

"나를 좀 도와준다면, 호텔에 굳이 나도 따라갈 필요 없어요. 내일 보도록 하죠." 내 회의적인 표정을 보고 그가 서둘러 덧붙였다.

그를 떨어뜨려 놓고 호텔에 돌아갈 비용으로 꽤 합리적인 금액이었다. 돈을 줘 버리면 사파와 둘이서만 평화로운 저녁을 보낼 수 있을 것이었다.

"흠. 아까 길에서 여자들한테 현금을 모두 줘 버렸는데." 무심코 말을 내뱉었다.

"나한텐 지금 유로밖에 없어요. 환전할 시간이 없었거든요." 조애나가 말했다.

그래서 나는 린다에게 돈을 빌려 이드리스에게 3천 프랑을 주었다.

"와리스, 저 사람이 그 돈으로 뭘 할지 잘 알잖아요." 린다가 앞좌석에서 내게 조용히 속삭였다.

"그냥 잠자코 좀 빌려주세요." 내가 냉랭하게 대꾸했다. 사파와 단둘이 보낼 몇 시간과 사파의 안녕에 대해 길게 얘기할 기회가 너무도 간절했던 탓에 말이 그렇게 나와 버렸다.

린다는 아무 말 없이 가방에 손을 넣어, 돈을 꺼내 내게 건네주었다. 그런데 내가 손을 뻗기도 전에, 사파 아버지가 자기 팔을 창문 틈에 넣어 돈을 낚아채 갔다.

"고마워요. 그럼 내일 봅시다!" 그가 밝게 소리쳤다. 그는 다시 차에 올라타 그 길로 사라졌다.

린다가 뒤돌아서 다시 날 보고 말했다. "그 돈, 가족을 위해 쓸 게 아니라는 거 알잖아요. 본인이 씹을 이틀 치 카트를 사겠죠." 그가 힐난하며 말했다.

"그렇다면 모레나 돼야 호텔에 나타나겠군요." 내가 웃었다.

린다의 말이 맞았다. 보통 때라면 그 남자의 상습적 약물 남용을 절대 지원하지 않았을 테지만, 그 순간 내게 중요한 것은 오직 사파의 안녕이었다.

사파가 내게 찰싹 달라붙어 활짝 웃었다. 그것이 모든 걸 감수하게 했다.

고급 호텔에서

우리는 해안 도로를 따라 달리다, 몇 킬로미터를 더 가서 길쭉한 반도로 빠졌다. 좁은 길이 프랑스 대사관을 지나 우리 호텔로 이어졌다. 군 초소가 도로를 지키고 있어, 경계마다 차를 세워 신분을 확인해야 했다. 또 한 번 멈춰선 지점에서, 보안 요원 두 명이 우리 가방을 모두 열어 달라고 공손히 요청했다. 그들은 사파의 알록달록한 책가방까지도 검사한 후에야 길을 내주었다.

마치 다른 세계로 여행을 떠나온 것 같은 느낌이었다. 깔끔하게 정리된 진입로를 따라 하얗게 빛나는 거대한 건물 단지로 접어들었다. 호텔 주차장에는 국제기구와 군대 차들이 'UN', '국제 적십자사' 혹은 '독일 헌병대' 따위의 문구를 옆에 써 붙인 채 세워져 있었다. 세련된 유니폼 차림에다 옷깃에 금색 이름표를 단 수위 두 명이 유리 회전문 앞에서 우리를 기다리고 있었다. 그들은 우리가 푸조에서 내리는 걸 도와주며 친절히 맞이했다. 마침내 차에서 내리는 순간이었다.

여전히 보라색 원피스를 입고 있던 사파는 눈을 동그랗게 뜨고 호텔 건물을 바라봤다. "우와!" 사파가 소리쳤다.

사파의 손을 잡고 티끌 하나 없는 로비로 함께 들어가자, 더 많은 직원이 줄지어 서 있었다. 호텔 매니저가 꽃다발을 들고 우리에게 서둘러 다가왔다.

"와리스 디리 씨, 저희 호텔에서 모시게 되어 영광입니다." 그가 내게 힘차게 악수를 청한 뒤 꽃을 주었다.

그 꽃을 사파에게 전달하니, 크고 이국적인 꽃송이에 사파의 얼굴이 거의 다 가려져 보이지 않게 되었다.

호텔 매니저는 로비를 가로질러 엘리베이터로 우리를 안내했다. "프런트에서 체크인하실 필요 없습니다. 저희가 디리 씨를 모르진 않으니까요. 방으로 안내해 드릴까요?"

나는 친구들을 향해 몸을 돌렸다.

"짐은 우리가 챙길게요, 와리스." 조애나가 말했다. 평소처럼 내 마음을 읽은 듯했다. "나중에 카페에서 만나요."

우리는 엘리베이터를 탔다. 매니저가 버튼을 누르자 문이 조용히 닫혔다. 사파의 작은 코가 양손에 꼭 붙든 커다란 꽃다발의 꽃송이와 잎사귀를 비집고 빼꼼 나왔다.

"와리스, 와리스." 엘리베이터가 움직이기 시작하자 사파가 겁에 질린 목소리로 속삭였다. "방이 움직여요. 지금 날고 있는 거예요?"

그 앨 내려다보며 내가 웃었다. "그래, 우리 방이 있는 데까지 날아가는 거야. 아주 높은 데 있거든. 거의 구름 속에 있지. 자, 꽃은 이리 주고 내 손을 잡아."

우리 층에 도착하자 함께 엘리베이터에서 내렸다. 사파는 오른손을 가슴 위에 놓고, 숨이라도 가쁜 듯 그 앞에 그대로 섰다. 호텔 매니저는 미소를 감추지 못했다.

"우와, 움직이는 방이라니. 어떻게 움직이는 거예요? 또 한번 날아보면 안 돼요?" 사파는 놀라움을 금치 못했다.

"사파, 이 움직이는 방은 '엘리베이터'라고 해. 앞으로 며칠간 꽤 많이 타고 다닐 거야."

"한 번만, 한 번만요. 또 날고 싶어요!" 사파가 애원했다.

"지금은 안 돼. 방에 들어가 봐야지. 어차피 곧 타고 내려갈 일이 또 있을 거야."

복도를 따라 조금 더 걸은 후, 호텔 매니저가 카드 키를 꺼내 능숙한 동작으로 방문을 열었다.

사파는 놀라 어쩔 줄을 몰랐다. "그건 또 무슨 마술인가요?" 사파가 물었다. "어떻게 하는지 보여주세요." 사파가 매니저에게 묻자, 그는 재밌어하는 눈길을 내게 보냈다. "제가 해 봐도 돼요?" 아이가 조르자 친절한 매니저는 카드를 건네고 떠났다.

"사파, 학교 숙제 없니?" 내가 물었다.

답이 없었다. 돌아봤지만 방에는 아무도 없었다. 곧 문이 조금 열리다가 도로 닫혔다. 달칵, 덜컥, 달칵, 덜컥. 카드 키가 잠금장치에 닿을 때마다 소리가 났다. 나는 문을 당겨 열었다. 사파가 새로운 놀이에 흠뻑 빠진 채 그 앞에 서 있다가, 커다란 눈망울로 나를 올려다봤다.

"사파, 이제 그만하지 않을래?" 살짝 짜증을 느끼며 내가 말했다. "나 정말 피곤해. 후딱 샤워도 하고 싶고. 내가 샤워하는 동안 넌 숙제하면 되겠다."

고개를 떨군 채, 사파는 책가방으로 걸어가 마지못해 책을 꺼냈다. 당장 숙제를 해야 한다는 사실이 딱히 기쁘지는 않아 보였다.

"잘 들어, 우리 사파." 내가 다정하게 말했다. 방금 모질게 말한 것이 미안했다. "이 호텔엔 수영장이 있어. 숙제를 빨리하면, 수영도 빨리 갈 수 있지." 사파의 기분을 띄워주려 내가 말했다. "빨리 씻고 잠깐 쉬고 싶어서 그래. 너도 알겠지만, 먼 길 오느라 너무 피곤했거든."

부루퉁한 얼굴로 사파는 책상 앞에 앉았다. 화장실에 들어가 샤워기 물을 틀자, 깨끗하고 상쾌한 물줄기가 쏟아졌다. 완벽했다. 딱 그 순간 내게 필요한 것이었다.

시원한 물이 뼛속 깊은 피로를 씻어주었다. 생기를 되찾은 나는 화장실에서 나와 사파를 찾았다. 그런데 또 사라지고 없었다. 걱정하며 방안을 훑었다. 도망이라도 갔나? 이 말 안 듣는 녀석 때문에 미치고 펄쩍 뛸 지경이었다! 복도로 통하는 문을 열자, 사파가 또 한 번 손에 카드키를 들고 서서, 찔린 듯한 표정으로 나를 올려다봤다.

"제발, 사파." 애원하며 내가 말했다. "책상 앞에 앉아서 숙제해야지."

"와리스가 나올 때까지 기다리고 있었어요." 어김없이요 녀석의 입에서 핑계가 술술 나왔다. "문제가 이해가 안 돼서요. 도와주실래요?"

나는 학교에 다닌 적은 없지만, 학교에 다니는 두 아이의 엄마로서 숙제를 돕는 일에는 익숙했다. 말없이 의자를 하나 더 끌어와서 사파와 함께 나무 책상 앞에 앉았다. 사파는 첫 번째 문제를 소리 내 읽었고, 웃으며 답을 맞혔다. 그리고 두 번째 문제도 곧바로 답을 찾아냈다. 세 번째 문제도 전혀 문제없었다.

"사파, 도움이 전혀 필요 없잖아! 문제를 나보다도 빨리 풀고 있잖니!" 내가 미소지었다.

사파는 짓궂게 웃더니 책을 가방에 다시 넣었다. 사막의 꽃 재단의 후원 덕분에 다니게 된 그 학교에서 얼마나 많은 걸 배웠는지 내게 보여주고 싶었던 모양이었다. 그 장한 아이를 껴안고 이마에 입을 맞추었다.

약속한 대로, 나는 사파를 수영장에 데려가고 싶었다.

"참, 네가 입을 수영복을 안 가져왔네." 불현듯 그 사실이 떠올랐다. "상관없지. 내려가서 호텔에 있는 가게에서 하나 사면 되니까."

사파는 의아한 듯 나를 쳐다보며 물었다. "그게 뭐예요? 수영복?" 그러더니 재빨리 덧붙였다. "우리도 바닷가에 가끔 가는데, 항상 옷을 입고 수영하거든요."

"뭐? 옷을 입고 수영하면 안 돼. 돌처럼 가라앉을걸!" 나는 웃었다. 그러고는 재빨리 내가 챙겨 온 짙은 파란색 수영복으로 갈아입고, 사파가 신기하게 쳐다보던 그것 위에다 목욕 가운을 걸치고 수건도 몇 장 챙겼다. "자, 가자. 움직이는 방 타고 내려가서 네 첫 수영복부터 사자."

예상했던 것처럼 호텔 로비에는, 조명이 환한 가게에

서 기념품과 화장품, 옷과 수영복을 말도 안 되게 거품 낀 가격으로 팔고 있었다. 나는 옷걸이에서 수영복을 하나씩 꺼내며 사파에게 보여주었지만, 사파는 그중 하나를 고르는 대신 코를 찡긋거렸다.

"저기 저게 마음에 들어요!" 사파는 갑자기 흥분해서 소리치며, 쇼윈도로 달려가 커다란 미니마우스가 그려진 하늘색 원피스 수영복을 가리켰다.

가게에서 가장 비싼 수영복 중 하나였고, 점원은 기쁘게 서둘러 상품을 꺼내 왔다.

"한번 입어봐." 사파에게 내가 말했다. "내가 도와줄게."

사파와 탈의실에 함께 들어갈 기회였다. 어쩌면 성기 쪽을 조심스레 흘끗 보고 아이의 안전을 확인할 수 있을지도 몰랐다. 발발라의 집에 방문해 여성성기훼손을 언급했을 때 가족들이 보인 적대적 반응 때문에, 사파가 벌써 할례를 당한 게 아닐까 하는 내 걱정이 더 커진 뒤였다.

"아뇨, 제가 혼자 입을 수 있어요." 사파의 거절이 내 계획에 훼방을 놓았다. 사파는 혼자 탈의실에 들어가더니 힘껏 커튼을 잡아당겨 모습을 감췄다. 짙은 갈색 천이 만든 벽을 걱정스레 바라보며, 아이가 내가 우려하는 그것을 숨기는 게 아니길 바랐다.

수영복은 사파에게 딱 맞았다. 몇 분 뒤 사파는 배에 그려진 미니마우스를 긴 수영장 옆 의자에 자리 잡은 손님들에게 자랑스레 뽐낼 수 있게 되었다. 사파는 내 앞에서 골반에 손을 짚고 머리카락을 넘기며 패션쇼에 선 것처럼 포즈를 취했다.

"와리스, 저 지금 진짜 모델 같아요?" 몹시 신이 난 사파가 내게 물었다.

내게 세계적인 모델 커리어를 안겨준 그 재능이 정말 사파에게도 있는 듯 보였다. 나는 굳이 애써 배우거나 연습하지 않아도 자연스레 포즈를 취하며 모델 업계에서 흔히 얘기하듯, '카메라를 잡아먹을' 수 있었다.

"물론이지, 사파. 넌 어린 사막의 꽃이잖아. 사막의 꽃은 모두 아주 아름답지." 내가 대답했다. 얼마간 더 사파를 지켜보다가 "자, 이제 그만하면 됐어"라는 말로, 아무 것도 모르는 그 아이가 상상도 못 하는 혹독함이 도사리는 그 일에 대한 열정을 가로막았다. "물에 들어가자." 수영장 가장자리에 서서 내가 말했다.

내가 돌아보기도 전에, 사파가 나를 지나쳐 달려가 일초의 망설임도 없이 그대로 물에 뛰어들었다. 곧 다시 수면으로 떠 올라, 마구 기침하며 세차게 팔을 휘젓기 시작했다. 이 아이가 제대로 수영할 줄 모른다는 걸 단번에 알아보고는 곧바로 나도 물에 뛰어들었다. 다시 떠 올랐을 때, 그 어린 사막의 꽃이 오리처럼 첨벙거리면서 콜록대고 콧김을 뿜으며 수영장 벽 쪽으로 나아가는 게 보였다. 팔을 몇 차례 힘차게 내저으며 그 앨 뒤따라가 붙잡고 사다리에 내려주었다. 사파는 기둥을 잡고 웃었다.

"너 수영 못 하니?" 걱정하는 목소리로 내가 물었다. "가족들이랑 바닷가에 자주 갔었다며." 더 캐묻지 않은 나 자신이 원망스러웠다.

"정확히 뭔가요, 수영이란 게?" 아이는 해맑게 답했다. 숨이 약간 가쁜 상태였다. "가라앉지 않는 법이랑, 물 위에 뜨는 법은 알아요." 사파가 웃으며 말했다. 그리고 덧붙였다. "어떻게 하면 제대로 하는 건지 알려줄래요, 와리스?"

수영은 나중에 가르쳐주겠다고 약속했다. 우선 잠시 시간을 갖고 나 혼자 몇 바퀴 돌고 싶었다. 사파가 나를 볼 수 있도록 사다리 맨 위 칸에 앉혔다.

두 다리로 벽을 힘껏 박차고, 수면 아래를 물고기처럼 가르자 시원한 물이 내 몸을 타고 흐르는 것을 느꼈다. 내게 큰 위안을 주는 운동이 두 가지 있다. 바로, 달리기와 수영이다. 언제 어디서든 여건만 되면 운동화를 신고 밖으로 나간다. 마라톤에도 여러 번 참여한 적이 있다. 달리기와 수영은 둘 다 왠지 모를 해방감을 준다. 내가 과거 몇 년간 폴란드의 바닷가에 살았던 이유이기도 하다. 물가에 있으면 자유가 느껴진다. 그리고 지금, 지부티의 기분 좋게 따뜻한 이 수영장에서, 나는 수영이 내게 얼마나 큰 기쁨을 주는지 다시금 실감했다.

긴장이 풀리고 넘치는 힘을 느끼며, 계속해서 몇 바퀴를 연속으로 돌았다. 그런 다음엔 등을 대고 누워, 양팔을 뒤로 쭉 뻗은 뒤 눈을 뜨고 하늘을 올려다봤다. 갑자기 수영장 벽 쪽에서 짙은 그림자가 튀어나와 내 몸 위를 드리웠다. 잔뜩 화가 난 사파의 아버지가 나를 노려보고 있었다.

"이렇게 남자들이 있는 데서 어떻게 내 딸을 헐벗고 돌아다니게 할 수가 있어요?" 그가 소리 질렀고, 나는 최대한 빨리 벽 쪽으로 헤엄쳐 갔다. "사파는 이슬람교 신자예요. 애가 공공장소에서 맨몸을 드러내면 안 된다는 것쯤은 알잖아요."

내가 급하게 물에서 나와 몸을 말리는 와중에도 계속해서 그는 분노를 표출했다.

"내 허락을 받고 수영한다고 해도, 사파는 긴 티셔츠와 바지를 입어야 해요. 저런 수영복이 아니라!" 그가 화를 내며 손을 머리에 짚었다. "여긴 뻔뻔한 이교도가 득실

거리는 유럽이 아니라고요! 지금 당장 사파를 데려가겠어요!"

사파는 무서워하며 내 다리 뒤에 몸을 숨겼다. 나는 이드리스에게 다가가 그를 노려보며 조용히, 단호한 목소리로 말했다. "몇 시간 전만 해도 당신은 나한테 가족과 함께 유럽에 데려가 달라고 애원했죠." 내 말투가 더욱 날카로워졌다. "더 얘기할 필요 없겠네요. 당신과 당신 가족은 전부 여기 남는 게 좋겠어요. 어떻게 그 **뻔뻔한 이교도가** 득실거리는 소굴에 내가 당신들을 데려가겠어요?" 내가 비꼬며 덧붙였다.

다른 호텔 투숙객들이 책과 신문을 내려놓고 우리의 대화에 관심을 보였다. 하지만 상관없었다. 내가 살면서 늘 그래왔듯 억압에 저항하고 나 자신을 변호하는 걸 듣고 싶다면 얼마든지 환영이었다. 이드리스는 놀라서 나를 쳐다봤고, 그러다 머리를 긁적였다. 여전히 내 허벅지를 붙잡고 있던 그의 딸은 조심스레 아버지의 얼굴을 살폈다. 어떤 여자도 그 남자에게 이런 식으로 말한 적이 없었을 것이다.

잠시 후 그는 목을 가다듬었다. "어… 사실 차가 고장나서 온 거예요. 완전히 망가졌죠. 발발라에 돌아가야 하는데 택시를 잡을 돈이 없어요." 마침내 그가 조심스레 말을 꺼냈다.

"하지만 불과 몇 시간 전에 3천 프랑이나 줬잖아요. 그 걸로는 뭘 했는데요?" 내가 물었다—물론 그 돈으로 뭘 했을지는 너무 잘 알았지만.

"어… 내야 할 돈이 좀 있어서." 이드리스가 말을 더듬 었다. "5백 프랑이 더 필요해요. 가족들이 발발라에서 날 기다리고 있다고요!"

바로 그때, 저쪽에서 조애나가 나타나 우리에게 다가 왔다. 그는 못 믿겠다는 표정으로 입을 떡 벌린 채 우리가 언쟁하는 걸 들었다.

"사파는 어쩌시려고요?" 내가 불쑥 이드리스에게 물었 다.

"흠, 당신한텐 아주 **단단히** 화가 났지만, 애가 원한다 면, 사파는 여기서 자도 좋아요." 그가 예상외로 꼬리를 내리며 말했다. "집에 갈 수 있게 차비만 좀 주세요."

내가 아직 고민하고 있을 때, 조애나가 내게 그가 요구 한 액수만큼의 돈을 건넸다. "여기요, 와리스. 5백 지부티 프랑이에요. 그냥 줘버리세요."

그런데 사파의 아버지는 돈을 받은 뒤에도 떠날 기미를 보이지 않았다.

"또 뭐죠?" 내가 힐책했다. 마음 깊숙한 곳에선, 빈곤과 굶주림이 사람을 어떻게 바꿔 놓는지 너무 잘 알기에 안타까웠다. 하지만 그 순간만큼은 나를 돈줄로 아는 그의 태도가 지긋지긋했다.

"한 가지 더요." 이드리스가 기회를 놓치지 않고 다음 요구를 내세웠다. "새 차가 필요해요. 최대한 빨리요. 그러면 택시 기사로 일해서 가족을 먹여 살릴 수 있겠죠. 제가 운전을 정말 잘하거든요." 그가 힘주어 말했다. "내일까지 백만 프랑을 준비해야 해요. 친구가 나한테 자기 차를 팔기로 했어요. 이미 얘기는 다 됐고, 내일 바로 차를 가지러 가면 돼요."

이 남자가 더는 온종일 카트를 씹으며 몇 날 며칠을 보내지 않고 드디어 일을 구할 거라고 생각하니 기뻤다. "그래요." 내가 말했다. "그건 내일 얘기하죠." 당장은 그 일을 논의할 힘이 남아있지 않았다. 땅거미가 지기 시작했고, 배를 좀 채운 다음 잠자리에 들고 싶었다.

사파는 수건을 하나 집어 들어 가느다란 어깨에 걸쳤다. 그리고 내 옆에 서서, 미심쩍은 눈빛으로 아버지를 바라봤다. "지금 아빠랑 같이 돌아가야 해요?"

"아니, 여기 있어도 돼." 이드리스가 대답했다. "하지만 내일 아침 7시에 호텔 바깥에서 기다리고 있어야 해. 어차피 시내에서 누굴 좀 만나야 해서, 내가 널 학교에 데려다

줄 테니까. 시간 잘 지켜야 한다."

그 낡아빠진 노란 차가 망가졌는데 무슨 차로 아이를 데리러 오겠다는 건지 의아했다. 하지만 또다시 언성을 높이긴 싫었으므로, 나는 입을 다물었다. 다행히도 이드리스는 이제 진짜로 발길을 돌려 호텔 구내를 떠났다.

만족스러운 저녁 식사 후, 드디어 사파와 함께 방으로 돌아갔다. 집에 전화를 걸어 내 아이들과 잠깐 대화를 나누고, 사파와 함께 잠자리에 들었다. 사파는 내게 찰싹 달라붙어 내 손에 자기 손을 갖다 댔다.

"고마워요, 와리스." 사파가 말을 내뱉었다.

미처 대답도 듣기 전에, 아이는 탈진해서 잠에 빠져들었다. 다른 손으로 늘 침대 옆 탁자에 두는 휴대폰을 더듬거려 찾았다. 어둠 속에서 나는 조애나에게 문자를 보냈다.

사파를 내일 아시나 선생님께 데려가야겠어요. 문제가 없는지 확인하고 싶어요.

다음 날 아침 7시, 잠에서 덜 깬 사파를 호텔 입구로 데려다주었다. 아이 아버지는 낡긴 했지만 운전하기엔 문제없어 보이는 그 차를 갖고 진입로에서 이미 기다리고 있었다.

"좋은 아침!" 무척이나 기분 좋아 보이는 그가 재잘거렸다.

사파가 책가방을 메고 차에 탈 때, 뜻밖에도 그는 딸에게 호텔에서 나랑 하룻밤 더 자도 좋다고 허락했다.

"좋아요." 내가 동의하며 나 또한 협조하겠다는 뜻을 내비쳤다. "괜찮으시다면, 가족분들 데리고 오늘 저녁에 식사하러 오세요. 어제 우정의 표시로 초대하겠다고 약속했으니까요."

사파의 아버지는 기뻐했다. "6시까지 갈게요." 그가 말했다. 그러고는 발을 굴러, 사파에게 잘 가라는 인사 한마디 건넬 틈조차 주지 않고 그대로 가 버렸다.

나는 차가 멀어지는 것을 지켜봤다. 사파가 돌아앉아 웃으며 뒷좌석 유리창을 통해 내게 손 흔들어 주었다. 드디어 오늘, 우리가 아이 가족과 합의한 대로, 사파가 정말로 그 끔찍한 할례의 손아귀에서 벗어났는지를 확인할 수 있게 될 것이었다.

소아과 방문

정확히 오후 1시에, 파두자, 조애나와 나는 전날 너무도 간절하게 사파를 찾아 헤맸던 그 커다란 학교 건물 앞에 섰다. 사파는 이번엔 약속한 시각에 정확히 우리를 만나러 왔다. 나는 그날 아침에 일어나면서 사파에게, 오늘은 담당 소아과 의사인 에마 아시나 선생님을 보러 간다고 말해두었다. 사막의 꽃 재단은 FGM 근절 운동에 힘써 온 이 마다가스카르 출신 의사와 매우 긴밀한 관계를 유지해 왔다. 우리는 이 여성을 전적으로 신뢰했다. 그는 사파를 정기적으로 검진해 다행히도 매번 성기훼손이 없었음을 확인해 주었다. 아시나는 사파의 동생들도 진료해 예방 접종을 받게 하고 아플 때마다 필요한 약을 처방해 주었다.

우리가 후원하는 이 아이가 정말로 괜찮다고, 그가 오늘도 내게 확신을 줄 수 있을까?

차 안의 숨 막히는 공기를 느끼며 지부티시티의 중심부, 아시나가 진료하는 외래 병동으로 향했다.

건물 앞에 차를 대자, 바깥에서 기다리는 사람들의 긴 줄이 보였다. 수십 명의 엄마들이 경험 많은 의사의 병원에 아이를 데려와 진료를 받게 하려고 서 있었는데, 몇몇 아이들이 처량하게도 울고 있었다. 사파와 나는 진료를 예약해 놓았으므로 대기 줄을 지나쳐 걸어갔다. 조애나와 파두자는 근처 카페에서 우리를 기다리겠다고 했다.

우리는 숨 막히는 어둡고 좁은 계단을 올라가며, 진료를 기다리는 여자와 아이들을 또 한 번 비집고 들어갔다. 사람들이 우리를 놀란 눈으로 바라봤다. 아시나의 접수원은 사람으로 북적이는 대기실의 한구석, 작은 책상 뒤에 앉아 있었다.

"안녕하세요. 와리스 디리라고 합니다. 이 아이는 사파고요. 제 보조원이 오늘 아침에 전화로 예약을 잡았어요." 내가 소개말로 입을 열었다.

그 젊은 여자는 뿔테 안경 너머로 놀란 표정을 지으며, 벌떡 일어섰다. "와리스 디리요? 『사막의 꽃』 쓰신 분 아닌가요?" 그가 깜짝 놀라 소리쳤다. 목소리가 너무 커서 방 안에 있는 모두에게 들릴 정도였다.

또 한 번 사람들이 모두 나를 쳐다봤다.

"네, 맞아요." 내가 대답하자 그는 책상 서랍에서 무언가를 꺼냈다.

"혹시 사인 좀 부탁드려도 될까요?" 그가 공손하게 말하며, 펜 하나와 『사막의 꽃』 프랑스판 책을 꺼냈다.

나는 기쁘게 사인을 해서 건넸다.

잠시 후, 진료실의 문이 열리며 에마 아시나가 나왔다. 작고 통통한 그 의사는 몇 년 전 내가 그를 처음 만났던 순간 보고 반해버렸을 만큼 환한 미소를 지을 줄 아는 사람이었다. 그는 우리를 따뜻하게 맞이했고 진료실 안으로 안내했다. 진료실은 아프리카 기준으로 판단했을 때 매우 현대적으로 보였다.

"제가 찾아온 이유는 아시죠." 작은 책상을 사이에 두고 그의 반대편에 앉아 내가 말을 꺼냈다.

아시나는 알고 있다는 듯 고개를 끄덕였다. "사파 때문에 오셨지요. 제가 제일 좋아하는 환자죠." 아이에게 애정 어린 시선을 보내며 그가 대답했다.

사파는 흰색 진찰대 옆 탁자에서 청진기를 발견했다. 귀꽂이를 귀에 꽂고 청진판을 가슴에 대고는 자기 심장 소리를 들으려던 중이었다.

"사파는 병원에 정기적으로 온답니다. 그건 확실히 말씀드릴 수 있어요." 아시나가 말을 이어갔다. "사파는 건강하고 생기 넘치고 똑똑한 아이예요. 여기 지부티에선 그런 게 전혀 당연하지 않죠. 안타깝지만 여긴 아픈 아이들이 너무 많고 그 애들을 돌볼 의사는 턱없이 모자라요. 이곳 사람들을 위해 내가 더 많은 걸 할 수 있다면 좋으련만." 그가 한숨을 내쉬었다.

아시나는 이 사회 각계각층의 삶을 잘 알고 있었으므로, 내가 물었다. "여성성기훼손 피해자 숫자가 최근 들어 감소했나요?"

의사는 난감한 듯 책상 밑을 응시했다. "감소하긴 했죠. **파라오식** 할례 숫자는." 그가 솔직하게 답변했다. "하지만, 전반적 상황은 여전히 매우 암울해요. 정부에선 실질적인 노력을 기울이고는 있는데, 진전이 거의 없어요. 교육 대책을 강화하곤 있지만, 뿌리 뽑기가 거의 불가능한 수준이죠." 그는 지부티에서 FGM을 금지하는 법안이 통과됐지만, 실제로 법이 적용되는 경우는 극히 드물다고 설명했다. "인구의 90%를 감옥에 가두긴 힘들겠죠." 체념한 발투로 그가 덧붙였다. "아직 갈 길이 멀고 고생도 많을 거예요."

그 사실을 나보다 더 잘 아는 사람은 없을 것이다. "하지만 의사로서 이곳 사람들에게 영향을 주실 수 있잖아요. 성기훼손이 가져올 끔찍한 결과를 사람들이 납득할 만한 방식으로 설명할 수 있을 거고요." 내가 끼어들며 말했다.

사파는 이제 내 무릎 위에 앉아, 우리 대화에 완전히 몰입하여 듣고 있었다. 사파가 대화를 함께 듣고 있다는 것이 기뻤다. 모든 걸 다 이해할 수는 없겠지만, 이 문제에 관해 사파 앞에서 솔직히 이야기한다는 것이 중요했다.

"와리스, 내가 여기서 매일 보는 그 상처들이 얼마나 끔찍한지 상상도 못 할 거예요." 아시나가 슬픈 눈으로 사파를 바라보며 말을 이어갔다. "어린 여자애들이 질이나 방광, 신장에 만성 염증을 달고 찾아와요. 테니스공만 한 종양이 상처 조직에 자라나서 계속 번지기도 하고요. 소변을 볼 수가 없는 젊은 여자들, 개중에는 요실금 환자들도 자주 보이죠. 조그마한 어린 애들이 고통 때문에 밤에 잠을 한숨도 못 자요. 저녁에 집에 가서도 그 모든 게 머릿속에서 떠나질 않아 잠을 못 이룬 적이 얼마나 많은지 아세요?"

의사의 말은 하나하나가 전부 진실이었다. 경험 많고 산전수전 다 겪은 의사조차 그런 참상엔 흔들리지 않을 수 없을 것이다.

"우린 포기할 수 없어요, 에마." 내가 격려하며 말했다. "우리가 싸우지 않는다면, 누가 싸우겠어요? 사람들에게 우리가 받을 수 있는 지원은 전부 받아야 해요. 당신은 여기 최전방에 있는 거고요."

다시 감정을 추스른 아시나가 고개를 끄덕였고, 곧 일어서서 내게 다가왔다. 그는 사파를 내 무릎에서 조심스레 데려가 돌아서서 진찰대에 앉혔다. "자 그럼, 꼬마 아가씨. 이제 머리부터 발끝까지 진찰할 거예요. 저번에 왔을 때처럼 건강한지 확인해 볼게요." 아이를 대하는 친절한 목소리로 그가 말했다.

"무섭니?" 내가 사파에게 물었다.

"아뇨. 선생님은 저한테 정말 잘 대해주세요. 저도 이다음에 크면 소아과 의사가 되고 싶어요. 그럼 발발라에 사는 아이들을 전부 도울 수 있을 테니까요."

나는 조용히 혼자 미소지으며 진료실을 나와 두근거리는 가슴을 안고 결과를 기다렸다.

"이상 없습니다!" 문을 열고 안심하라는 눈빛을 보내며 의사가 내게 말했다.

뒤이어 사파가 나왔고, 내게 달려와 기쁘게 내 팔에 안겼다. "선생님이 저보고 아주 건강하대요." 사파가 내게 알렸다.

아시나가 작별의 악수를 청하며 손을 내밀었으나, 사파를 여전히 안은 채로 나도 모르게 그를 와락 껴안았다. "진심으로 고맙습니다. 너무 무서웠어요, 혹시나…" 그의 귓가에 내가 속삭였다.

"알아요. 다행히도 사파의 부모님이 계약 조건을 잘 지키셨네요." 의사가 말했다.

'적어도 지금은 그렇죠.' 진료실을 떠나며 내가 생각했다. 우리 사파만큼 운이 좋지 못한 수많은 다른 여자아이들의 시선을 받으며.

거리에 나와 뜨거운 공기를 최대한 깊이 들이마시며, 아시나가 내게 선사한 안도감을 한껏 즐겼다.

"사파, 아시나 선생님한텐 무엇이든 말해도 된다는 거, 알지?" 무릎을 꿇고 사파와 눈높이를 맞춰 이야기했다. "선생님은 네 친구고 언제나 널 도와주실 거야. 필요한 거라면 무엇이든."

사파는 신중히 내 말을 들으며 진지한 눈으로 나를 쳐다봤다. "네, 와리스. 알겠어요. 저도 대기실에 있던 다른 여자애들처럼 할례 때문에 아파서 병원에 오긴 싫어요." 그 일곱 살짜리 아이가 자신 있게 덧붙였다. "다른 아이들이 그걸 가지고 나를 비웃어도 상관없어요."

우리는 깔깔 웃으며 지부티의 거리를 뛰어가 파두자와 조애나가 햇볕 아래 우리를 기다리고 있는 카페로 갔다. 우리가 다가가자 두 사람은 걱정스러운 표정을 지었지만, 이내 내 얼굴의 안도감을 읽었다.

"정말 다행이에요!" 조애나가 숨을 턱 내뱉었다.

파두자는 오른손을 동그랗게 쥐어 엄지를 척 내밀었다.

"와리스, 저 배고파요. 뭐 좀 먹으면 안 될까요?" 호텔로 가는 길에 사파가 조용히 물었다.

몇 미터 더 가서 건너편에 패스트푸드점을 하나 발견했다. 작은 가게 지붕 위 표지판에 그려진 거대한 햄버거를 보니 나도 덩달아 배가 고파졌다.

"햄버거 어때?" 내가 묻자, 사파는 그게 무슨 말인지 모르겠다는 표정을 지었다.

"그게 뭔데요?"

내가 건물 지붕 위 표지판을 가리켰다.

"저렇게 생긴 걸 햄버거라고 해. 어때 보여?"

사파가 눈을 크게 뜨고 광고판의 불룩 튀어나온, 실제보다 큰 하얀 햄버거 빵을 바라봤다. "저렇게 많이는 못 먹어요." 아이가 탄식을 내뱉었다.

내가 웃었다. "그래, 그럼 하나 사서 나눠 먹자."

우리는 테라스에 앉았고, 내가 햄버거와 감자튀김, 케

첩을 주문했다. 사파는 옆 테이블에서 코카콜라를 마시는 남자를 물끄러미 쳐다봤다.

"저것도 하나 시키면 안 돼요?" 사파가 졸랐다.

콜라는 이에도, 몸에도 안 좋다고 설명하려 했지만, 사파는 고집을 부렸다.

"제발, 제발요. 평소엔 못 먹는 거란 말이에요!"

이 사랑스러운 아이를, 평소라면 식수가 적당히 마실 정도만 돼도 행복해할 아이를 어떻게 실망하게 할 수 있겠는가? 결국 두 손 들고 사파가 마실 콜라 한 캔과 내가 마실 오렌지 주스를 주문했다. 몇 분 뒤 음료와 햄버거가 우리 테이블로 도착했다. 사파는 종이 쟁반에 쌓아 올려진 탑을 보고 입을 떡 벌렸다. "정말 맛있어 보이긴 하는데, 어떻게 먹으면 되죠? 분리해서 먹어야 하나요?"

유럽이나 미국 아이들에겐 당연한 지식을 사파에게 차근차근 설명해 주었다. 사파는 작은 입을 할 수 있는 한 최대로 벌려 햄버거를 한 입 베어 물었다.

"아, 무너져 버렸어요." 내용물의 반이 쟁반과 테이블과 바닥에 떨어지자 사파가 슬프게 말했다.

"아냐. 계속 먹는 거야. 샐러드랑 토마토도 손으로 집어 먹으면 돼. 정말 맛있어." 내가 사파를 안심시켰다.

몇 입 먹고 나자 사파는 어느새 햄버거를 잘 쥐고 능숙하게 먹기 시작했다. 입 안을 가득 채운 사파가 선언했다. "이제부터 햄버거랑 콜라만 먹을 거예요. 너무 맛있어요."

또 한 번 진심으로 웃음이 터졌다. 사파를 보고 있으니 아프리카에서 영국에 온 지 얼마 안 됐을 때, 패스트푸드 점에서 청소부로 일하던 시절이 참 많이 생각났다. 당시 얼마 되지도 않는 월급과 함께, 매일 공짜 햄버거 하나를 받았다. 몇 달 내내 연속으로 매일 먹었던 건 고기, 치즈, 토마토와 양상추가 들어간 롤빵이 전부였다. 하지만 부족하다는 느낌은 들지 않았다. 그때만 해도 내 유년기 세상 바깥에 있는 맛있는 음식의 존재를 전혀 몰랐으니까.

그 전날, 호텔 건물 뒤 바닷가를 따라 이어지는 괜찮은 길을 발견했다. 태양이 이미 수평선 가까이 내려와 하늘을 붉게 물들였고, 바다에서 산들바람이 불어와 42도의 공기도 참을 만하게 느껴졌다. 서둘러 조깅 복장으로 갈아입고 낡고 오래된 운동화를 신은 뒤, 파두자에게 사파를 맡기며 숙제를 도와주라고 부탁했다. 아이 가족들이 저녁 식사를 하러 오기 전에, 한 시간쯤 나만을 위한 시간을 보내며 지는 해를 향해 달리고 싶었다.

여유로운 속도로 뛰며 꽃게와 홍합, 바닷가에 남은 먹이들을 사냥하는 흰 갈매기 무리와 바다에서 떠밀려온 작은 쓰레기 더미를 지나자, 흠칫 놀란 떠돌이 개들이 쏜살같이 내달렸다. 어부 몇 명이 벌써 배를 끌고 돌아와 청소하며 숨을 몰아쉬었다. 조금 더 멀리, 바닷가에서도 좀 더 아름다운 구역에선 남자아이 몇몇이 모래사장에서 떠들썩하게 축구를 하고 있었다.

아이팟 음량을 키우고 속도를 더 올렸다. 존 리 후커가 밴 모리슨과 함께 부른 「글로리아」가 흘러나오고 있었다. '그리고 그의 이름은 글로리아, 글로리아, 글로리아.' 좋아하는 노래였다. 열정적으로 따라 부르며, 부드러운 모래 바닥을 박자에 맞추어 박차고 나갔다. 바닷가에서 공을 차던 아이들이 혼란스러워하며 나를 쳐다보고 있을 게 뻔했지만—여자가 노래하며 조깅하는 모습은 이곳에선 흔히 볼 수 있는 광경이 아닐 테니—상관없었다. 늘 그렇듯 달릴 때면 아무것도 신경 쓰지 않고 음악에, 내 리듬과 호흡에 집중할 수 있었다. 내 과거와 현재를 모두 뒤로 한 채.

얼마 지나지 않아 지극히 목가적인 느낌을 풍기는 만에 다다랐다. 모래사장 위에 덩그러니 버려진 밝은색 낚싯배에서 잠시 쉬기로 했다. 태양은 지기 전 마지막 강렬한 빛을 내리쬐며 내 얼굴을 어루만졌고, 거친 저녁 파도는 수면을 질주하다가 해변에 부딪혀 거품으로 사라졌다. 그 순간만큼은 내 고향 아프리카의 아름다운 풍경이 이 나라의 고통을 잠시 잊게 했다.

갑자기 커다란 형체가 해변에 나타났다. 그것은 속도를 내며 다가오더니 내 앞에서 멈춰 섰다. 조깅복을 입은 젊은 금발의 근육질 남자였다.

"이봐요, 햇볕을 가리잖아요!" 내가 장난을 쳤다.

"미안해요." 남자는 서투른 영어로 대답했다. "괜찮은지 확인하려고 왔어요. 여기 너무 오래 혼자 앉아 있기에 쓰러지진 않을까 싶었거든요."

그 말이 진짜인지 아니면 그저 수작인지 알 수는 없었으나, 느닷없이 말을 내뱉은 것에 갑자기 미안한 마음이 들었다. "미안해요." 내가 서둘러 말했다. "장난이었어요. 전 괜찮아요. 멋진 풍경을 감상하고 있었어요."

나의 새로운 말동무는 안도하며 배로 올라와 내 옆에 앉아서 크고 단단한 손을 내밀었다. "요헨이라고 해요. 함부르크에서 왔어요."

그제야 햇볕에서 비켜선 요헨의 얼굴을 처음으로 제대로 보았다. 크고 색이 짙은 눈동자에 풍성한 금발 머리가 이마 위로 나른하게 내려온, 아주 매력적인 남자였다.

"어디서 본 것 같은데." 그 역시 비슷한 관심을 보이며 내 얼굴을 뜯어보더니 말했다. "혹시 전에 만난 적이 있을까요? 어디 출신이세요?"

"아, 물론, 그쪽이랑 같은 우주 출신이죠." 내가 능청스럽게 대답했다. "사는 은하계는 다르겠지만."

내 말을 듣고 그가 웃었다. "그게 아니라, 텔레비전이나 그런 데서 본 것 같아서요. 혹시 배우예요?"

난감해진 나는 고개를 저으며 가슴 앞에 팔짱을 꼈다. "아뇨, 모델 일을 하긴 했어요. 지금은 작가고 또…" 이 젊은 독일 남자에게 어떻게 하면 내 인생사를 길게 얘기하지 않고도 내가 하는 일을 설명할 수 있을지 고민스러웠다.

"아, 당신이 그 사막의 꽃이죠!" 요헨이 불쑥 끼어들었다. "아프리카 출신 모델이고 또…" 그러다 그도 할 말을 잃었다. 그는 내가 어떤 사람인지, 또 유년기에 어떤 일을 겪었는지 정확히 아는 듯했다. '어릴 때 할례를 당해서 면도날로 성기가 잘렸고요.' 이런 말을 하려는 건지도 몰랐다. "…수년간 여성성기훼손 근절 운동을 펼치고 있고요." 그가 이렇게 말한 덕에 우리 둘 다 난감한 상황에서 벗어날 수 있었다.

요헨은 내 눈을 다정하게 바라봤다. 마치 내 영혼에 다가가 고통을 씻어주고 싶은 것처럼. 그러다 멋쩍게 웃으며 속삭였다. "와리스. 와리스 디리 맞죠."

기분이 우쭐해졌다. 지부티 해변에서 만난 독일 사람이 나를 알아보고 내 인생사도 알고 있다니.

"여기엔 어쩐 일로 오셨어요?" 내가 물었다.

"독일 해군이 여기 주둔해 있거든요." 함부르크 출신의 남자가 내게 말했다. "소말리아 해역을 지나는 화물선을 해적으로부터 보호하고 있죠. 가끔 실제로 잡기도 하고요."

"위험한 일이군요." 진심을 담아 내가 말했다.

"당신이 하는 일보다 위험하진 않죠." 요헨이 말했다.

알고 보니 그 독일 해군은 우리와 같은 호텔에 묵고 있었다.

"이미 좀 늦었네요. 저녁에 손님이 오기로 했거든요. 같이 달리죠." 내가 제안하며 곧바로 출발했다.

"좋아요, 갑시다!" 그가 웃으며 몇 미터 만에 나를 따라 잡았다.

다부진 몸매를 가진 사람과 함께 달리는 건 몹시 기분 좋은 일이었다. '내게 호감이 있는 남자와 달리는 게 기분 좋은 일인 건지도 모르지.' 함께 나란히 해안을 달리며 나는 속으로 생각했다.

내 인생에서 만난 남자들은 언제나 나를 매료시켰다. 함께 웃고, 얘기하고, 심지어 내가 겨줄 수도 있는 남자들.

내 두 아들은 다행히도 모두 사랑과 열정으로 태어난 아이들이었다. 그렇지만, 나는 전통적인 동반자 관계에 들어맞지 않는 사람이었다. 유대감이 깊어질수록, 불안감과 숨 막힐 것 같은 느낌도 덩달아 커졌다. 왜 그런지 콕 집어 말할 수 없었다. 아마 내 인생사 때문일지도 모른다. 어린 시절부터 나와 늘 함께 한, 자유를 향한 갈망 때문인지도. 그게 무엇이든, 나는 늘 무언가로부터 도망쳤다. 그리고 지금도, 매력적인 젊은 남자와 희희낙락하고 싶다는 생각으로부터 도망치고 있었다.

"지부티에는 얼마나 머무세요?" 땀 범벅으로 호텔 로비에 도착하자마자 요헨이 물었다. "언제 저녁 한 끼 같이할 수 있을까요?"

남자의 눈을 쳐다보지도 않고 막 문이 열린 엘리베이터로 뛰어갔다. "또 마주치겠죠. 만나서 반가웠어요!" 엘리베이터 안으로 들어가며 내가 소리쳤다. 어안이 벙벙한 요헨은 로비에 그대로 서서 입술을 깨물었다.

초대

샤워실에서 튀어나와 수건으로 급하게 몸을 말리고 가장 아끼는 청바지와 티셔츠를 입었다. 독일 해군과 만나 얘기를 나누다 보니 늦고 말았다. 손님들이 도착해 아래층에서 기다리고 있었다.

"서둘러요." 내 친구이자 매니저인 조애나가 20분 전에 방으로 전화해서 내게 일렀다. 그날 오후, 조애나는 「데저트 플라워」에서 내 남동생인 '영감님'을 연기한 남자아이와 가족들도 함께 초대하기로 했다. 아이는 사파의 아버지처럼 이름이 이드리스였고, 아버지와 세 자매 이나브, 히보, 함다와 함께 발발라에 살았다.

손님이 모두 와 있었다. 사파의 부모가 다섯 살 아미르와 세 살 누르를 데리고 왔고, 어린 이드리스는 아버지 압딜라히와 세 자매와 함께 도착했다. 파두자와 조애나, 린다는 이제 연한 푸른색으로 빛나기 시작한 수영장 옆 커다란 식탁에 앉아 있었다. 식탁 끝에서 사파가 맡아 둔 옆자리로 오라고 열심히 손을 흔들었다.

전날과는 달리, 분위기는 시작부터 편안했다. 파두자와 조애나, 린다는 사파처럼 지부티에서 캐스팅된 어린 이드리스의 아버지와 자매들과 함께 활기차게 대화를 나누고 있었다. 내 옆의 사파는 엄마와 아빠, 두 남동생과 동료 배우에게 지난 48시간 동안 있었던 모든 일을 신나게 전했다. 우연인지 아니면 사파의 타고난 외교술 덕분인지, 다행히도 그 아이는 병원에 간 이야기만큼은 언급하지 않았다. 그 문제는 분위기를 또 어둡게 할 것이 분명했다.

테이블 다섯 개에 뷔페가 성대히 차려져, 우아하게 씌워진 식탁보가 말 그대로 내려앉을 지경이었다. 적어도 그날만큼은 내 손님들이 배가 부를 때까지 먹을 수 있다는 사실이 기뻤다. 아미르와 누르는 화려하게 장식된 음식을 보고 놀라서 할 말을 잃었다. 이드리스의 두 여동생은 처음엔 나이 차이가 꽤 많이 나는 언니 이나브 뒤에 숨어 음식에 손도 대려 하지 않았다.

나는 이나브를 한눈에 알아봤다. 이나브는 열여덟 살이었지만, 두 눈에는 그 어린 나이에 겪어야 했던 온갖 어려움이 고스란히 드러났다. 이나브와는 나중에 제대로 얘기를 나눠야겠다고 다짐했다.

"마음껏 드세요. 뭐든 담으세요!" 조애나가 식사를 시작하며 말했다.

성대한 뷔페 앞에서의 멋쩍음이 가시자, 드디어 우리 손님들이 접시에 음식을 담기 시작했다. 그들은 손가락으로 열심히 음식을 집으며, 갖가지 곁들임 요리와 주요리를 흰 사기 접시에 한꺼번에 담았다. 그러는 동안 다른 호텔 손님들이 그 뒤에 줄지어 서서, 뷔페에 접근하지 못하고 있었다. 그들은 현지인들이 음식 쟁반을 약탈하는 광경에 분개하며, 헛기침하고 수군거리기 시작했다. 나는 뷔페 앞에서 그 모든 광경을 바라보며 즐겁기도 하고, 한편으로는 이 고급 호텔에 묵는 돈 많은 손님들의 이해심 부족에 새삼 슬프기도 했다.

각자 접시에 음식을 넘치게 담고 나서, 우리는 모두 테이블에 앉았다.

"집에서 고기를 자주 먹니?" 고기와 감자튀김을 산처럼 쌓아 두고 그 뒤에서 쩝쩝거리던 사파에게 내가 물었다.

"아뇨, 아주 가끔만요. 그것도 대부분 낙타나 양고기예요. 아빠 말로는 이슬람교도는 돼지고기를 먹으면 안 된대요. 염소고기는 특별한 일이 있을 때만 먹어요. 결혼식

이나 손님이 왔을 때요." 사파가 설명했다. 그러고는 그날 오후 햄버거를 먹었을 때처럼 손으로 닭고기를 들고 먹기 시작했다. "하지만 염소는 먹고 싶지 않아요. 왜냐하면 염소가 죽길 바라지 않으니까요. 어쨌든 아무도 제 염소 아리를 죽여선 안 돼요." 근엄하게 사파가 말했다. "절대, 절대 안 돼요!"

"먹는 물은 어디서 구하니?" 내가 말을 이어갔다.

이제 접시를 거의 비운 사파의 아버지가 대신 대답했다. "대부분은 사서 마셔요. 발발라에 우물이 몇 군데 있어서 다른 가족들은 거기서 매일 물을 받는데, 그 물은 정말 더러워요." 그가 말했다. "그래서 많이들 병에 걸리죠."

옆에 있던 이나브도 합세했다. "슈퍼에서 파는 물은 정말 비싸요. 1리터에 3백 프랑이나 해요. 발발라 주민 중에 그 돈을 낼 수 있는 사람이 누가 있겠어요." 3백 지부티 프랑은 대략 1유로 30센트(한화 1,700원) 정도 되는 금액이다.

"아버지는 경비원 일을 할 때 2만 프랑을 벌었어요." 내가 다음 질문을 채 하기도 전에 이나브가 앞서 대답했다.

온 가족이 먹고살기에 턱없이 부족한, 한 달에 백 유로도 안 되는 돈이었다. 그리고 평균적으로, 할례를 당한 딸의 신붓값으로 가족이 받는 돈은 한 달 봉급과 맞먹는다.

모두가 배를 채우고 행복하게 의자에 기대앉아 있을 때, 아미르와 누르, 이드리스는 호텔 수영장에 수영하러 갔다. 살면서 그렇게 깨끗하고, 염소 처리까지 된 물에 뛰어든 적이 한 번도 없는 아이들이었다. 해가 지고 나서도 불이 환한 수영장에는 더더욱.

"아미르는 잘 지내나요? 표정이 늘 심각해 보이네요." 만족스러운 미소를 지으며 아들들을 바라보고 있는 아버지에게 물었다.

"아미르는 많이 아파요." 이드리스가 조용히 대답했다. "아시나 선생님 말로는 만성 기관지염과 심한 천식이 있대요. 질식하지 않으려면 독한 약을 먹어야 하죠."

약을 구할 형편이 되는지 내가 걱정하며 물었다. "네. 와리스의 후원 덕분에 아미르에게 필요한 모든 걸 살 수 있어요." 세 아이의 아버지가, 내가 이곳에 도착하고 나서 처음으로 내게 진심 어린 다정한 눈빛을 보냈다.

이나브가 사는 마을에선 사막의 꽃 재단의 존재와 재단이 하는 일을 모두가 알고 있고, 이웃들도 종종 내 영화 얘기를 한다고 했다. "많은 아이들이 와리스가 겪은 일을 똑같이 겪어요. 그 애들도 할례를 당했지만, 이 의식을 이어나가야 한다는 믿음을 거부하고 있어요. 이들도 할 수만 있다면 이곳의 FGM 철폐 운동에 기꺼이 동참할 거예요."

이 열여덟 청년의 이야기에 사파는 열심히 귀를 기울였지만, 민족의 전통에 대한 이런 이야기가 사파의 엄마로서는 감당하기 힘들었을 것이다. 그는 말 한마디 없이 일어서서 수영장 쪽으로 가 아들들이 노는 것을 지켜보았다. 아무래도 같은 동네 아이들이 성기훼손에 반대하는 목소리를 내기 시작했다는 얘기를 듣고 싶지 않은 모양이었다.

포지아의 그런 반응에도 이나브는 굴하지 않았다. "지부티에도 사막의 꽃 재단 사무실이 있다면 좋을 거예요." 그가 제안했다. "거기서 제가 일할 수도 있을 거고요. 안 될까요? 여기서 해야 힐 일이 얼마나 많은지 잘 아시잖아요. 제 동생들과 사파를 제외하면, 제가 아는 여자애 중에 할례를 당하지 않은 아이는 한 명도 없어요."

순간 내가 잘못 들은 건 아닐까 귀를 의심했다. 이나브는 동생들과 사파만 언급하고, 자기는 거기에 포함하지 않았다. 그 자신도 그 끔찍한 일을 피할 수 없었다는 뜻일지도 몰랐다.

곧 사파가 거들었다. "맞아요, 와리스. 여기에 사무실이 있다면 정말 좋을 거예요! 저도 거기 가서 다른 여자애들을 만나면, 건강하게 사는 게 얼마나 좋은지 말해 줄래요."

이 일곱 살 아이의 성숙함에 나는 깜짝 놀랐다. 하지만 사파가 사막의 꽃 재단 운동의 산증인이 된다면, 딸이 수영복을 입고 수영하는 것조차 용납하지 않는 아버지는 어떻게 반응할까? 앞으로 언젠가는 우리와의 계약을 깨야 한다고 믿는 어머니는 또 어떻고.

하지만 매우 놀랍게도 사파 아버지는 숨을 크게 들이쉬더니 이렇게 말했다. "발발라에 사무소를 세우면 가장 좋겠죠. 기꺼이 우리 집을 내드릴게요."

나는 말을 잇지 못했다. 조애나 쪽을 흘끔 봤더니, 그의 얼굴에도 놀라움의 기색이 역력했다.

그때 사파 어머니가 물에 흠뻑 젖은 세 아이를 데리고 테이블로 돌아왔다. 나는 양해를 구하고 호텔 식당을 빠져나와 화장실로 향했다.

갑자기 내 뒤에서 작은 발소리가 들렸다. 몰래 나를 따라 나온 이나브의 발소리였다. 이나브는 대리석 타일이 깔리고 커다란 거울이 걸린 호화로운 화장실을 경탄의 눈빛으로 바라봤다. 화장대 앞에 빨간 벨벳 천으로 덮인 낮은 벤치가 있었다. 이나브는 조심스레 벤치에 앉아 마음에 걸리는 게 있는 섯처럼 나를 바라봤다.

"괜찮니?" 내가 물었다.

"와리스, 있잖아요. 저도 할례를 당했어요." 부끄러운 듯 눈을 내리깔며 이나브가 말했다.

나는 그 옆에 앉아 검지로 조심스레 그의 턱을 당겨 다시 내 눈을 바라보게 했다. "알지, 절대 부끄러운 일이 아니라는 거." 내가 말했다. "너는 다행히도 그 끔찍한 의식에서 살아남은, 믿을 수 없을 만큼 용감한 여자야. 나처럼."

이나브의 두 눈에 눈물이 차올랐다. "하지만 와리스는 여길 탈출해서 뭔가를 이뤘잖아요. 지금은 다른 많은 여자들을 도울 수 있게 됐고요. 하지만 전 여기서 빠져나갈 수도 없고, 힘도 없어요."

제 나이보다 훨씬 어려 보이는 이 열여덟 청년의 말에 내 마음이 움직였다. "아까 우리를 돕고 싶다고 말했지. 정말, 정말 진심으로 고마워. 네 소원을 이룰 수 있게 우리가 다 함께 방법을 찾아볼게. 시간을 조금만 줄 수 있겠니?"

이나브는 긴 숨을 내뱉으며 고개를 끄덕이고는 눈물을 닦았다. 내가 방금 또 한 여자의 운명을 떠안게 되었다는 걸 잘 알았고, 부디 이 임무도 잘 해낼 수 있기를 간절히 바랐다. "이젠 정말 화장실을 써야겠다." 내가 미소를 지으며 일어섰다.

"와리스." 이나브가 나를 잡으며 말했다. "와리스도 이렇게 끔찍한 고통을 겪으세요? 가끔은 정말 더는 참기가 힘들어요."

순간 숨이 턱 막혔다. 그게 무슨 말인지 너무 잘 알았다. 성기를 훼손당한 수많은 여자들이 평생 겪는 지옥 같은 고통을 나 또한 너무 잘 알았다.

"이나브, 우리가 꼭 널 도울 방법을 찾을게." 그가 겪는 문제를 해결할 유일한 의학적 방법은 저 멀리 유럽에 가야만 찾을 수 있다는 사실을 그때 다 말해버리고 싶진 않았다.

이나브와 내가 테라스로 돌아갔을 때, 식당에선 커피를 내오고 있었다.

"여태 어디에 가 있었어요?" 내가 생각에 잠겨 커피를 젓는 동안 사파가 내게 물었다.

사파에게 이나브와 사막의 꽃 재단 일에 관한 얘기를 나누었다고 설명했다. "저는 정말로 꼭 와리스와 함께 일하고 싶어요." 이나브가 그 얘기를 다시 꺼낼 기회를 놓치지 않고 말했다. "혹시 제가 유럽에 가서 와리스에게 일을 배울 수 있을까요?"

그 순간 모두가 말을 멈추었다. 이나브의 아버지가 아연실색한 얼굴로 나를 쳐다봤다. 이나브의 직접적인 질문에 나 또한 몹시 놀랐다. "맞아요. 저도 유럽에 가고 싶어요." 그의 남동생이 침묵을 깨며 말했다.

사파도 즉각, 다만 좀 더 조용히 합세했다. "저도 유럽에 가서 같이 배울 수 있을까요?"

사파의 아버지도 거들었다. "맞아요. 우리 모두 반드시 유럽에 가야 해요. 우리가 유럽에 갔다 왔다는 걸 사람들이 알면, 우리 얘기를 더 잘 들어줄 거예요."

이제 상황은 통제가 불가능했다. 이곳에서 빈곤에 시달리는 이들이라면 당연히 아프리카를 벗어나고 싶을 것이다. 그들은 모두 유럽이 어떤 고난도 없는 동화 속 세상이라고 믿었다. 어떻게든 거기 갈 방법만 찾는다면 모든 문제가 일시에 해결될 거라고 생각했다. 테이블에 빙 둘러앉은 이 사람들에게 그 믿음이 틀렸다고 설득해볼 여지는 거의 없었다. 그래서 완곡하게 말할 수밖에 없었다. "안타깝지만 여러분 모두를 유럽에 초대할 수는 없어요." 대신, 내 새로운 고향이 된 유럽 대륙에 사파와 이나브를 초대할 계획을 잡아보겠다고 제안했다. 단, 부모들이 허락한다면. 이나브의 아버지는 관여하지 않으려 했지만, 이드리스는 그렇지 않았다.

"우리 딸을 혼자 그런 먼 곳에 보낼 순 없어요. 우리 가족이 다 가는 게 아니면 아무도 못 보내요"

사파가 맥없이 고개를 떨구고 울기 시작했다.

이드리스가 내 좋은 아이디어를 무산시키도록 놔둘 순 없었다. "이드리스, 들어 보세요. 제가 온 가족을 모두 유럽에 초대할 순 없다는 점 이해하시리라 믿습니다. 하지만 진심으로 우리 사막의 꽃 재단에서 일할 생각이 있으시다면, 우리와 함께 가도 좋아요. 하지만 정말로 우리와 함께 일하셔야 합니다. 아니면 여행 경비를 돌려주셔야 해요."

이드리스는 어안이 벙벙한 채 커피가 담긴 컵을 응시했다. 누구도 말을 꺼내지 않아 조용한 가운데 마침내 그가 백기를 들었다. "그래요, 단체에서 운전기사로 일할 수도 있겠죠." 그가 제안했다. "그리고 분명 몇몇 이웃한테 할 례를 그만두라고 설득할 수도 있을 거예요." 그가 자랑스 레 덧붙였다. "우리는 발발라에서 꽤 존경받는 가족이거 든요."

"좋아요." 열띤 토론에 종지부를 찍으며 내가 말했다. "이드리스, 이나브, 사파. 이 세 사람이 여름 휴가 4주 동안 유럽에 갈 거예요. 재단과 함께 파리를 먼저 방문하고, 그런 다음 빈에 있는 우리 사무실에 올 거예요."

사파의 어머니가 눈을 흘겼다. 그가 이 모든 일을 어떻게 생각할지 상상이 갔고, 부디 찬물을 끼얹지 않기를 바랐다.

그러는 동안, 사파가 펄쩍 뛰며 테이블 주위를 신나게

뛰어다니기 시작했다. "유럽에 간다! 유럽에 간다!" 아이
는 기뻐 소리쳤다.

하지만 사파의 즐거움에 차마 동조할 수가 없었다. 사
파 어머니의 험악한 표정에 등줄기가 서늘해졌다.

걸림돌

다음 날 아침 7시가 채 안 됐을 때, 사파와 나는 학교로 향했다. 호텔에서 걸어서 몇 분밖에 걸리지 않는 거리였으므로 이번엔 걸어서 갔다.

전날 저녁, 사파의 부모와 동생들, 어린 이드리스의 가족과 이나브는 우리에게 감사 인사를 하고 집으로 돌아갔다. 잠자리에 들고도 우리가 나눈 생산적인 대화와 큰 계획 때문에 심장이 두근거려 꽤 오래 잠을 이루지 못했다. 우리는 어디로 가고 있는 걸까? 내 옆에서 쌔근거리며 자는 사파를 앞으로도 계속 지킬 수 있을까? 이나브를 끔찍한 고통에서 벗어나게 하려면 어떻게 해야 할까? 수많은 생각이 머릿속을 맴돌았고, 특히나 곧 이곳을 떠난다는 슬픈 생각에 사로잡혔다.

사파를 두고 떠나야 한다는 사실만으로도 벌써 가슴이 아팠다. 하지만 이 활발한 아이는 아무것도 모른 채 학교 정문 앞에서 내 볼에 입 맞춰 인사하고 교실로 달려갔다.

호텔 건물로 다시 들어가자마자 호텔 매니저가 로비 한 구석으로 나를 데려갔다. "디리 씨." 그가 말했다. "중요한 부탁 하나만 드려도 될까요?" 그 프랑스 남자의 말을 주의 깊게 들었다. "오늘 저녁 저희 호텔에서 지부티 라이온스 클럽의 갈라 디너 행사를 진행하는데, 디리 씨를 귀빈으로 초대하고 싶습니다." 그는 잠시 멈췄다가 다시 말을 이어갔다. "흥미로운 분들을 많이 만나실 수 있을 겁니다. 디리 씨가 지부티에서 사명을 갖고 힘쓰고 계신 일에 도움을 줄 수 있는 분들이죠. 장관도 몇 분 오시고, 각국 대사와 큰 단체 대표, 국제학교장도 많이 참석하실 겁니다."

구미가 당기는 제안이었다. 여기 있는 동안 단 하나의 기회도 놓치고 싶지 않았다. 그래서 조애나, 파두자와 린다와 함께 참석하겠다고 기꺼이 승낙했다.

내가 막 인사하고 가려던 찰나, 현대적인 옷차림의 젊은 아프리카 여자 한 명이 호텔 매니저에게 급하게 다가왔다. "책임자님, 여기 새 디자인이 모두 도착했는데, 오늘 저녁에 우리 모델들은 어디서 준비하면 될까요?"

"두 분 인사 나누시죠." 매니저가 그 흥분한 여자의 말을 끊었다. "디리 씨. 이쪽은 사갈이고, 성공한 지부티 출신 디자이너예요. 오늘 저녁에 새로운 컬렉션을 선보일 예정이죠. 사갈, 이쪽은…"

"와리스 디리죠." 디자이너가 끼어들었다. "당연히 알고 말고요. 말씀 많이 들었어요. 많은 아프리카 여자들이 어릴 때부터 와리스처럼 패션계에서 성공하고 싶다는 꿈을 키우죠. 소말리아 모델들은 세계적으로도 유명해요. 좋은 일이죠. 사람들이 '소말리아' 하면 해적이나 이 미련한 내전 말고도 다른 걸 떠올린다는 얘기니까요. 저도 소말리아 출신이에요." 이 젊은 사업가의 입에서 한 번 쏟아진 말은 그칠 줄을 몰랐다. "와리스, 아직도 모델 일을 하시나요?" 그가 물었다.

내가 망설였다. 이쪽 세계의 패션쇼에 작별을 고한 것도 벌써 수년 전이었고, 무대에 복귀해달라는 요청도 전부 거절해 왔다. 이제 카메라 앞에 서는 때가 있다면 가끔 있는 자선 행사 촬영 때뿐이었다. 내가 설명했지만, 사갈은 오늘 밤에 있을 쇼의 수익이 전부 지부티 라이온스 클럽에 기부된다며 나를 설득했다.

"그 수익금으로 공립 학교를 후원할 기예요. 부디 오늘 무대에 서 주세요." 그가 간청하는 눈으로 나를 바라봤다.

"솔직히 말하면, 다시는 쇼에 설 생각이 없었어요. 그렇지만 좋은 뜻에서 하는 일이고, 또 젊고 재능 있는 디자이너를 지원하는 일이라면 마다할 이유가 없죠." 내가 웃으며 말했다. "좋아요. 할게요. 하지만 저 혼자 무대에 서진 않겠어요."

디자이너는 의아한 표정으로 나를 바라봤다.

"다른 한 사람을 더 데려올게요. 깜짝 출연자로요."

그 후 아침을 먹으며, 쇼에 서달라는 촉박한 요청을 승낙한 내 결정과 그 활기 넘치는 주최자를 다시 떠올렸다. 호텔 매니저에게 사갈에 관한 얘기를 더 들은 후였다. 사갈은 어렸을 때 캐나다로 건너가 패션 디자인을 공부했다. 아프리카로 돌아온 그는 여러 재봉사를 모아 회사를 차렸고, 그들과 함께 자신만의 현대적인 디자인을 창조했다. 그 말인즉슨 그가 아주 특별하고 독창적인 스타일을 구축했을 뿐 아니라, 무엇보다도 창의적인 젊은 여성을 위한 일자리를 창출하여 가족과 남편으로부터 독립할 수 있도록 도왔다는 뜻이다.

사갈의 이야기가 내게 희망을 주었다.

"사파, 깜짝 놀랄 만한 소식이 있어!"

어린 사파에게 우리 앞에 펼쳐질 신나는 저녁에 대해서 말해주고 싶어 안달이 났다. 조바심을 내며 학교 밖에서 아이를 기다리다, 이제는 둘이 함께 호텔로 돌아오는 길이었다. "너만 괜찮다면, 오늘 나랑 패션쇼에 함께 서자." 사파의 열띤 반응을 기대하며 내가 말했다.

"패션쇼가 뭐예요?" 사파가 물었다.

이 아이가 완전히 다른 세계에서 자랐다는 사실을, 지난 수년간 내게는 완전히 일상이 된 것들을 전혀 모른다는 사실을 자꾸만 잊어버렸다. 사파에게 내 계획을 설명하며 그날 저녁 아름다운 옷을 입고 사람들에게 앞에 설 거라고 말해 주었다. 다만 한 가지 조건이 있었다. "네가 많은 사람 앞에 서는 걸 두려워하지 않는다면 말이야."

짐작한 대로, 그 일곱 살 아이는 수줍음과는 거리가 멀었다. "이제 저도 와리스처럼 모델이 되는 거네요!" 사파가 기쁘게 소리쳤다. "엄마랑 아빠한테도 보여주고 싶어요. 초대해도 될까요?"

나는 움찔했다. 이드리스는 이미 성기훼손 근절을 위한 나와 재단의 노력을 어느 정도 이해했을 수도 있었다. 또 좋은 뜻에서라면 딸이 모델로 무대에 서는 일도 어쩌면 허락해 줄지도 몰랐다. 하지만 전날 밤 포지아가 내게 보인 그 사나운 표정을 떠올리면 여전히 간담이 서늘했다. 그는 딸이 서양 여자애처럼 패션쇼에서 포즈를 취하는 모습을 보고 싶지 않아 할 게 분명했다.

하지만 부모님이 자기의 첫 무대를 보길 원하는 사파의 마음을 어떻게 꺾을 수 있겠는가? 나 또한 모델로서 처음으로 성공한 내 모습을 가족에게 얼마나 보여주고 싶었는지 모른다. 객석에는 관객이 수백 명 넘게 앉아 있었지만, 여전히 나는 쓸쓸했다.

호텔 방에 돌아가서 파두자에게 전화했다. "부탁드려야 할 일이 있어요." 지난 며칠간 우리 때문에 너무도 고생해 준 이 심성 고운 사람에게 내가 말을 꺼냈다. 그날 저녁에 쇼가 있을 예정이고, 사파와 함께 무대에 서고 싶다고 그에게 설명했다. 대답을 기다리지 않고 내가 말을 이어갔다. "그리고 또, 사파가 엄마 아빠를 그 자리에 초대하고 싶어해요. 포지아와 이드리스도 불러 줄 수 있을까요?"

"문제없죠. 제가 말해 볼게요." 파두자가 장담했다.

"어떻게 얘길 꺼내 보면 될까요?"

"걱정하지 마세요, 와리스. 나한테 생각이 있어요." 파두자가 대답했다. 그리고 그 말을 끝으로 전화를 끊었다.

지부티 시내에 땅거미가 내려앉았다. 호텔 방 창가에 서서 전날 사파와 어린 이드리스, 두 아이의 가족과 함께 식사했던 테라스를 내려다봤다. 오늘은 그 풍경이 상당히 달랐다. 호텔 부지 건너편에서 상향등 불빛을 받은 나무

들이 눈부신 색으로 빛났다. 흰색 스포트라이트 아래, 크고 밝은 빛의 원들이 수영장의 청록색 물 위로 일렁였다. 수영장을 따라 길게 뻗은 빨간 런웨이 주위로 수백 개의 의자와 크고 까만 스피커가 늘어섰다. 우리가 서 있는 데서도 음악 소리가 쿵쿵 울리는 게 들렸다. 음향 기기를 확인 중인 모양이었다. 사파는 내 옆에서 유리창에 작은 코를 바짝 갖다 댔다.

"저기 저 길을 따라서 걷는 거예요?" 세계적인 패션쇼에 비하면 아주 작아 보이는 그 런웨이를 가리키며 놀란 듯 사파가 물었다.

나는 사파의 옷매무새를 고쳐주었다. 파두자가 낸 아이디어는 역시나 기가 막혔다. 발발라의 다른 여자애들처럼 사파에게도 소말리아 전통 의상이 있었고, 파두자가 그것을 아이 부모에게서 받아서 호텔에 가져왔던 것이다. 어머니가 직접 만들어 준 로브를 두르고 내 앞에 선 사파의 모습은 어린 전사 같았다.

"정말 멋져." 뿌듯한 목소리로 내가 말했다.

문 옆의 큰 거울 앞에 서서 내 모습 또한 점검했다. 사갈이 내게 꼭 맞는 드레스를 찾아주었다. 단순하지만 세련된 디자인으로, 흐르는 듯한 빨간 천이 시원스레 재단된 옷이었다. '불꽃 같네.' 속으로 웃으며 생각했다.

30분 뒤 쇼가 시작될 예정이었다. 사갈을 도와 패션쇼 순서를 관리하던 조애나가 내게 재빨리 전화해 말했다. "지금이에요." 내 커리어를 통틀어 가장 많이 들은 말이었다.

"사파, 이제 우린 움직이는 방을 타고 내려가서 같이 무대에 설 거야, 괜찮겠어?" 사파가 정말 원하는 일인지를 다시 한번 확인하려 내가 물었다.

"네. 근데 넘어지면 어쩌죠?"

사파의 걱정이 이해가 갔다. 나 또한 그런 두려움이 있었으니. "걱정 마, 그럴 일 없을 거야." 아이를 안심시켰다. "내가 옆에서 꼭 잡아 줄게."

어느새 의상실이 된 지상층의 작은 방에서 바쁘게 왔다 갔다 하는 사람들의 움직임은 세계의 대단한 패션쇼 못지 않았다. 사파는 키 큰 모델들이 반쯤 벗은 채 바쁘게 돌아다니며 다음 순서로 선보일 옷을 찾아서 입고 곧바로 다시 무대로 나가는 광경을 눈을 동그랗게 뜨고 쳐다봤다.

"빨리, 빨리. 더 서둘러요." 바깥에서 흘러나오는 박자에 맞춰 모델들을 재촉하며 사갈이 말했다.

패션쇼가 한창 무르익어 갔다. 지부티 라이온스 클럽에서 초대한 귀빈 약 150명이 테라스 좌석에 앉아 젊은 디자이너의 최신 작품을 감상했고, 바라건대 지부티의 공립 학교를 위해 많은 돈을 쾌척할 예정이었다. 사파와 내가 마지막 순서였다.

"여러분이 이 쇼의 하이라이트예요." 사갈이 우리에게 말했다. 내가 후원하는 아이와 함께 패션쇼에 선다는 사실이 그를 더더욱 신나게 했다. 그는 각종 현지 매체에서 이 그림을 꼭 내보낼 거라는 사실을 잘 알았다.

"내외 귀빈 여러분." 바깥의 마이크에서 목소리가 흘러나왔다.

"지금이야." 사파의 손을 잡으며 내가 속삭였다.

"깜짝 게스트를 소개합니다. 와리스 디리를 박수로 환영해 주세요!"

사파와 내가 손을 잡고 조명 안으로 들어서자, 우레와 같은 박수 소리가 우리를 맞이했다. 수십 번 연습이라도 한 듯, 우리는 음악에 완벽하게 맞추어 빨간 런웨이를 걸었다. 반대쪽 끝에 다다랐을 때는 잠시 포즈를 취했다. 이틀 전 새 수영복을 입었을 때처럼 사파는 허리에 양손을 얹고 관객을 향해 환히 미소지었다. 이 아이는 관객의 뜨거운 반응을 즐기고 있었다. 우리는 나란히 걸었다—하나는 크고, 하나는 작은 두 사막의 꽃이. 우리 둘 모두에게 정말 멋진 경험이었다.

피날레로 디자이너와 모델이 전부 무대에 나와 박수갈

채를 받았다. 호텔 매니저가 서둘러 마이크를 잡고 참여한 모든 사람에게 감사의 인사를 전했다.

"와리스, 오늘 저녁을 함께할 영광을 주셔서 감사합니다." 그가 나를 보며 말했다. "함께 데려오신 예쁜 꼬마 아가씨가 누군지 소개해 주실 수 있으세요?"

내가 마이크를 건네받았다. "이 아이는 제가 사랑하고 후원하는 사파입니다. 영화 「데저트 플라워」에서 제 아역으로 출연했어요." 내 시선이 객석을 훑었다. 뒤쪽 구석, 린다와 파두자 옆에 앉은 이드리스와 포지아를 그제야 발견했다. "끔찍한 할례 장면에서 사파가 저를 연기했죠." 사파의 어머니를 보며 내가 말했다. "사막의 꽃 재단은 이 아이를 성기훼손으로부터 보호하기 위해 사파의 가족을 후원하기로 약속했습니다." 귀빈 중에는 현지 정치인과 여론 지도자가 많아, 이들이 내 말에 어떻게 반응할지 확신이 서지 않았다. 하지만 놀랍게도 그들은 모두 열렬한 박수를 보냈다. "여러분이 우리의 노력을 널리 알려 주신다면 더할 나위 없이 좋을 겁니다." 박수 소리를 뚫고 내가 말을 이어갔다. "여자들에게 고통받지 않아도 된다고 말해 주세요. 종교도 전통도 그들에게 이 고난을 강요하거나 정당화할 수 없다고 말입니다. 가서 사파 이야기를 들려주세요. 건강하고 행복한, 기쁨이 넘치는 이 아이

162

가 모두의 롤 모델이 되어야 한다고요."

객석에선 또 한 번 뜨거운 반응이 쏟아졌지만, 내 시선
은 여전히 이드리스와 포지아에 고정돼 있었다.

쇼가 끝나고 라이온스 클럽 임원 연설이 이어졌고, 손
님들은 아름답게 장식된 호텔 식당의 원형 테이블에 둘러
앉았다. 사파와 나는 호텔 매니저와, 잔뜩 상기된 채 성공
을 자축하던 사갈 옆에 앉았다. 조애나, 파두자, 린다와 사
파의 부모는 우리 반대쪽에 자리했다. 손님들이 계속해서
우리 테이블에 찾아와 내게 인사하며 사파에게 친절히 말
을 건넸다. 사파는 그 모든 관심에 하늘을 둥둥 떠다니는
듯했다.

저녁 식사가 끝나고 흥분을 가라앉힐 겸 신선한 공기를
쐬러 바깥에 나왔다. 테라스 옆 아치형 구조물 아래 서서
사파와 내가 함께 선 그 무대를 해체하는 직원들을 지켜
봤다. 내 뒤에서 갑자기 짙은 그림자가 나타났다. 여느 때
처럼 전통 히잡을 두른 사파 어머니가 나를 따라 나왔던
것이다. 그는 잠시 조용히 서서 할 말을 고르는 듯했다. 무
슨 말을 듣게 될지 초조해하며 나는 조용히 기다렸다.

"그래요, 나 좋아요." 까만 눈동사로 나를 바라보며 소
말리어로 그가 말을 꺼냈다. "하지만 알다시피 며칠 뒤면
당신은 떠날 거고 우린 모두 일상으로 돌아갈 거예요…

사파도 마찬가지고. 그리고 일상이란, 지금 이곳처럼 동화 속 세상이 아니에요." 그가 손을 휘저으며 조명으로 밝게 빛나는 정원을 가리켰다. "일상 속에서, 우린 점점 더 소외당하고 있어요. 정숙하지 못한, 할례를 안 받은 딸 때문에 우린 외면당해요. 당신도 다로드족 사람이잖아요." 그 자그마한 여자가 검지로 내 가슴을 짚었다. "전통을 따르지 않는 여자에게 무슨 일이 벌어지는지 알잖아요. 당신한테는 상관없겠죠. 여기 살지 않으니까. 도망쳤으니까 **당신은!**" 포지아는 언성을 높이기 시작했다. "하지만 우린 여기 살고 있고, 당신이 우리에게 주고 간 수치심과도 함께 살아야 해요! 사파는 여기 속하지 않아요. 우리 마을에서도, 어디에서도. 우린 전부 외부인이에요."

이런 반응은 전날 이드리스가 내게 준 인상과는 너무도 거리가 멀었다. 포지아의 말에 끼어들려 했으나, 지난 몇 년간 그의 안에서 쌓여 가던 분노가 마침내 폭발해 거대한 파도처럼, 공포와 좌절의 해일이 되어 나를 덮쳤다.

"이것 하나는 확실히 말해 두죠, 와리스." 분노에 찬 포지아가 말을 이어갔다. "남편이 지금 당신 말에 수긍하는 건 당신이 자기를 유럽에 데려갈 거라고 믿고 있기 때문이에요. 결국 그가 있을 곳이 여기라는 걸 깨닫는 때가 오면, 그땐 자기 어머니의 의지에 따르겠죠."

그의 말이 이해가 가지 않았다. "왜 굳이 이드리스 어머니를 끌어오시죠? 당신도 사파의 할례를 원하잖아요, 안 그래요?" 어리둥절한 내가 물었다.

"발발라에서 파투마가 그렇게 존경받는 게 무엇 때문이라고 생각해요?" 포지아가 말했다.

저 멀리서 들리는 사파의 신이 난 목소리가 불안으로 웅웅거리는 내 귀에 닿았다. "두 분 대체 어디 갔나 한참 찾았다고요." 호기심 어린 눈으로 사파가 엄마와 나를 바라봤다.

포지아는 마지막으로 성난 눈빛을 내게 보내고는 사파의 손을 잡고 휙 돌아서서 딸과 함께 식당으로 돌아갔다.

어안이 벙벙한 상태로, 두 사람의 뒷모습을 바라봤다. 내가 이해한 게 확실할까? 정말 사파의 할머니 본인이 칼을 잡는 사람이었던 걸까?

당장 그곳을 빠져나가야 했다. 그날 저녁 내게 박수갈채를 보냈던 기쁨에 찬 군중으로부터 최대한 멀리. 지부티의 상황을 개선하기 위해 그들이 대체 어떤 노력을 기울였단 말인가? 귀빈 대부분은 현지에 살았고 이 나라에서 요직을 맡은 인물이었지만, 지난 몇 년간 FGM과의 싸움에서 그들은 거의 어떠한 성과도 이루지 못했다.

호텔 건물 앞 바닷가, 낮은 바위에 홀로 앉았다. 웃음과

음악 소리, 식기와 유리잔이 부딪히는 소리, 그중 아무것
도 머리에 들어오지 않았다. 혼자라고 느낀 적이 거의 없
던 내 싸움에 드리운 불길한 적막이 주변의 모든 소리를
삼켰다.

갑자기 한 젊은 남자가 다가와 내 옆에 앉았다.

"괜찮아요?" 그가 물었다. 조깅하다 만났던 독일 해군
요헨이 진심 어린 목소리로 걱정을 표했다.

이번엔 전날 저녁처럼 농담을 건넬 기분이 아니었다.
"안 괜찮아요." 낙담한 내가 말했다.

"하지만 무대는 정말 멋졌는데요?" 그가 반응했다. 알
아보진 못했지만 그도 패션쇼에 관객으로 참석했던 모양
이었다.

나는 아무 말도 하지 않았다.

"당신과 함께 무대에 섰던 그 아이와 관련된 일 때문인
가요?"

그에게 시선을 돌렸다. 제복을 입고 금발 머리카락을
이마 뒤로 넘긴 그의 모습이 이제야 눈에 들어왔다. 이목
구비가 더욱 두드러져 보였다. 그가 내게 보내는 다정한
눈길과는 어딘가 어울리지 않았다.

"그 애 이름은 사파예요." 잠시 후 내가 말했다.

삼십 분은 족히 그 해군은 아무 말 없이 내 얘기를 들

어주었다. 그가 내게 달리 할 수 있는 조언이 없다는 점을 나도 알았다.

"와리스, 당신도 소말리아에서 왔다고 했죠?" 요헨이 잠시 후 물었다. "거기 사는 친척이 있나요?"

"네. 어머니랑 아버지, 남동생 둘이 갈카요 근처에 살아요. 에티오피아 국경과 가깝죠." 내가 말했다.

요헨이 나를 쳐다봤다. "거긴 내전이 한창인 지역이잖아요! 왜 데리고 나오지 않았어요?" 그가 물었다. 적어도 전쟁에선 안전한 지부티에 사는 아이를 걱정하는 사람이, 정작 자기 가족은 교전 지역에 두고 왔다는 사실에 몹시 놀란 듯했다.

"몇 년 전 유럽에 가족을 데리고 왔었죠. 가족과 정말 함께 있고 싶었거든요." 내가 말했다. "하지만 가족들의 향수병이 전쟁에 대한 공포보다 강했어요. 가슴이 아팠지만, 소말리아로 돌아가게 둘 수밖에 없었어요. 사실 속으론 이해가 가요. 나도 종종 아프리카가 그립거든요. 내 뿌리와 사막이 있는 그곳이."

요헨이 공감하는 눈길을 보냈다. "아프리카는 정말 아름나운 내륙이죠."

"안타깝게도, 다른 대륙 사람이 많이들 잊고 사는 대륙이지만." 내가 대답했다. 생각에 잠겨 어둠에 가려진 바다

먼 곳을 바라봤다. 요헨에게는 익숙한 얘기일 터였다. 군인으로서 이곳의 상황은 잘 알 테니까.

"와리스, 당신 혼자서 아이들을 지키려고 이 세상 모든 가족에게 돈을 줄 순 없어요. 당신 혼자서 아프리카의 모든 여자를 구할 수도 없고요. 당신에겐 수많은 사람의 지지가 필요해요. 좋은 계획도 필요하고요."

요헨의 말이 맞았다. 우리는 사막의 꽃 재단을 통해 이미 큰 성과를 거두어 전 세계가 FGM 문제에 주목하도록 했다. 이제 그 관심을 적극적으로 활용할 때였다. 게다가 지난 브뤼셀 방문으로 우리가 정치인들의 지지에만 의존할 수는 없다는 점이 분명해졌다.

또 한 번 사파가 어디선가 튀어나와 내 앞에 나타났다. "와리스, 같이 들어가요. 파티가 정말 재밌어요." 조바심을 내며 사파가 졸랐다.

독일 해군이 자리에서 일어섰다. "그래요, 아이와 즐거운 저녁 보내세요. 저는 이만 자러 가야 해요. 내일 아침 일찍 출항하거든요."

이제 요헨을 영원히 보지 못할 거라는 생각에 슬퍼졌다. 나는 바위에서 일어나 그를 안아주었다.

"좋은 일만 있길 바랄게요." 그가 진지하게 말했다. "마음먹은 일은 반드시 이뤄낼 거란 거 알아요. 그리고 거기,

우리 어린 사막의 꽃." 그가 사파를 향해 몸을 굽히며 자기를 올려다보는 사파의 볼을 애정을 담아 꼬집었다. "지금처럼 늘 용감하길 바라. 아프리카엔 너 같은 여자아이가 꼭 필요하거든."

이나브를 만나러 가다

다음 날 아침, 날카로운 전화벨 소리에 벌떡 잠에서 깼다.

"여보세요?" 졸린 목소리로 수화기에 대고 중얼거렸다.

"좋은 아침! 파두사예요. 잠은 잘 잤어요?"

대답으로 침울한 탄식만이 흘러나왔다. 전날 저녁에 있었던 일들 때문에 감정이 북받쳐 새벽 2시가 지나서야 겨우 잠들었던 것이다.

파두자는 완강했다. "오늘 이드리스, 이나브, 히보, 함다 만나러 알리사비에로 가는 날인 거 알죠? 거리도 꽤 되고 차도 많이 막힐 것 같으니 최대한 빨리 출발해야 해요."

"지금 몇 시인데요?" 내가 물었다.

파두자의 말이 맞았다. 저 멀리 에티오피아 국경 근처 마을에 있는 이나브와 이드리스의 집을 꼭 방문하고 싶었다. 그 가족 또한 우리가 후원하고 있었고, 내 두 눈으로 직접 아이들이 잘 지내는지 확인해야만 했다.

"새벽 4시 반이고, 바깥은 아직 깜깜해요." 파두자가 대답했다. "해 뜨기 전에 출발해야 해요. 오늘도 엄청 더울 테니까요."

"알았어요." 내가 말했다. "언제 호텔에 데리러 올 거예요? 샤워도 해야 하고, 어디 가기 전에 진한 커피 한 잔 마셔야 할 것 같네요."

파두자는 내게 30분을 허락했다. 우리를 태울 기사가 5시에 프런트에서 기다릴 예정이었다.

"알겠어요. 서두를게요." 신음을 내뱉으며 이불 속에서 몸을 끄집어냈다.

일단 찬물 세례로 정신을 차린 후, 아이들에게 줄 옷가지를 배낭에 챙겨 넣은 뒤 잽싸게 옷을 갈아입었다. 휴대폰으로 시간을 확인해 보니 정확히 5시였고, 수평선 위로 여명이 밝아 오기 시작했다. 나가면서 냉장고에서 물을 한 병 챙기는 것으로 출발 준비를 완료했다.

옆 방문이 열려 깜짝 놀라서 보니 조애나도 배낭을 메고 내 앞에 서 있었다.

파두자와 오늘의 기사 후세인이 벌써 우리를 기다리고 있었다. "이제 출발합니다." 그 아프리카 남자는 씩 웃으며, 말없이 그를 따라 터덜터덜 발을 옮기는 우리에게 기운을 주려는 듯 외쳤다. 초라한 사륜구동차 한 대가 우리를 반겼다.

"사막을 통과할 땐 손님을 새 차로 모시지 않거든요." 우리의 미심쩍은 시선을 눈치챈 후세인이 미안한 듯 말했다. "먼지와 날카로운 돌, 마른 나뭇가지와 덤불 때문에 차가 많이 망가져요. 게다가 알리사비에까지 사막을 횡단해야 하고요."

"전혀 문제 될 것 없죠." 내가 그를 안심시켰다. "중요한 건 거기 도착하는 거니까요."

"아, 잠깐만요." 조애나가 웃으며 말했다. "가는 데 얼마나 걸린다고 하셨죠?"

교통 상황에 따라 다르다고 설명하긴 했지만, 기사는 그 지역을 자기 손바닥 안처럼 훤히 꿰고 있었다. "여기서 영화 촬영할 때도 제가 단체 분들을 모셔다드렸죠. 매일 사막을 달렸어요. 알고 계셨는지 모르겠지만, 사막 장면은 죄다 알리사비에로 가는 길목에서 촬영했죠." 지프차에 우리가 올라탈 때 후세인이 말했다.

"앞좌석에 앉으시겠어요, 와리스?" 내가 뒷좌석에 자리를 잡자 그가 공손하게 물었다.

"아뇨, 괜찮습니다. 파두자랑 같이 뒤에 앉을게요." 내가 말했다. 지부티에서의 마지막 날, 우리 재단의 헌신적인 현지 직원과 함께 소말리어로 대화를 나누고 싶었다. "조애나가 앞에 탈 거예요. 뒤에 타면 차멀미를 하거든요."

후세인이 차에 시동을 걸고 호텔 주차장에서 빠져나와 좁은 길로 접어들어 곧 로터리로 진입했다. 거기서부터 해안 도로를 타고 달렸다. 어느덧 수평선 위로 태양이 빨간 불덩어리처럼 떠 올라, 그 아래 인도양이 아침 햇살로 반짝였다. 나는 무거운 마음으로 파도를 바라봤다. 내일이면 이 모든 것을 뒤로 한 채 유럽으로 돌아가야 했다.

도로를 따라 몇 킬로미터를 더 내려가자 길게 늘어선 창고와 거대한 유조선이 들어찬 지부티시티 항구를 지나가게 되었다. 언덕 위로 올라가니 항구와 아덴만 전경이 한눈에 들어왔다. 섬 만한 크기의 화물선과 바지선, 위협적인 군함들이 그 작은 나라에서 이 항구가 얼마나 중요한 존재인지를 여실히 보여주었다.

"와리스, 전방에 산 보여요?" 언덕마루에 차를 세운 후세인이 물었다. 눈을 가늘게 뜨고 앞을 봤다. "저 바다 건너 아시아 대륙이 보이죠? 지부티와 예멘 사이의 저 해협을 '눈물의 문'이라고 부르죠. 저 해협을 지배하는 자가 패권을 갖는다는 건 누구나 아는 사실이고요." 그가 말했다.

그 해협이 지부티는 물론이고 전 세계에서도 전략적 요충지라는 사실을 파두자에게 이미 들어 알고 있었다. 하지만 후세인의 설명도 관심 있게 들었다. "우리나라나 예멘이 눈물의 문을 닫는다면 유럽의 불이 전부 꺼질 테고, 사람들은 죄다 걸어 다녀야 할 거예요. 휘발유를 못 구할 테니까요." 그가 짓궂게 웃으며 백미러로 내 쪽을 쳐다봤다. "어쩌면 그것 때문에 그 많은 전 세계 군인들이 여기 주둔해 있는지도 모르죠. 소말리아 해적 때문이 아니라. 훨씬 더 중요한 게 걸려 있는 거죠. 서방 세계에 에너지를 조달하는 것."

"잘 아시는군요." 내가 인정했다.

그가 차에 시동을 다시 걸며 말을 이어갔다. "그렇게 따지면 사실 우리나라가 꽤 막강한 나라인 거죠. 여길 지나는 배에 통행료를 매긴다면, 분명 세계 최빈곤국 꼬리표를 금방 뗄 수 있을 거예요."

"운전이 아니라 정치를 하셔야겠는데요?" 파두자가 한마디 거들었다.

조애나가 우리를 향해 돌아보며 그 해협을 왜 '눈물의 문'이라고 부르는지 물었다.

"수십 년간 여기서 해적이 기승을 부렸어요." 파두자가 대답했다. "수많은 화물선을 납치하고 침몰시켰죠. 하지만 그 이름값을 더 제대로 하게 된 건 최근이에요. 바로 여기서 피난선이 뜨거든요. 더 나은 삶을 위해 떠나려는 사람들을 가득 싣고. 아시겠지만, 배가 초만원인 데다 전복돼서 많은 이들이 죽죠."

조애나와 내가 생각에 잠겨 파두자를 바라봤다. 유럽 연안에서 벌어지는 난민의 비극을 우리도 물론 잘 알고 있었다.

"이곳 매체에선 그런 문제에 관해 전혀 다루지 않아요." 파두자가 말을 이어갔다. "하지만 사람들이 얘기를 털어놓죠. 동아프리카, 소말리아, 에티오피아, 수단과 에리트레아의 수많은 사람이 절박하게 고향을 떠나고 싶어 해요. 일부는 실제로 탈출을 시도해 유럽에 가지만, 그보다 훨씬 더 많은 이들이 아랍권 국가에 가고 싶어 해요. 두바이, 카타르, 쿠웨이트, 바레인이나 오만 같은 부유한 낙원에서 일자리를 얻고 싶어 하죠. 그쪽 국경은 유럽 국경만큼 뚫기 어렵지는 않거든요. 출입국 관리가 유럽만큼 엄격하진 않아요. 밀입국 업자와 갱단들이 무자비하게 난민들을 착취해요. 그들에게서 모든 걸 빼앗고, 결국엔 죽여버리기도 하죠."

조애나의 눈이 커졌다. "그런데 아무런 조치도 없는 건 가요?"

파두자가 고개를 저었다. "예멘이나 에리트레아에선 피해자가 의지할 만한 당국의 동조를 전혀 찾아볼 수 없어요. 수많은 사람들이 바다를 건너다 익사하거나, 죽임을 당하죠. 수많은 젊은 여자들이 상업적 성착취나 집단 강간을 당해요. 신문에는 아무것도 보도되지 않지만, 매일 마주하는 현실이죠."

이쯤 되니 기사도 고개를 내저으며 우리의 대화에 끼어들었다. "아프리카 정부는 사람들이 왜 떠나는지 알려고도 하지 않아요. 그러니 도망친 사람들에게 무슨 일이 일어나든 신경도 안 쓰는 거죠."

이윽고 들어선 아스팔트 도로에는 대형 선박과 화물차 수십 대가 줄지어 늘어서 제자리걸음 하듯 사막으로 기어가고 있었다.

"이런." 조바심을 내며 내가 탄식했다. "알리사비에까지 얼마나 걸릴까요?"

"가는 내내 이런 식이면 내일 아침이나 돼야 도착하죠." 후세인이 희망 없는 답변을 내놓았다. "하지만 몇 킬로미터 더 가면 차가 많이 빠질 거예요."

실제로 얼마 안 가 차들이 움직이기 시작했고, 마침내

후세인도 다시 속도를 낼 수 있었다. 우리를 태운 차는 남쪽의 에티오피아와 소말리아로, 나의 고향을 향해 달렸다.

"후세인." 뒷좌석에서 그의 어깨를 치며 내가 말했다. "소말리아 국경은 여기서 얼마나 멀어요?"

"알리사비에서 조금만 더 걸어가면 고향 땅이 보일 거예요. 그 마을이 소말리아와 에티오피아 국경에 엄청 가깝거든요."

양철 판잣집이 길가를 따라 드문드문 있었다. 그 사이사이에 녹슬거나 망가졌거나 다 타버린 차들, 파괴된 벽과 쓰레기 더미가 보였다. 그야말로 황량했다. 눈을 감고 좌석에 등을 기대며 의심에 빠졌다. '정말 이렇게까지 해야 하나?' 내가 생각했다. '고작 단 한 명의 아이를 성기훼손에서 구하려고?'

전 세계 여성 1억 5천만 명이 FGM의 위협에 직면한다. 아프리카에만 3천만 명의 여아가 극심한 위험에 처해 있는데, 나는 그중 딱 한 아이를—사파를—구하려고 아프리카에서 가장 작고 더운 나라까지 온 것이다. 케냐에 사는 어린 마사이족 아이를 택할 수도 있었다. 아니면 에티오피아 아이를 택하거나. 아랍의 봄을 맞아, 매일 겪는 불의에 저항하며 자신도 해방되길 원하는 이집트 아이를 택할 수도 있었다.

하지만 나는 이곳 지부티에 와 있었다. 대다수가 어디 붙어 있는지도 모를 나라에. 다시 한번, 그 모든 노력이 정말 그럴 가치가 있었는지를 자문했다. 어떠한 대가를 치르더라도 단 한 명의 아이를 구하겠다는 다짐을, 과연 나 스스로 정당화할 수 있을까? 부모와 정부 당국뿐 아니라 단순히 자신의 믿음을 바꾸려 하지 않는 사람과도 씨름하는 이 노력을. 다른 나라에 갔다면 같은 노력으로 더 많은 아이를 구할 수 있었을까?

몰려드는 피로감에 눈이 감겼다.

어깨를 부드럽게 흔드는 손길에 흠칫 놀라며 잠에서 깼다.

"와리스! 일어나요." 파두자의 목소리가 들렸다.

"벌써 알리사비에에 도착했어요?" 어리둥절한 나는 욱신거리는 눈을 비비며 물었다.

"아뇨, 아직이에요." 파두자가 대답했다. "하지만 곧 특별한 장소를 지나칠 거거든요. 그 끔찍한 장면을 사파와 함께 촬영한 곳이에요." 갑자기 정신이 번쩍 들었다. "보고 싶어 할 것 같아서요. 조금만 더 가서 다음 커브를 돌면, 사막으로 가는 비포장도로가 나와요." 그가 설명했다.

"잘 모르겠어요." 내가 확신 없이 말을 더듬었다. "여기서 지금 차를 세워도 정말 괜찮을까요? 돌아가는 길에 들르는 건 어때요?"

후세인이 백미러로 내 쪽을 보며 말했다. "저녁에는 너무 어두울 거예요. 돌아올 땐 저 자갈길로 오지 않을 거예요. 큰 돌이 많아서 위험하거든요. 구멍이 많아서 차가 빠질 수도 있고요."

잠시 고민에 빠졌다. "좋아요, 그럼." 마침내 내가 동의했다. "잠깐 들렀다 가요."

후세인이 사막의 도로에서 차를 옆길로 틀었다. 모래에 난 바퀴 자국이 길을 남겼고, 그 길을 따라 후세인이 차를 몰았다. 그렇게 우리는 타오르는 태양 아래 푸르게 빛나는 산맥을 향해 달렸다.

20분 뒤 목적지에 도착했다. 사막의 땅에 바퀴 자국 양옆으로 풀이 드문드문 자라, 언젠가 이 땅을 전부 덮을 초목을 푸르게 예고했다. 거대한 바위와 말라비틀어진 야자 열매도 여럿 지나쳤다. 돌이 많은 이 길에 일 년에 한 번씩 내리는 비가 모래에 깊은 고랑을 냈다. 후세인은 장애물 사이로 사륜구동차를 조심스레 몰고 나갔다.

"저기 위에, 바로 저기예요." 긴장된 침묵을 깨고 앞을 가리키며 후세인이 말했다.

이윽고 차가 서자 내가 차 문을 열었다. 두 발이 땅에 닿는 순간 무릎에 힘이 빠지고 갑자기 몸을 가누지 못해 주저앉을 것 같았다. 온몸이 뻣뻣하게 굳어, 차 문을 붙잡고 바로 앞을 보았다.

마치 영화 촬영팀이 막 다녀간 듯한 풍경이었다. 그 나무와 삐죽삐죽한 바위, 가시덤불을 한눈에 알아봤다. 내 마음의 눈으로 사파를, 그 늙은 여자와 내 어머니를 연기한 여자를 볼 수 있었다. 그 어린아이의 끔찍한 비명이 들리는 듯했다. 아니, 지금 들리는 비명의 주인공은 사파가 아니었다. 바로 나였다.

고개를 들자, 바위와 사막이 순식간에 핏빛으로 변하는 듯했다. 나는 여전히 차 문을 꼭 붙잡고 있었다. 거대한 주먹이 배를 쥐어짜는 듯 위가 경련을 일으켰다.

그러다 조애나와 파두자가 내 팔을 받치는 손이 느껴졌다. "잠깐만 여기 바위 아무 곳에나 내려줄 수 있어요?" 내가 부탁했다. "잠시 심호흡 좀 해야겠어요."

두 사람은 나를 몇 걸음 부축해 앉을 만한 바위로 데려갔다. 나는 목에 두르고 있던 스카프로 머리와 얼굴을 감쌌다. 여전히 멀리서 날카로운 비명이, 사륜구동차에서 흘러나오는 소말리아 댄스 음악과 섞여 들렸다. 그 음악이 끔찍한 생각에서 겨우 벗어날 수 있게 해 주었고, 애써 후렴구 가사를 알아들을 수 있었다. "내 사랑, 나의 빛나는 별. 내 사랑, 나의 피어나는 꽃. 그대는 너무 순결하죠. 그대는 내 것이에요."

이 무슨 비현실적인 순간인가! 내가 고통 속에서 그 끔찍한 성기훼손 장면을 떠올리는 동안, 이 젊은 남자는 별과 꽃을 노래하며 자기가 얼마나 '순결한 그대'를 사랑하는지 고백하고 있었다. 이 무슨 기만인가! 수백만의 여아가 바로 그 '순결'을 구실로 잔혹하게 성기를 훼손당하는 것이 현실이다. 그런데 여기 '사랑'을 노래하는 인간이 있다. 깊은 분노가 내 안에서 끓어올랐다.

이 상황에 맞서기로 다짐했다.

엄숙하게, 다른 바위에 앉아 있던 조애나와 파두자를 보았다. 내 영화의 핵심 장면을 바로 이곳에서 찍었다. 사막의 이 작은 바위가 어두운 주술의 장소가 되었다. 우리는 모두 느낄 수 있었다. 바로 이곳이, 사파의 날카로운 비명이 들릴 것만 같은 이 장소가, 우리에게 이 세상 가장 암울한 곳이라는 사실을.

"여길 떠나야겠어요!"

작은 소리로 속삭였지만 파두자와 조애나도 내 말을 들은 것 같았다. 두 사람은 내게 와서 나를 부축해 차로 돌아갔다. 후세인이 시동을 걸고 유턴을 했다. 마침내 이 끔찍한 장소를 떠나게 됐다.

몇 킬로미터를 더 가서야 내가 어색한 침묵을 깰 수 있었다. "파두자, 이 넓은 사막에서 왜 하필 저곳을 촬영 장소로 택했어요?" 그는 창문 밖을 바라보며 아무 말도 하지 않았다.

동료가 말하고 싶지 않은 뭔가가 있다는 걸 감지한 나는 대답을 재촉했다.

그제야 그가 조심스레 말을 꺼냈다. "그게요, 와리스… 촬영할 만한 적당한 장소를 찾고 있었을 때, 근처에 묵고 있던 유목민들에게 추천할 만한 곳을 아느냐고 물었어요. 그러자 소말리아 출신 우리 기사가 사막에 있는 아까 그곳 얘기를 꺼냈어요. 사람들이 거기서 의식을 치른다고 하더군요. 그리고… 딸아이를 거기에 데려와 할례를 당하게 한다고요."

나는 말문이 막혔다. 그러니까, 그 장소를 그토록 암울한 곳으로 만든 건 영화의 그 장면만이 아니었던 것이다. 그곳에서 실제로 그 끔찍한 일을 당한 여자아이들의 운명 때문이었다.

파두자가 말을 이어갔다. "우리가 처음 답사하러 갔을 때, 와리스가 느낀 것과 정확히 똑같은 느낌을 받았어요. 하지만 촬영 당시 무슨 일이 있었는지 아마 상상도 못 할 거예요." 그가 내 눈을 똑바로 바라봤다. "촬영 도중, 갑자기 어린아이 비명이 들렸어요. 우리 중 몇 사람이 모든 걸 팽개치고 무슨 일인지 알아보러 달려갔죠." 파두자는 잠시 숨을 골랐다. "두 여자가 피 흘리는 여자애를 안고 가고 있었어요. 우리를 발견하자 뛰기 시작했고요. 우리가 손쓸 새도 없이 그대로 사라져버렸어요. 그 주변 바위와 땅이 전부 피범벅이었죠."

도무지 믿을 수 없는 얘기였다. 이곳은 어둠과 고통, 절망의 땅이었다. 얼마나 많은 여아들이 여기서 고문받고, 파괴당한 것일까?

어머니는 언제나 내게 알라는 나를 사랑하신다고 말했다. 내가 할례를 당하고 나서도, 그건 신의 뜻이라고 말했다.

나는 대답했다. "신이 나를 사랑하실 리가 없어요. 분명 나를 미워하실 거예요. 그게 아니면 이런 일이 나한테 일어나도록 내버려 두지 않았을 테니까."

내 말을 들은 어머니는 몹시 화가 나서 가버렸다.

나는 신께 말했다. "제가 이 끔찍한 짓을 당하는 걸 보고만 있으셨죠. 이제 저한테 빚진 거예요. 당신이 진짜 존재한다면, 나를 살게 해줘요!"

이윽고 우리는 언덕을 여럿 넘어갔다. 까만 화산암이

눈앞의 풍경을 짙은 잿빛으로 덮었다. 이쯤 되니 몹시 더워져서, 차 안의 공기에도 바람 한 점 없었다. 이 어둡고 칙칙한, 끈적끈적한 곳이 어린 이드리스와 자매들이 나고 자란 곳이었다.

우리는 좁고 열악한 산길을 따라 달렸다. 우리 바로 위 언덕에 걸린 녹슨 표지판에는 희미하게 아랍어로 글씨가 쓰여 있었고, 그 아래에 로마자가 보였다—'알리사비에.'

알리사비에는 지부티의 20개 구 중 하나다. 인구 약 9만 명이 극심한 빈곤에 시달리며 세 국가—소말리아, 에티오피아, 지부티—의 국경 지대에 산다. 주민 대다수가 유목민이다. 이들은 제대로 된 직업도 없고, 대부분 여러 물건을 팔아 약간의 돈을 벌며 산다. 겨우 구할 수 있는 경비원 자리가—이나브의 아버지가 그랬듯—커리어의 최정점에 속한다.

이나브와 이드리스의 아버지가 그 운 좋은 사람에 속했지만, 시력에 문제가 생겨 직업을 잃게 됐다. 다달이 받는 2만 지부티 프랑, 대략 80유로쯤 되는 수입으로 조금이나마 괜찮은 생활을 유지하던 가족에게는 재앙과도 같은 일이었다. 사막의 꽃 재단의 지원이 없었다면 직장을 잃자마자 온 가족이 굶주렸을 것이다. 이나브가 열네 살 때, 어머니는 남편과 네 아이를 떠났다. 그저 아무 말 없이 가

버렸다—외부인은 짐작할 수 없는 모종의 이유로. 하룻밤 사이에 장녀 이나브가 알리사비에의 가정 하나를 떠맡게 되었다. 그가 여동생 히보와 함바, 남동생 이드리스를 돌보는 모습은 실로 가슴이 찡했다. 매일 새벽 5시에 일어나 온 가족을 위해 아침 식사를 준비하고, 판잣집을 청소한 뒤 여동생들 옷을 입혀 학교에 데려다주었다. 그 후 본인의 학교로 출발하는데, 걸어서 족히 한 시간이 걸리는 거리였다.

이 모든 책임이 이나브에게는 너무도 큰 부담일 터였다. 이나브는 할례를 당하기는 했지만, 결혼은 하지 않은 상태였다. 하지만 이나브는 자신의 운명이 던진 역경에 맞섰다. 학교 성적도 좋았고, 무엇보다도 두 여동생을 온 힘을 다해 보호했다. 히보와 함다가 여태까지 성기훼손을 피할 수 있었던 것도 이나브의 그런 노력 때문이었을 것이다.

가족이 사는 오두막에 가까이 가자, 멀리서 이나브의 여동생, 함다와 힐보가 보였다. 아이들은 오래된 타이어에 앉아, 흙먼지가 가득한 땅 위에 돌로 그림을 그리고 있었다.

"언니!" 아이들이 차를 발견하자마자 흥분해서 소리쳤다. "나와 봐, 와리스 왔어!"

우리가 미처 차에서 내리기도 전에, 아이들이 활짝 웃으며 달려와 조애나, 파두자와 내 품에 안겼다.

이나브의 가족은 파두자와 수년간 알고 지냈다. 파두자는 사막의 꽃 재단에서 아이들이 성인이 될 때까지 보내주기로 한 음식과 등유가 늘 제때 도착하도록 신경 썼다. 재단에서 지원하는 학교 등록금도 그가 관리했다. 어머니 없이, 사실상 시력을 잃은 아버지를 제외하면, 이나브 남매는 달리 의지할 사람이 없었다.

그 순간 파두자가 아이들에게 갖는 애정이 얼마나 큰 역할을 하는지도 깨달았다. 히보와 함다는 코알라처럼 파두자의 다리에 안겨 붙었다.

"집을 보여드릴까요?" 이드리스가 나를 향해 돌아보며 말했다. 동시에 이나브가 재촉하며 내 팔을 끌고 허름한 오두막으로 나를 데려갔다.

배게도 이불도 없이 덩그러니 매트리스만 깔린 공간에, 벽에 위태롭게 고정된 선반에는 책이 몇 권 놓여 있었다. 돌과 나무, 판자를 기워 맞춰 집을 지었고, 지붕은 판자와 플라스틱판 몇 장이 전부였다. 이드리스는 자랑스레 자기 교과서와 최근 성적표를 보여주었다.

"이거 보세요, 와리스. 영어는 20점 만점에 18.5점 받았어요." 지부티의 학교 수업은 프랑스어로 진행되므로, 시험 성적도 프랑스 방식으로 매겨졌다.

놀랍게도 이드리스는 이웃들이 가족에게 쓰라고 허락해 준 땅 한구석에 자기만의 작은 오두막도 따로 갖고 있었다. 「데저트 플라워」에 출연한 배우로서, 이드리스도 이 마을에서 일종의 유명인이었던 것이다.

"이리 오세요, 우리 집도 보여드릴게요." 이나브가 나를 재촉했다. 세 자매도 자기들만의 공간이 있었는데, 그 모습은 아프리카에서 나고 자란 나한테도 충격적이었다. 휘발유 통을 잘라서 펼쳐 지은 오두막에, 이나브가 비닐 방수천 몇 장을 덮어둔 게 전부였다.

이나브가 애정을 담아 자신의 '왕국'이라고 부르는 곳으로 나를 안내했다. 세 자매가 잠을 자는 공간이었다. 이나브가 구석에 옷을 쌓아 놓았고, 교과서가 벽을 따라 줄지어 정리돼 있었다. 바닥에 깔린 매트리스도 알록달록한 옷 몇 가지로 장식해 놓았다. 그 열악한 상황에서도 어떻게든 최선을 다해 공간을 잘 꾸며보려 한 모양이었다.

"다른 사람 도움 없이 전부 우리가 만든 거예요." 내가 아이들의 노력을 알아보자 이나브가 기뻐하며 말했다.

"와리스, 차 내올까요?" 히보가 내 숄을 잡아당기며 수줍은 듯 물었다.

"아, 정말 고맙구나. 사려 깊기도 하지." 머릿수건에 덮인 아이의 볼을 쓰다듬으며 내가 말했다. 이곳에 도착하자마자, 이나브, 함다, 히보가 집 안에서도 베일을 쓰고 있는 게 신경이 쓰였다. "왜 두건을 안 벗니? 집에 들어왔잖아." 내가 말했다.

아이들이 경악하며 나를 바라봤다.

"와리스, 알리사비에선 여자라면 누구나 베일을 써야 해요. 종교에서 그렇게 가르치니까요. 아주 어린 아이들도 머릿수건을 쓰고 밖을 돌아다녀요. 여기선 높은 구두는 물론이고, 다리를 보이거나 바지를 입는 것도 안 돼요. 그러고 나가면 죽을 수도 있어요." 이나브가 설명했다. 그는 격하게 손짓하며 문제의 심각성을 강조했다.

참지 못하고 내가 말했다. "아니 지금이 무슨 석기시대도 아니고!" 내가 소리쳤다.

어릴 때부터 나는 베일을 쓰기 싫어했고, 머릿수건을 벗고 돌아다녔다는 이유로 구타도 여러 번 당했다. 여자는 사회가 기대하는 대로 행동해야 하며, 남자가 더러운 생각을 하지 못하게 자신의 몸을 가려야 한다. 이쪽 세계에서 남자들은 강간을 당하는 건 온전히 여자의 책임이라고 주장하기까지 한다.

"와리스도 아시다시피, 저는 여기서 혁명 투사나 다름없어요." 이나브가 자신을 정당화하려 말을 꺼냈다. "하지만 제가 제일 나이가 많은데도, 아버지는 제가 남동생을 동반하지 않고 바깥에 혼자 나가는 걸 싫어하세요. 전 종종 할례 반대 발언을 하고, 제가 여동생들을 계속 보호하고 있다는 것도 모두가 알아요. 사막의 꽃 재단에서 하는 일이 제게 그럴 용기를 주었어요. 제가 혼자가 아니라는 걸 아니까요. 하지만 이곳 사람들이 절 체제를 흔드는 위험 분자로 볼까 봐 너무 두려워요."

나는 경악으로 할 말을 잃은 채 이나브의 말을 들었다.

이나브는 머릿수건을 쓰지 않고 학교에 가는 걸 시도해 본 적이 있다고 했다. "아직 도착도 안 했는데도, 가는 길에서부터 조그마한 애들까지 제게 손가락질했어요. 뭐, 그건 익숙해요. 하지만 어른들까지 제게 욕을 하기 시작했어요. 샤무토—창녀라고, 나를 쫓아오며 소리쳤고 돌까지 던졌어요." 열여덟 청년은 슬프게 땅을 내려다보았다. 그는 그 사건 이후로 몇 주간 집 밖에 차마 나갈 수 없었다. "아버지가 그 얘기를 듣더니 엄청 화를 냈어요. 저한테 마구 소리를 질렀어요. '네가 이 집의 유일한 여자잖아. 사람들이 널 죽이면, 살림은 누가 해? 누가 밥을 짓고, 누가 애들을 학교에 보내고, 우리한테 먹을 걸 주는 사막의 꽃 재단과 누가 연락을 하겠어?'"

나는 집 밖을 내다보며 파두자를 찾았지만, 어디에도

그가 보이지 않았다. 이건 절대 가만두고 볼 수 없는 일이었다! 이나브는 잠시 말을 멈추더니, 조용히 덧붙였다. "아버지는 남동생 이드리스가, 그때 이미 걔 나이가 열다섯이었는데도, 그런 일을 도맡을 거라고는 생각도 안 했던 거예요. 결국 그 앤 남자니까요."

나는 이 기품 있는 사람의 말을 귀 기울여 들었다. 비록 작고 말랐을진 몰라도, 강철같은 의지를 가진 사람이었다. 언젠가는 더 나은 삶을 살게 될 것이었다. 여동생들이 다 크면 곧 자신의 길을 개척해 아프리카 여자에게 가해지는 불의에 맞서 싸울 수 있을 거라고 나는 생각했다.

그의 어깨에 팔을 두르고 내가 말했다. "언젠가 사막의 꽃 재단에서 일하게 될 거야. 우린 같은 목표로 싸우고 있는 거야."

이나브는 나를 안고 내 가슴에 얼굴을 묻었다. "고마워요, 와리스! 하지만 지부티시티에서도 활동을 시작해야 해요. 거기엔 생각이 깨인 젊은 사람이 많고, 그들과 쉽게 접촉할 수 있어요. 사막에 사는 사람들이 대도시에선 여자애들이 더는 할례를 당하지 않는다는 걸 알면, 그들에게 본보기가 될 거예요. 결국 사람들이 원하는 건 하나거든요. 이곳에서 벗어나서 도시로 가길 원하죠."

갑자기 이나브의 남동생 이드리스가 문간에 나타났다.

그 작고 야위었던 꼬마가 이제는 어엿한 청소년이 되었다. 그의 눈동자가 오두막의 어둠 속에서 빛났다.

"전 지부티시티로 가고 싶지 않아요. 유럽에 가고 싶어요." 우리의 대화에 끼어들며 그가 말했다. 내가 자기 누나와 사파만 여행에 초대했다는 사실을 받아들이기 힘든 모양이었다.

"거기서 정확히 어떤 일을 할 건데?" 내가 차분하게 물었다. "아직 학교도 마치지 않았잖아. 아무런 훈련도 받지 않았고. 유럽이 너를 두 팔 벌려 환영해 줄 것 같니?"

이드리스는 눈을 희번덕거리며 투덜댈 뿐이었다. "하지만 유럽에 가고 싶다고요! 저도 데려가 줘요!"

나는 점점 화가 났다. "왜 그렇게 유럽에 가고 싶어 하는 거야? 누가 그런 생각을 심어줬니?"

그가 확신 없이 나를 쳐다봤다. "그러니까, 제가 다니는 학교에선 모두가 유럽에 가고 싶어 해요. 학생이 천 명이 넘는데 아무도 여기 남아있고 싶어 하지 않는다고요. 여기서 대체 무슨 일을 할 수 있는데요? 중퇴자를 위한 일자리는 없어요. 학교를 나온 젊은 사람들도 직장을 구하기가 하늘의 별 따기고요. 저도 길가에 앉아서 다른 사람들처럼 카트나 씹으라고요?"

"당연히 아니지." 내가 대답했다. "하지만 사막의 꽃 재단에서 일할 수 있잖아. 네 누나 이나브처럼. 우리는 이곳 인력이 절실히 필요해."

이드리스는 말없이 눈을 내리깔았다. 그리고 내 제안을 고려해보는 대신, 같은 말을 반복했다. "저도 유럽에 가고 싶어요, 아시겠어요?"

죽은 내 남동생 '영감님'을 그토록 가슴 찡하게 연기했던 그 아이가 이젠 가망이 없어 보이기까지 했다.

"와리스, 차가 준비됐어요." 다른 오두막에서 합창 소리가 들려왔다. 아이들은 낡은 알루미늄 통에 홍차를 끓여 가져왔다. "설탕을 많이 넣었어요. 오늘은 특별한 날이니까요. 지금 딱 좋아요." 함다가 자기네 작품을 자랑스레 내밀었다.

소말리아인들은 차를 매우 달게 마시고, 나 또한 차에 설탕과 우유를 넣어 즐겼다. 하지만 이 차는 거의 설탕 한 컵에 뜨거운 찻물을 약간 부은 것 같은 맛이었다.

조심스레 한 모금 마신 뒤 아이들을 칭찬해 주었다. "정말 맛있구나. 고마워."

이나브는 참지 못하고 씩 웃었다. 마시기 힘든 맛이라는 걸 이나브도 알았다.

그때 그의 아버지가 운전기사 후세인과 함께 오두막 안으로 들어왔다.

"앗살라무 알라이쿰." 내게 그 이상의 아는 척도 하지 않은 채 그는 의자로 쓰는 과일 상자 위에 앉았다. "이나브, 배가 고프구나. 먹을 것 좀 만들어 와라." 그가 딸에게 버럭 소리쳤다.

이나브는 나를 보고 난감한 표정을 지은 뒤 여동생을 데리고 서둘러 오두막을 나섰다. 나도 따라 나갔다가 다시 이드리스의 오두막으로 들어갔다.

나는 기회를 놓치지 않고 아이들 아버지와 대화를 시도했다.

"온 가족을 후원하는 사람한테 인사 한번 제대로 못 하시나요?" 내가 분개하며 쏘아붙였다. 아프리카 남자들이 여자를 대하는 방식이 끔찍이도 싫었다. 마치 우리가 이등, 삼등, 사등 시민이라도 되는 것처럼 대하는 그 태도가. 압딜라니는 내 질문을 무시했다. "내 아들 이드리스가 유럽에 가고 싶어 해요. 그 앨 언제 데려갈 겁니까? 당신 영화에 출연도 했잖아요." 그가 적대적인 말투로 투덜거렸다.

나는 깜짝 놀랐지만 인내심을 유지했다. "아드님이 거기서 무슨 일을 할 건데요? 계획이라도 있으세요?"

"유럽은 말도 안 되게 부자 동네잖아요. 당신만 봐도 그래요. 여자가 성공할 수 있다면, 남자가 뭔들 못 하겠어요." 압딜라니가 냉소적으로 말했다. "여기 사람들은 모두 아들을 유럽에 보내서 가족에게 돈을 부치길 원해요." 그가 말을 이어갔다. "거기서 자리를 잡으면, 나머지 가족들도 유럽에 데려가길 원하죠. 유럽 사람들은 그 부를 우리와 나눠 가져야 해요. 우리가 이렇게 가난한 것도 일부는 그들 책임이니까. 그들은 우리에게 뭔가를 줘야 할 의무가 있어요."

나는 말문이 막혔다. "그런 말도 안 되는 소리를 들은 건 정말 오랜만이네요." 내가 말했다. "유럽 사람들이 잘 사는 건 일을 하기 때문이에요. 꿈이 있고 생각이 있고 그걸 실천으로 옮기죠. 남자들은 하는 일 없이 허구한 날 카트만 씹고 앉아 있지 않아요. 여자들은 독립적으로 살 수 있죠. 자기 일이 있고, 수입이 있고, 자신의 권리에 대해 잘 알고 있어요. 아프리카도 바뀌어야 한다고 생각하지 않으세요? 사람들이 죄다 떠나기만 한다면 그게 무슨 소용이죠?"

하지만 자기 아들처럼, 그는 고집스레 같은 말을 반복했다. "이드리스를 유럽에 데려가 줘요."

가망이 없었다. 대꾸조차 하지 않고 돌아서서 오두막을 나왔다.

이나브는 바깥에서 아버지를 위해 식사를 준비하고 있

었다.

"아이들 주려고 옷 챙겨온 배낭 좀 가져다줄래요?" 차 옆에 서서 파두자와 얘기를 나누고 있던 조애나에게 내가 소리쳤다.

"저도 몇 가지 챙겨온 게 있어요." 조애나가 차에서 불룩한 배낭들을 꺼내며 대답했다.

"얘들아, 내가 깜짝 선물을 챙겨 왔지." 내가 자매들을 불렀다.

아이들은 내가 가방에서 옷을 꺼내는 모습을 눈을 동그랗게 뜨고 쳐다봤다. "다 너희 거야."

알록달록한 천을 보고 웃으며 아이들은 기쁨의 춤을 췄다.

자매들의 기분 좋은 비명에 이드리스가 집 밖으로 나왔다. "제 선물은요?" 얼굴에 질투의 기색이 역력한 그가 물었다.

나는 말없이 에펠 탑이 그려진 티셔츠를 꺼내 아이에게 건넸다. 이드리스는 탐탁지 않은 눈길로 그것을 훑어보며 '고맙습니다' 비슷한 말을 웅얼거리고는 다시 집 안으로 들어갔다.

문간에서 돌아선 이드리스는 공격적인 목소리로 외쳤다. "컴퓨터가 필요해요. 지금 같이 사러 가요!"

그러는 동안, 이나브는 동생들이 옷을 입어보도록 도와주고 있었다. 아이들은 치마와 원피스를 입고 빙그르르 돌면서 웃고 춤추며 마당을 돌아다녔다. 이나브도 라인스톤이 박힌 빨간 원피스를, 입고 있던 긴소매 옷과 치마 위에 걸쳐서 입어 보았다.

"그렇게 입으면 몸에 잘 맞는지 알 수 없지. 따라와, 내가 어떻게 입는지 보여줄게." 이나브의 손을 잡고 오두막 안으로 데리고 들어갔다.

이나브가 옷을 벗고 원피스로 갈아입도록 옆에서 도와주었다. 거울이 있나 주변을 살펴봤지만 찾을 수 없었다.

"어때요?" 이나브가 주저하며 물었다.

그 멋진 옷을 입은 자기 모습을 못 본다는 게 너무나 아쉬웠다.

"좋은 생각이 떠올랐어!" 내가 외쳤다. 그러고는 가방에서 휴대폰을 꺼내 사진을 몇 장 찍어 이나브에게 보여주었다. "너무 멋져서 모델 해도 되겠어."

이나브가 뿌듯하게 웃으며 새 옷을 입은 자기 모습을 몇 장 더 찍어 달라고 부탁했다. "어쩌면 진짜 모델이 될 수도 있겠죠." 이나브가 중얼거렸다. 그러다 고개를 한쪽으로 기울이며 생각에 잠기더니 덧붙였다. "그래도 와리스와 함께 FGM과 싸우는 게 낫겠어요."

우리는 웃으며 서로를 껴안았다. "고마워요, 와리스." 이나브가 내 귀에 속삭였다. "절대 잊지 않을게요."

곧 우리는 오두막에서 나왔다. 히보와 함다는 여전히 바깥에서 새 옷을 보며 기뻐하고 있었다.

이드리스가 갑자기 내 앞을 가로막으며 분노에 차 소리쳤다. "어째서 누나가 유럽에 가는 거예요? 영화에 출연한 건 나예요. **누나는** 고작 여자잖아요. 누나가 가면, 나도 가야죠."

그 애가 화가 난 것도 이해는 갔다. 하지만 무엇보다도 이나브는 내 운동을 돕고자 했고, 유럽을 엄마 없이 여행할 사파를 챙길 수 있을 만큼 나이가 많았다.

"네 누나는 나중에 나와 함께 일할 거야." 내가 설명했다. "우리한테 일을 배우러 가는 거지. 너도 우리 재단에서 일할 준비가 되면, 유럽에 올 수 있게 준비해 둘게."

그 애의 실망한 얼굴을 가까이서 바라보며, 손을 잡았다. 그 심통 부리는 태도는 그 애의 삶을 더욱더 힘들게할 게 분명했다.

"와리스, 어두워지기 전에 어서 출발해야 해요." 후세인이 말했다. 그는 아이들 아버지와 얘기하던 중이었다. "늦은 오후에는 교통 체증이 심해요. 아디스아바바로 가는 주도로를 따라 화물차들이 짐을 싣고 시간 맞춰 바지선에 전달하러 가거든요. 그것 때문에 도로가 많이 막히죠."

이나브가 슬픈 눈으로 나를 바라봤다. 이제는 작별해야 할 시간임을 알았던 것이다.

우리는 가족들을 뒤로하고 떠날 채비를 했다. 차를 세운 곳까지 우리를 배웅하러 나온 이나브의 어깨에 애정을 담아 팔을 둘렀다.

"슬퍼하지 마." 이나브의 눈을 들여다보며 내가 말했다. "곧 다시 또 만날 테니까… 유럽에서."

말없이 이나브는 나를 꼭 껴안았다.

"곧 보자." 그에게 속삭이고 차에 올라탔다.

차가 곧 출발했다. 몸을 돌려 이나브에게 손을 흔들었지만, 아버지가 무심하게 그의 팔을 잡아끌고 오두막으로 그를 데리고 들어갔다. 최대한 빨리 이 고통에서 이나브를 꺼내 줘야 한다는 걸 알았다.

돌아가는 길엔 침묵이 흘렀다. 우리는 모두 각자의 생각에 잠겼다.

"떠나기 전에 사파를 한 번 더 봐야겠어요." 잠시 후 내가 말했다. "가는 길에 발발라에 들를 수 있을까요?"

후세인이 고개를 내저었다. "죄송하지만, 해가 지고 나서 거길 들어가는 건 엄격히 금지돼 있어서요. 밤에는 아무도 안전을 보장 못 해요. 게다가 그쪽은 호텔로 돌아가는 길과는 다른 쪽이고요."

"상관없어요." 내가 응수했다. "사파에게 작별 인사를 하고 싶어요. 나도 소말리아 사람이에요. 두렵지 않다고요!"

친절하던 기사가 점점 안달을 냈다. "네, 하지만 그렇게 되면 저는 직업을 잃는걸요. 그걸 감수할 생각도 없고요. 미안해요!"

내 좌절감을 읽은 파두자가 나를 달래기 시작했다. "걱정 마요, 와리스. 나한테 생각이 있어요. 작별 인사를 할 수 있게, 내일 아침 사파를 공항에 데리고 올게요. 어때요?"

괜찮은 타협점이었고, 나도 동의했다. 언제 어디든 상관없었다―떠나기 전 나의 사막의 꽃을 한 번 더 볼 수 있다면.

돌아가는 길은 후세인이 말한 그대로였다. 교통 체증 때문에 차가 기어가듯 했으며, 호텔에는 자정 직전에야 도착할 수 있었다. 조애나와 나에겐 새벽 알람이 울리기 전 정확히 세 시간이 주어졌다.

기진맥진했지만, 또 한 번 사파를 껴안을 수 있다는 생각이 나를 견디게 했다.

조애나와 나는 다음 날 새벽 4시에 호텔에서 나왔다. 본인이 직접 우리를 공항에 데려다주겠다고 고집했던 후세인이 호텔 입구에 서 있다가 우리의 짐을 받아주었다.

우리는 가로등도 거의 없는 캄캄한 해안 도로를 달렸다. 맑은 밤하늘에 낮게 걸린 보름달이 희미한 빛으로 우리 주변을 에워쌌다.

30분 뒤 공항 입구에 도착했을 때 나는 차에서 튀어나와 주위를 둘러봤다. 파두자와 사파의 모습이 보이지 않았다. 후세인은 우리 짐을 들고 에티오피아 항공사 카운터까지 우리와 같이 걸어갔다. 조애나와 나는 체크인을 한 후 탑승권을 받았고, 출국 수속을 밟으러 가기 직전이었다. 그런데 대체 우리 사막의 꽃은 어디 간 걸까? 나는 조바심을 내며 조그마한 출국장을 왔다 갔다 맴돌았다.

"조애나, 사파한테 작별 인사도 안 하고 떠날 순 없어요." 잠시 후 내가 말했다. 나의 매니저는 이미 손목시계를 조급하게 확인하고 있었다.

그가 가방에서 휴대폰을 꺼내 파두자에게 전화를 걸어 내 귀에 갖다 댔다.

"지금은 전화를 받을 수 없으니, 다시 걸어주시기 바랍니다." 억양 없는 녹음된 목소리만 흘러나왔다.

"제발 입구 쪽으로 다시 가 보면 안 될까요? 주차하고 있을 수도 있잖아요." 동행인에게 내가 애원했다. 사륜구동차 두 대와 호텔 미니버스가 문밖에 세워져 있었지만, 그 외 다른 차는 보이지 않았다. 체념하며 돌아서서 다시 건물 안으로 들어가려던 찰나, 공항으로 향하는 긴 도로의 끝에 전조등을 환히 켜고 비상등까지 깜박이며 들어오는 차 한 대를 발견했다. 눈을 가늘게 뜨고 보니, 여전히 창문이 고장 난 그대로인 파두자의 낡아빠진 푸조였다. 열린 창밖으로 몸을 쭉 뺀 사파가 팔을 뻗어 바람을 향해 소리치고 있었다.

"와리스! 와리스! 인사도 안 하고 가 버리면 안 돼요!"

파두자가 바로 내 앞에서 차를 급하게 세웠다. 사파가 문을 홱 열고 나와 내게 달려왔다.

"와리스, 와리스, 나도 데려가요!"

내가 그 앨 안아 올리자 사파도 그 가느다란 팔로 나를 있는 힘껏 감쌌다.

"정말 유럽에서 만나는 거예요?" 아이가 큰 소리로 흐느꼈다. "약속해요?"

나는 오른손으로 사파를 내 어깨로 부드럽게 끌어당기며 머리를 쓰다듬어 주었다. "사파, 나는 약속은 꼭 시켜. 내가 널 실망하게 한 적 있니?"

아이는 눈물을 닦고 고개를 좌우로 흔들었다.

내가 고개를 들자, 파두자와 조애나가 나란히 서서 눈물을 훔치고 있었다. 아프리카의 차는 여전히 문이 활짝 열린 채, 시동도 끄지 않고 비상등도 켠 상태로, 터미널 건물 입구 바로 앞에 그대로 세워져 있었다.

나는 사파를 꼭 껴안고 이마에 입을 맞춘 뒤 속삭였다. "우리 작은 사막의 꽃. 곧 만나게 될 거야! 그때까지 용감하고 씩씩하게 지내야 해." 내가 파두자와 포옹할 때 조애나도 사파를 꼭 안아주었다. 이별의 아픔이 더 커지기 전에 우리는 돌아서서 공항 검색대로 서둘러 걸어갔다.

마지막으로 돌아서서 사파를 보았다. 사파는 검색대와 출국장을 나누는 커다란 창문에 코를 딱 붙인 채 나를 보고 있었다. 두 손을 창문에 꼭 대고 있었다. 나는 마지막으로 사파에게 손을 흔들어 주었다.

"조애나." 내가 말을 내뱉었다. "당신이 한 말이 맞아요. 한 사람의 생명을 구하는 건 온 세상을 구하는 것과 다름없겠죠."

아프리카의 어린 사막의 꽃을 구하는 일은 그 모든 수고를 감수할 만한 일이었다. 머지않아 그 아이들은 수천 명이 넘을 것이다. 사파는 다른 수많은 아이의 본보기가 될 것이다. 나의 뒤를 이어 내 사명을 이어갈 것이다. 언젠가는 나의 꿈을 이루어, 죄 없는 아이들에게 자행되는 이 끔찍한 범죄에 영원한 종지부를 찍을 수 있을지도 모른다.

몇 분 뒤면 유럽으로 떠날 예정이었다. 창밖을 보니, 태양이 이제 막 수평선 위로 떠 오르는 중이었다. 하지만 내 마음속에선 이미 찬란하게 빛나고 있었다.

사진 1 우리 어린 사막의 꽃, 사파

사진 2 '파티마의 손'을 목에 걸고 있는 사파
이 사진은 표지 일러스트 작업에 사용되었다

사진 3 2008년 지부티, 「데저트 플라워」캐스팅 당시 찍은 사파의 첫 사진

사진 4 「데저트 플라워」 촬영 중 찍은 사진

사진 5 사파의 단짝 다이앤과 사파

사진 6 사파의 가족. 할머니 파투마와 어린 사촌 동생, 남동생 아미르와 누르,
아빠 이드리스, 엄마 포지아와 고모 소라야

사진 7 유럽에서 소피와 함께한 이나브와 사파

사진 8 이나브와 동생들

사진 9 소아과 전문의 에마 아시나
지부티에서 사막의 꽃 재단과 손을 잡고 사파의 정기 검진을 책임지고 있다

사진 10 베를린 사막의 꽃 센터에서 최초로 치료를 받은 여성 이나브

사진 11 와리스와 사파, 레온

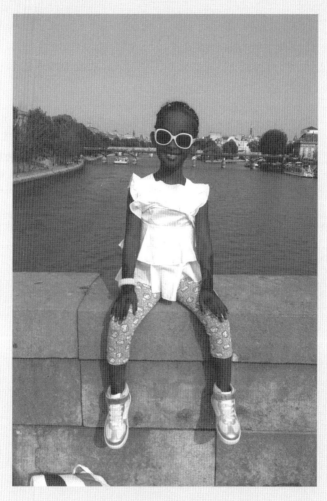

사진 12 파리와 멋진 새 옷이 무척 마음에 든다는 사파

사진 13 2010년 아디스아바바에서
영화 「데저트 플라워」 개봉 당시 와리스의 가족도 참석했다.
왼쪽부터 어머니, 조카 하오, 와리스와 아들 레온.

사진 14　소울메이트 조애나와 와리스

사진 15 리야와 와리스

사진 16 환하게 웃고 있는 와리스 디리

2부

파리에 도착하다

와리스에게

잘 지내시나요? 많이 보고 싶어요. 저번에 오셔서 무척 기뻤는데 금방 가셔서 너무 슬펐어요. 지금은 아주 행복해요! 이제 몇 밤만 더 자면 또 볼 수 있으니까요.

우리를 유럽에 초대해 주셔서 아직도 무척 기뻐요. 지금 우리는 아디스아바바에 있는 공항에 앉아서 프랑스로 가는 비행기를 기다리고 있어요. 아빠 말로는 비행기에 타려면 아직 좀 기다려야 한대요. 그래서 이렇게 편지를 써요. 그러면 시간이 더 빨리 갈 테니까요.

여행은 참 재밌어요. 우리가 공항에 있는 커다란 유리 문을 통과할 때 엄마, 아미르와 누르는 많이 울었어요. 온 사방에 제복을 입은 사람들이 서 있고 우리한테 신기하게 생긴 봉을 흔들었어요. 이나브 언니 신발에서 엄청 크게 '삐' 소리가 났고요.

제 친구 다이앤 펄이 비행기를 타면 어떤지 전부 얘기해 줬어요. 무서워하면 안 된대요. 하지만 어차피 전 안 무서웠어요. 그런데 아빠는 무서운가 봐요. 타기 전 긴 터널 같은 곳에 섰을 때, 아빠는 돌아서서 집에 가고 싶어 했어요. 이나브 언니와 저는 웃었고요. "그래요 그럼, 우리끼리 유럽에 갈게요." 그렇게 말했죠. 그래도 어쨌든 아빠도 같이 탔어요.

승무원들은 아주 친절하고 우리한테 모든 걸 설명해 줬어요. 재밌기도 했고요. 출발 전에 우리 앞에 서서 공기가 들어간 이상한 마스크를 어떻게 쓰는지 보여줬어요. "긴급 상황일 때만 써 주세요." 친절한 승무원 언니가 그렇게 말했어요. 그러더니 팔을 마구 움직이는데, 처음에는 앞뒤로, 그다음엔 사방으로 휘둘렀어요. 정말 우스워 보였어요.

와리스, 다시 만날 날이 너무너무 기대돼요. 얘기하고 싶은 게 정말 많아요.

곧 만나요!

쥬뗌.

   사파가 파리로 출발하기 직전 썼던 편지는 일주일 뒤에야 그단스크의 집에서 여독을 풀고 있던 나에게 도착했다. 지난 몇 달간 사막의 꽃 재단의 오스트리아 빈 지사에서 일하는 소피가 사파와 이나브, 이드리스의 유럽 방문을 책임지고 계획했다. 첫 번째 행선지는 파리였다. 프랑스라면 언어도 통할 것이고, 그들이 받을 문화 충격도 줄일 수 있을 거라 판단했다. 그다음으로 오스트리아와 독일 방문이 예정되어 있었다.

   그동안 소피가 이나브, 이드리스와 전화로 여러 번 소통했고, 그들의 생애 첫 해외여행을 최선을 다해 준비해 주었다. 나는 폴란드에 개인적인 볼일이 있었고, 여름 휴가 동안 내 아이들과 최대한 많은 시간을 보내고 싶었으므로, 독일에서 그들과 합류하기로 했다. 소피와 내 매니저 월터가 세 사람을 잘 챙겨 줄 거라 믿어 의심치 않았다.

   열여덟 살인 이나브가 이 투어 그룹의 리더 역할을 해 주었다. 사파는 너무 어렸고, 이드리스는 겁이 많고 산만했다. 반면 이나브에게 어떤 무리의 리더가 되는 건 새로운 일이 아니었다.

여기서부터 소피의 이야기

나는 전날 저녁에 빈에 도착해, 린다 베일-큐리엘과 함께 지부티에서 온 여행자들을 초조하게 기다리고 있었다. 이른 아침 도착장에는 승객 수십 명이 가방과 캐리어를 잔뜩 지고 우리를 바삐 지나치며 그들을 기다리던 가족과 포옹하고 출구로 사라졌다.

20분이 지났지만 지부티에서 온 세 사람은 코빼기도 보이지 않았다. 자동문을 통과하는 여행객들도 어느새 점점 줄어들어, 이제는 문도 계속 닫혀 있었다.

"지금 어디쯤 와 있는 걸까요?" 걱정스레 내가 말했다.

린다도 마찬가지로 당황했다. "모르겠어요. 아직 저 안에 있는 건 아니겠죠, 설마?" 그의 시선이 도착장을 한 바퀴 맴돌았다. "저기 있네요!" 그가 소리쳤다.

그가 한 까만 머리 여자아이에게 달려가 어깨를 감싸 안고 한 바퀴 돌렸다. 아이는 깜짝 놀라 린다를 쳐다봤고 옆에 있던 부모가 화를 내며 아이를 끌어당겼다.

"사파인줄 알았어요. 멀리서 봤을 때 너무 닮아 보였거든요." 린다가 의기소침한 표정을 지으며 내가 있는 곳으로 돌아왔다.

어느새 비행기가 도착한 지 한 시간이 넘어갔다.

"어쩌면 프랑크푸르트에서 환승할 때 국경을 못 통과했는지도 몰라요." 내가 곰곰이 생각했다. "아니면 아디스아바바에서 연결 항공편을 못 타고 놓쳤을 수도 있죠. 환승구역을 그냥 지나쳐서 세관을 통과해 버렸다거나."

"부디 제발," 린다가 나와 같은 걱정을 안고 말했다. "이드리스가 유럽에 카트를 가지고 와서 체포당한 게 아니어야 할 텐데요."

나는 안내 데스크에 가 보았지만, 그 세 사람이 비행기를 탔는지는 확인할 수 없었다. 막 불만을 토로하려던 순간 린다의 기쁜 탄성이 들렸다.

"저기 있어요!"

이나브가 자동문 사이에서 어쩔 줄 모르며 멈춰 섰다. 이드리스는 바로 뒤에 있었다.

사파가 두 사람을 밀고 들어와 웃으며 린다에게 통통 튀어 왔다.

"길 막지 마세요!" 공항 직원이 버럭 소리치며 두 사람을 출구로 밀어냈다.

서로 인사와 소개를 주고받은 뒤, 늦어진 이유를 이드리스가 설명했다. "우리 짐이 사라졌어요." 그가 긴장하며 말했다.

사파가 실망한 목소리로 덧붙였다. "우리 옷이 다 거기 들어있는데… 그리고 멋진 선물도 준비했거든요."

"환승할 때 누락된 게 분명해요." 내가 말했다. "가서 좀 앉으세요. 제가 알아볼게요."

지부티에서 날아온 세 사람의 얼굴에 피로가 완연했다. 이나브와 이드리스는 도착장의 플라스틱 의자에 털썩 주저앉았고, 나는 사파의 손을 잡고 함께 분실물 데스크로 향했다. 보안 요원 한 명이 우리와 동행했다.

"안녕, 꼬마야. 아까도 여기 왔었지, 안 그래?" 수하물 찾는 곳에서 한 친절한 프랑스인이 사파에게 말했다.

짐을 찾는 즉시 알려달라고 요청하며 유니폼을 입은 그 여자에게 내 명함을 내밀었다.

"아, 사막의 꽃 재단에서 일하시는군요. 와리스 디리의 단체 아닌가요?" 그가 감탄하며 물었다.

프랑스에는 아프리카 인구가 많아 우리 재단도 잘 알려져 있다. 고향에서 그리 먼 프랑스에서도, 많은 젊은 여자들이 성기훼손의 위협에서 벗어나지 못한다. 다른 모든 유럽 국가와 마찬가지로, 산부인과 의사들이 성인 여자와 여아에게 불법 성기훼손을 행하기 때문이다―물론 아주 많은 돈을 받고.

"이 아이가 와리스 디리의 딸인가요?" 그 항공사 직원이 물었다.

"아뇨, 전 와리스의 후원을 받아요." 사파가 자랑스레 프랑스어로 답했다. "와리스 영화에서 어린 사막의 꽃 역할로 제가 나왔거든요."

카운터에 있던 그 직원은 놀라움을 금치 못했다.

그러는 동안 린다는 우리가 다 함께 도시를 구경할 수 있도록 승합차 택시를 잡았다.

"와, 차가 정말 크네요." 이나브가 놀라워했다.

하지만 이드리스는 별 감흥이 없어 보였고, 내가 사파를 차에 태우는 동안 피우던 담배꽁초를 그대로 든 채 새 담배를 한 개비 꺼내 꽁초로 불을 붙였다. 사파가 차 문손잡이를 잡았을 때 원피스 소매가 말려 올라갔고, 아이의 연하고 검은 피부에 갈색 무늬가 문신처럼 그려져 있는 것을 보았다.

"이게 뭐야?" 사파의 다리에도 무늬를 발견하며 내가 물었다.

"헤나예요." 이나브가 설명했다.

사파가 덧붙였다. "엄마 친구분이 해 주셨어요. 특별히 돈을 주고 받는 거예요."

도심으로 가는 길, 이나브가 자신의 팔에도 그려 넣은

그 무늬의 의미를 우리 유럽 사람들에게 설명해 주었다. 악한 기운으로부터 여행자를 보호해 준다고 했다.

택시가 속도를 내며 도심으로 향할 때, 나는 우리 손님들의 여권을 보여 달라고 했다.

사파가 자기 것을 자랑스레 내밀었다. "제 첫 여권이에요. 이제 우리 가족 중에서 아빠랑 제가 유일하게 진짜 신분증을 갖게 됐어요."

사파의 사진을 보며 여권 책장을 넘기다 접혀 끼워져 있는 노란 종이를 발견했다. 프랑스어로 쓴 편지였는데, 아름다운 필체로 이렇게 쓰여 있었다.

와리스 디리에게

저는 당신 영화에 출연했어요. 지부티에서 저는 유명한 배우이자 코미디언이에요. 포지아한테 당신이 이나브와 사파를 유럽에 초대했다는 얘기를 들었어요.

와리스, 저와 제 세 아이도 유럽에 데려가 주세요. 전 유명한 배우가 되어 할리우드에서 일하고 싶어요. 우리 여권과 비자 발급 비용을 대주시고 비행기표도 보내 주세요.

고맙습니다.

룬

편지에는 사진 두 장이 동봉되어 있었는데, 영화 「데저트 플라워」에서 와리스의 어머니 역할을 맡았던 그 여자를 한눈에 알아보았다. 그와 세 아이가 양철 판잣집 앞에 서 있는 사진이었다. 나는 말없이 내 뒤에 앉은 린다에게 편지를 건넸다. 그는 그것을 빠르게 훑어보더니 고개를 내저으며 돌려주었다.

"이게 문제예요." 그가 중얼거렸다. "이제 발발라 사람들이 전부 와리스에게 구원을 바라잖아요."

이나브와 사파, 이드리스는 커다란 택시 유리창을 통해 파리 중심가의 건물들을 넋 놓고 바라보고 있었다.

"짐을 분실했으니까, 가서 옷을 좀 사야겠다." 내가 제안했다. 아이들은 창밖으로 지나가는 가게들을 신나게 구경하던 중이었다. "도착한 지 얼마 안 됐는데 피곤하지? 일단 가서 좀 쉴래?"

"아뇨!" 사파와 이나브가 합창했다. "저 가게 다 가보고 싶어요!"

하지만 5분 뒤, 내가 다시 뒤를 돌아봤을 때 사파는 잠들어 있었다. 이나브와 이드리스의 눈도 계속 감겼다. 쇼핑은 뒤로 미루기로 하고 손님들을 우선 호텔에 데려가 쉬게 하기로 했다.

그들을 방까지 데려다준 후 곧바로 폴란드에 있는 와리

스에게 전화했다. 그가 몇 시간째 내 연락을 기다렸으리라는 걸 알았다. 그의 첫 번째 질문은 당연히 유럽 방문을 몇 주간이나 고대하던 사파의 안부에 관한 것이었다. 지금까지 있었던 일을 모두 얘기하고, 다가오는 한 주간 우리의 계획을 대략 설명해 주었다.

"최대한 빨리 합류할게요." 와리스가 약속했다.

"이제 끊어야겠어요. 누가 문을 두드려서." 내가 대답했다. "바로 다시 전화할게요."

문을 열자, 이드리스가 문밖에 서 있었다. 그는 피곤하고 불안해 보였다. 손에는 라이터를 쥔 채, 손을 마구 휘저으며 말했다. "담배! 담배!" 그의 강한 억양 때문에 마치 개가 사납게 짖는 것처럼 들렸다. 나 또한 흡연자였으므로, 가방에서 한 갑을 꺼내 이드리스에게 건넸지만, 그는 그걸 뚱한 표정으로 쳐다볼 뿐이었다.

"하나 더!" 그가 고압적으로 말했다.

'왜 이렇게 까칠하게 구는 걸까?' 내가 생각했다. 속은 좀 상했지만 언성을 높이고 싶진 않았으므로, 담배를 한 갑 더 주고 잘 가라는 인사 없이 그대로 문을 닫았다.

와리스에게 다시 전화를 걸어, 방금 무슨 일이 있었는지 얘기했다.

"소피, 그건…" 그가 설명했다. "그 사람은 한 번도 해

외에 나와 본 적이 없기도 하고, 당신을 잘 아는 것도 아니니까요. 불안해서 그런 것뿐이에요."

"그래도 그렇게까지 할 필요는 없잖아요."

"이드리스를 주시하셔야 해요." 와리스는 혹시나 상황을 통제할 수 없게 될까 봐 걱정했다. "지부티 남자 대부분이 그렇듯, 이드리스도 카트를 많이 씹어요. 분명 중독됐을 거예요. 절대 눈 밖에 두지 마세요. 아니면 말썽을 일으킬 수도 있어요."

심장이 덜컥 내려앉았지만 이드리스를 잘 살피겠다고 약속했다.

전화를 끊고 나서, 창가로 걸어가 태양 아래 밝게 빛나는 호텔 밖 거리를 내려다봤다. '여기까지 데려온 게 실수가 아니어야 할 텐데. 세 사람이 받을 문화 충격도 심하지 않아야 할 테고.' 여행은 꼭 성공으로 끝나야 했다. 아니면 사파를 구하려는 우리 계획이 위태로워질 테니.

그날 늦은 오후, 휴식을 충분히 취하고 나서 세 사람이 잘 있나 확인해 보기로 했다. 이나브와 사파의 방문을 몇 분째 계속 두드렸다. 영겁 같던 시간이 흐르고, 흐트러진 모습의 이나브가 문을 열었다. 그가 침대를 가리켰고, 거기엔 곤히 잠든 사파가 이불 밑에 파묻혀 거의 보이지 않왔다.

침대 끄트머리에 앉아, 사파의 머리칼을 쓰다듬으며 속삭였다. "사파, 배 안 고프니?"

사파는 천천히 눈을 뜨며 만족스럽게 기지개를 켜고는 고개를 끄덕였다.

이드리스도 마찬가지로 깨우기 쉽지 않았다. 마침내 그가 방문을 열었을 때 나를 맞이한 건 자욱한 연기였다.

"호텔 방에서는 담배를 피우면 안 돼요." 내가 단호하게 설명했다.

아무런 반응 없이, 사파의 아빠는 바지를 입고 나를 따라 호텔 로비로 내려와 나와 함께 이나브와 사파를 기다렸다. 두꺼운 카펫과 벨벳 천으로 덮인 안락의자, 짙은 색 나무 탁자가 전형적인 프랑스 고급 호텔 분위기를 풍겼다. 이드리스가 주변을 한 바퀴 둘러보더니 바지 주머니에서 담배와 라이터를 꺼내 차분히 불을 붙였다.

"여기서 담배 피우시면 안 돼요!" 미처 내가 대응하기도 전에 데스크 뒤에서 관리인이 황급히 튀어나왔다.

하지만 이 소말리아 남자는 담뱃불을 끄지 않았다. 그저 거기 서서, 관리인을 보고 태연히 남배를 계속 피웠다.

"손님, 지금 바로 꺼 주세요." 관리인이 다시 한번 강경하게 요청했다.

어림도 없었다. 순간 내가 충동적으로 그 남자의 입에서 담배꽁초를 낚아채 바깥에 나가 불을 비벼 껐다. 그런 다음 관리인에게 사과한 뒤 지부티에선 어디서나 담배를 피울 수 있다고, 손님이 유럽 방문은 처음이라 잘 몰랐다고 설명했다.

바로 그때, 사파와 이나브가 엘리베이터에서 웃으면서 내렸다. "소피, 여기도 움직이는 방이 있네요. 와리스랑 지부티에서 지냈던 그 호텔처럼요." 사파가 흥분해서 말했다. 화가 난 관리인도 끝내 미소를 짓고 말았다.

상황이 그렇게 일단락되자, 우리는 식당을 찾아 파리의 거리로 나섰다. 이나브와 사파, 담배를 입에서 떼지 못하던 이드리스마저 거리의 풍경에 눈이 휘둥그레졌다. 세 사람은 이제야 막 고향에서 얼마나 먼 곳에 왔는지, 참혹한 고향 땅의 환경과 이곳의 풍경이 얼마나 다른지 실감하기 시작했다.

"파리 오를레앙 비앙드 도브락." 사파가 나를 따라 향하던 작은 식당의 빨간 차양에 적힌 글씨를 진지하게 읽었다. "좋네요!"

날씨가 좋았으므로—이드리스가 편안히 니코틴을 들이마실 수 있도록—바깥 테이블에 자리를 잡았다.

사파는 닭 요리와 감자튀김, 콜라를 골랐다. 이나브도

콜라와 함께 생선 요리를 택했다. 나는 스테이크와 샐러드를 시켰다. 이드리스는 콜라만 주문했다.

"다른 요리는 필요 없으십니까?" 웨이터가 공손하게 물었다.

사파의 아버지는 메뉴판에 있는 요리 중 하나를 짚었다.

"정말 그걸로 괜찮으시겠어요?" 웨이터가 불안한 목소리로 물었다.

"예, 예." 이드리스가 쏘아붙이며 무례하게 손을 휘저었다.

15분 뒤 음식이 나왔을 때, 이드리스만 빼고 모두의 앞에 접시가 놓였다.

"내 음식은 어딨어? 배고픈데!" 이드리스가 버럭 소리질렀다.

"손님." 웨이터가 응대했다. "조금만 기다려 주시겠어요?"

하지만 이드리스는 당장 음식을 갖고 오라고 성화를 부렸다. 웨이터가 고개를 내저으며 테이블을 떠났다.

"뭘 시켰어요?" 진작 물어봤어야 했다고 후회하며 내가 물었다.

"생선요." 그가 퉁명스레 말했다.

몇 분 뒤 웨이터가 우묵한 그릇을 들고 나타났다. "나왔습니다, 손님… 주문하신 과일 샐러드입니다."

"내가 주문한 게 아니잖아요." 인내력의 한계에 도달한 웨이터에게 이드리스가 호통쳤다.

웨이터는 메뉴판을 열어서 이드리스가 주문한 메뉴를 보여주었다.

이드리스의 눈이 분노와 수치심으로 이글거렸다. 얼굴도 벌게졌다.

하지만 그는 사과하는 대신 우겼다. "생선으로 주세요."

웨이터는 다른 말 없이 과일 샐러드를 그대로 내려놓았다. 어느새 우린 이드리스를 더 난처하게 하지 않으려고 애를 쓰며 각자의 접시에만 코를 박고 있었다. 이따금 사파의 쩝쩝거리는 소리만이 어색한 침묵을 깼다. 그런 상황에도 아랑곳하지 않고, 사파는 닭 요리를 만족스럽게 먹어치우며, 그 조그마한 입에 감자튀김도 하나씩 연이어 집어넣었다. 그러는 동안 이드리스가 다리를 떨기 시작해 테이블이 흔들렸다. 그러다 그가 갑자기 사파의 접시를 아이가 보는 앞에서 낚아채 닭과 감자튀김을 먹기 시작했다.

사파는 아빠가 메뉴판을 읽지 못한다는 사실에도, 남들이 보는 앞에서 웨이터에게 언성을 높였을 때도 동요하지 않았다. 하지만 음식에 관해서라면 그 어떤 허튼수작도 참아주지 않을 기세였다. "뭐야!" 사파가 아빠를 어린 사자처럼 노려보며 소리쳤다.

이드리스가 딸의 불평을 무시하자, 사파는 절박한 눈길로 나를 바라봤다.

"이드리스, 그건 사파한테 도로 주세요. 생선 요리가 지금 준비되고 있을 거예요." 내가 그를 설득했다.

"아니, 아니." 음식을 입 안 가득 씹으며 그가 대답했다. "괜찮아요…"

잠시 후, 사파의 접시가 깨끗이 비워졌다.

그래도 모두가 식사를 제대로 해야 했다. 나는 감자튀김을 양 많은 것으로 2인분 더 시켰고, 후식도 주문했다.

저녁 식사 후 세 사람은 모두 의자에 뒤로 기대앉아 피곤한 듯 휴식을 취했다. 계산서를 기다리는 동안, 사파의 아빠가 또 담배 한 개비를 꺼냈다.

"우린 피곤해요. 택시 좀 불러줘요." 그가 나를 보며 말했다. "더는 걷기 싫어요."

택시 승차장으로 가는 길에 파리 거리의 알록달록한 과일 가판대 하나를 마주쳤다. "여기서 뭐 좀 사갈 수 있을까요?" 사파가 호기심 어린 눈으로 물었다.

나는 색색으로 장식해 놓은 노점으로 둘을 데려갔다.

"어떤 걸 사고 싶니?"

이나브와 사파는 눈앞에 쌓여 있는 신선한 과일을 하염없이 보고만 서 있었다.

"저게 뭐예요?" 사파가 블랙베리를 가리켰다. "저건요?" 딸기도 처음 보는 모양이었다.

"포도다." 이름을 아는 과일을 발견한 이나브가 뿌듯한 듯 말했다. 그러고는 양손에 포도를 들고 활짝 웃었다.

가판대 주인은 그의 지식에 감명받는 대신 아이들에게 아무거나 만지지 않도록 주의를 주라고 내게 당부했다.

"그거 아세요, 소피?" 내가 돈을 꺼내는 동안 이나브가 설명했다. "제 이름 뜻이 포도예요. 제가 어렸을 때, 포도 알처럼 사랑스럽다고 부모님이 그렇게 이름 붙이셨어요." 이나브가 어색하게 눈을 내리깔고 발밑을 쳐다봤다. 그 말을 하자마자 어머니가 생각났을 것이다. 이나브의 눈가가 촉촉해졌다.

그를 한 번 껴안아 준 다음 내가 상인에게 말했다. "사랑스럽고 달콤한 포도 두 봉지 가득 담아주세요."

"우리 부모님은 '지혜'라는 뜻으로 소피라는 이름을 지어주셨지. 네 이름은 무슨 뜻이야, 사파?" 바로 옆 부티크 매장의 반짝이는 창문에 온 정신을 쏟고 있던 사파에게 내가 물었다.

이드리스의 시선이 발밑 콘크리트 바닥에 꽂혔다. 그가 대신 내게 답했다. "'사파'는 신성한 이름이에요." 그가 말 없이 고개를 들었다. "메카에는 신성한 산이 두 군데 있어요. 사파산과 마르와산이죠. 딸이 태어났을 때 둘 다 이름으로 붙였지만, 아기 때부터 그냥 사파라고 불렀어요."

손님들의 피로가 가시는 듯하던 찰나, 택시에 타자 아이들은 창문에서 눈을 떼지 못했다.

"우와!" 택시가 에펠 탑을 지나가자 사파가 소리쳤다.

택시 기사는 승객들의 관심에 기뻐하며 사파에게 그게 무엇인지 알려주었다. 적극적인 태도로 그는 즉석에서 구경을 한 바퀴 시켜주며 샹젤리제 거리로 살짝 차를 돌렸다.

"저렇게 큰 집은 처음 봐요." 이나브가 놀라워했다.

사파는 에펠 탑에 사람이 몇 명 사는지 물었다.

택시 기사는 오늘 태운 승객들의 무지에 놀라며 내게 의아하다는 눈길을 보냈다.

"그건 집이 아니야. 파리의 상징이지." 내가 두 사람에게 설명했다. "하지만 움직이는 방을 타고 탑에 올라가 볼 수도 있어."

사파가 믿을 수 없다는 듯 끝없이 하늘을 향해 뻗은 그 철골 구조물을 바라보았다. "프랑스 사람들은 아무도 못

사는 집을 왜 저렇게 크게 만들었대요?" 사파가 분연히 소리쳤다. "이해가 안 가요."

택시 기사는 더는 호기심을 억누르지 못했다. "그런 말은 생전 처음 들어보는군요." 그가 웃으며 차에 탄 사람이 나뿐인 듯 내게 말을 걸었다. "저 사람들 어디서 왔어요?"

"지부티에서 왔어요, **저 사람들**." 내가 대꾸했다. "어디 붙어있는 덴지 아세요?" 무시하는 듯한 기사의 말에 기분이 나빴다.

기사는 머뭇거리며 대답했다. "물론이죠. 인도에 있잖아요."

쇼핑

다음 날 아침 휴대폰 벨 소리에 잠에서 깼다. 피곤함에 투덜거리며 시간을 확인했다. 새벽 6시가 갓 넘은 시각이었다.

"여보세요?" 내가 중얼거렸다.

"안녕하세요." 수화기 너머로 쾌활한 여자가 명랑하게 인사했다. "짐을 찾았습니다. 아디스아바바에서 누락된 것으로 확인됐어요. 오래 걸려도 48시간 후면 이곳에 도착할 거예요."

적어도 오늘은 좋은 소식으로 하루를 시작했다고 생각하며, 화장실로 몸을 끌고 들어가 평소보다 더 길게 샤워했다. 그리고 마지못해 이드리스의 방으로 전화를 걸었다. 그가 전화를 받지 않자, 한 층 아래로 내려가 방문을 두드렸다. 아무런 반응이 없었다. 슬슬 걱정되기 시작했다. 와리스의 경고가 머릿속에 맴돌았고, 가슴이 벌렁거려 예감이 좋지 않았다. 대체 어디 있는 걸까? 전날 그리 일찍 잠자리에 들었는데도 아직 자고 있는 걸까? 혹시 밖에 나간건가?

또 한 번 방문을 두드렸다. 역시 반응이 없었다.

하릴없이 조식실을 둘러보고, 로비를 살핀 다음 프런트에 가서 행방을 물은 뒤 밖으로 뛰어나갔다. 프랑스 법을 준수해 담배는 바깥에서 피우기로 한 것일까? 하지만 바깥에도 그의 자취는 보이지 않았다. 어디에 있을까? 심장이 쿵쾅거렸다. 이드리스는 이곳 지리를 몰랐다. 담배를 피우러 나갔다가 길을 잃은 걸지도 몰랐다. 휴대폰으로 전화를 걸어볼 수도 없었다. 도착 직후 유럽에서 신호가 잡히지 않는 것을 확인했기 때문이다. 그가 이용하는 아프리카 통신사는 프랑스에서 로밍 서비스를 제공하지 않는 모양이었다.

망연자실한 나는 조식실로 돌아왔다. 복잡하고 넓은 시내로 그를 찾으러 나선다는 건 불가능했다.

내가 막 커피를 주문했을 때 이드리스가 등장했다. 그는 내게 인사조차 하지 않고 곧장 뷔페로 향해 접시에 치즈, 잼, 토스트를 쌓아 올린 뒤 내가 앉아 있던 테이블에 자리를 잡았다.

"어디 있었어요?" 내가 물었다. "온 사방에 찾으러 다녔잖아요."

"그냥 잠깐 근처 산책 좀 했어요." 그가 입 안 가득 음식을 씹으며 말했다. 그는 웨이터가 내 커피를 내왔을 때 그것도 자기가 가져가서 한 모금 들이켰다. 갓 내린 신선한 커피 향기로도 그의 입에서 나는 술 냄새를 가릴 순 없었다.

"술 마셨어요?" 내가 물었다.

"그럴 리가! 그냥 담배 사러 나간 거예요!" 이드리스가 분개하며 소리쳤다.

전날 밤, 내가 비상금으로 그에게 20유로를 주었던 것이다. 그러지 말았어야 했지만.

"얼마나 걱정했는지 알아요?" 내가 말했다. "말없이 그냥 사라지지 마세요. 제가 세 사람을 전부 책임지고 있단 말이에요. 무슨 일이라도 생기면 와리스가 가만있지 않을 거예요."

"그건 그렇고, 와리스는 어딨어요? 긴히 할 얘기가 있는데." 이드리스가 내 걱정을 무시하고 물었다. 그는 답을 기다리지 않고 일어나서 음식을 더 가지러 갔다.

그가 돌아왔을 때, 내가 말했다. "어제 와리스와 통화했어요. 곧 우리를 만나러 올 거예요." '제발 부디.' 속으로 조용히 덧붙였다.

그 후 사파와 이나브도 식사 때에 맞춰 깨우러 갔다. 두 사람도 즐겁게 식사를 마쳤고, 우리는 다 함께 약속한 대로 쇼핑하러 시내로 나섰다. 우리에게 닥친 첫 번째 시련은 지하철역 개찰구를 통과하는 것이었다.

"여기 표를 넣고 나서, 걸어서 통과하면 돼요." 내가 세 사람에게 직접 보여주며 설명했다.

사파가 턱 바로 밑을 가로막은 철봉에 불안스레 손을 얹었다.

"싫어요, 안 들어갈래요." 사파가 말했다.

"어서. 그렇게 호들갑 떨지 말고. 그냥 걸어 들어가!" 이드리스가 딸에게 쏘아붙였다. "뭐 그리 어려울 게 있다고."

여전히 겁먹은 표정으로 꿈쩍도 하지 않는 사파를, 이나브가 손을 잡고 살며시 통과시켜 주었다. 그다음은 이드리스 차례였다. 잠시 망설이다 표를 구멍에 넣었지만 엉뚱한 개찰구였다. 그가 눈앞의 봉을 힘껏 밀었으나, 당연히 꿈쩍도 하지 않았다.

"이거 고장 났네!" 그가 소리쳤다.

"방금 표를 넣은 곳은 한 칸 옆 개찰구예요." 내가 인내심을 갖고 설명했다. "그 옆을 밀고 들어와야죠."

이드리스는 봉을 밀고 들어오는 대신 그냥 뛰어넘어 버렸다. "이게 바로 지부티식 해결법이지." 까매진 치아를 드러내 보이며 그가 은근슬쩍 한마디 했다. 파리에 도착하고 처음으로 그가 소리 내 웃었다.

그 이상의 소동 없이 무사히 백화점에 도착하자, 마음이 한결 놓였다. 전날 입었던 땀 범벅의 주름진 옷을 다시 입을 수밖에 없었던 사파와 이나브에게 어서 옷을 골라주고 싶었다.

"제일 좋아하는 색깔이 뭐야?" 지상층에서 미리 사파에게 물었다.

젊은 파리 시민들과 관광객이 진열된 형형색색의 옷더미를 뒤적이고 있었다. 이나브와 사파는 지상 낙원에 온 듯 신이 나서 주변을 둘러보았다.

"주황색, 노란색, 분홍색이 좋아요. 소피는요?" 사파가 옷 더미에서 눈을 떼지 못하며 말했다.

"신기하다. 나도 그 세 가지를 제일 좋아하는데!" 통로를 따라 걸으며 내가 말을 이어갔다. "청록색이랑 보라색도 좋아. 사파는 어때?" 사파의 대답이 들리지 않자, 몸을 돌려 아이를 황급히 찾았다. 사파는 나를 따라오고 있지 않았다. 그 대신 옷을 스무 벌쯤 담아 계산대로 향하던 한 여자를 입을 떡 벌리고 바라보고 있었다.

"정말 대가족이신가 봐요." 사파가 천진하게 여자에게 말했다.

여자는 당황해서 그저 고개를 저을 뿐이었다.

"이리 와, 사파. 네가 입을 옷을 좀 고르자. 그러려면 아동 의류 판매대로 가야 해." 곧 또 하나의 시련이 기다리고 있을 줄은 꿈에도 모른 채 내가 말했다.

에스컬레이터 앞에서, 나의 세 동행인은 땅에 발이 박힌 듯 꿈쩍도 하지 않았다.

"도와줘요, 계단이 움직여요!" 이번엔 이나브가 겁을 잔뜩 먹었다. 사파와 이드리스도 도무지 그 움직이는 계단을 믿어보려 하지 않았다. 위층에 올라가기까지 그 세 사람을 설득하려고 진땀을 빼야 했다. 나중에 전화로 이 얘기를 해 주니, 와리스가 웃었다. "내가 런던에 도착한 지 얼마 안 됐을 때," 그가 말했다. "에스컬레이터를 처음 보고 의심밖에 안 들었죠. 나도 딱 그랬어요. 사파 얘기를 듣고 있으면 그때의 내가 참 많이 생각나요."

이나브와 사파가 입을 떡 벌리고 원피스며 티셔츠, 바지, 치마, 양말, 신발을 바라보는 동안, 유럽 아이들이 얼마나 운이 좋은지 다시금 깨달았다. 한편 이드리스는 멍하니 허공을 보며, 지루해했다.

"잠깐 나가서 담배 좀 피우고 올게요." 그가 말했다.

어쩔 수 없이 곧장 돌아오겠다는 약속을 받아내고 그를 보낼 수밖에 없었다.

"자, 사파. 이 중에서 어떤 게 제일 마음에 들어?" 끝없이 늘어선 아동 의류 진열대 한 곳에 다가가 옷을 고르며 아이에게 보여주는 내 모습이 마치 디자이너 부티크의 적극적인 영업 사원 같았다. "이 치마는 어때? 아니면 이 진한 분홍색 옷은? 청치마 좋아해?"

"필요한 거 없는데, 진짜로." 사파가 조용히 속삭였다. 그러면서도 주저하며 청치마를 가리켰고, 조그마한 얼굴에 미소가 번졌다.

30분 뒤 몇 가지 옷을 골라 탈의실로 향하자, 사파가 혼자서 옷을 들고 쑥 들어가 버렸다.

몇 분 뒤 사파가 법석을 떨며 나를 불렀다. 커튼을 젖히자 사파의 머리가 옷을 입은 채 그 위에 입으려던 티셔츠에 걸려 있었다. "너무 작아요." 사파가 앓는 소리를 냈다.

사파를 꺼내주고 나서, 겉옷을 벗고 나서 옷을 입어봐야 하는 거라고 알려 주었다. 이런 상황이 벌어진 건 사파가 덜렁대서가 아니라 잘 몰라서였다. 그 애는 한 번도 스스로 옷을 골라본 적이 없었다. 평생 다른 사람이 입던 옷을 받아 입어야 했던 것이다. 신고 있던 샌들이 금방이라도 떨어질 듯했으므로, 사파는 헬로키티가 그려진 운동화 한 켤레를 골랐다. 그것 말고도 치마와 티셔츠 두 벌, 머리 끈과 여름 원피스도 골랐다.

"이거 정말 멋지네요!" 분홍색 선글라스를 발견한 사파가 소리쳤다. 선글라스를 써 보려 하다가 잘못 써서 한쪽이 기울어졌다.

그 모습을 보니 웃음이 나왔다. "잠깐만." 조심스레 선글라스를 벗기며 내가 말했다. "여기 홈이 있는 게 보여? 콧등이 여기에 오는 거야." 사파의 주목을 한 몸에 받은 그 선글라스를 거꾸로 돌려서 아이의 단추 같은 코에 씌워 주었다.

사파는 커다란 거울 앞에 서서 자신의 모습을 보고 각도를 바꿔 가며 감탄했다.

다음은 이나브 차례였다. 여성복 매장으로 내려가려면 에스컬레이터를 타야 했는데, 두 사람은 여전히 의심 어린 눈길을 거두지 않았다. 이드리스는 담배를 피우러 나갔다가 아직 돌아오지 않았지만, 아마 남성복 매장을 둘러보고 있겠거니 생각했다.

이나브는 백화점에 처음 들어왔을 땐 쭈뼛쭈뼛하는 것 같았으나, 어느덧 주체가 안 될 정도로 쇼핑 삼매경에 빠졌다. 양팔에 가득 안은 옷더미가 시간이 지날수록 점점

불어났다. 속옷, 겉옷, 신발, 화장품까지―열여덟의 눈에
어떤 진열대도 그냥 지나칠 순 없었다. "이걸로 할게요!"
그가 흥분해서 소리쳤다. "저것도요."

"이나브, 미안하지만 그렇게 많이 사 주진 못해." 내가
이나브를 진정시키며 말했다. "이드리스가 입을 옷도 사
야지."

실망한 채, 이나브는 잠시 멈췄다가 쭉 뻗은 팔 위에 걸
쳐 놓은 옷가지 몇 벌을 도로 내려놓았다.

잠시 후 이나브가 탈의실 커튼을 젖히고 나왔을 때, 마
치 영화의 한 장면을 보는 것 같았다. 긴 갈색 치마, 구멍
난 회색 민소매와 촌스러운 숄 차림의 쭈뼛쭈뼛한 아프리
카 여자애가, 노란 청바지, 밝은 흰 셔츠와 세련된 여름 부
츠를 신은 어엿한 젊은 여성으로 변신한 것이다. 초라한
아기 오리가 근사한 백조가 된 것처럼. 그 모습은 한순간
의 망설임도 없이 비즈니스 미팅에 데려갈 수 있을 만한
그런 청년의 모습이었다.

"사막의 꽃 재단 신입 직원이라고 해도 믿을까요?" 이
나브가 웃으며 물었다. 이 새로운 스타일로 자신감도 새
로 생겼다는 게 자세에서부터 티가 났다.

"모델이라고 해도 믿겠어요!" 내가 기쁘게 대답했다.

"음, 그러려면 옷이 몇 벌 더 필요할 텐데… 이 가죽 재

킷은 어떨까요?" 이나브가 조심스럽게 시도해 보았다.

하지만 나는 마음이 조급해졌고, 아까보다 조금 더 단호한 말투로 다시 탈의실로 들어가라고 일렀다. 이나브는 원래 옷으로 다시 갈아입은 후 부루퉁하게 뒤에서 따라오며 이드리스를 찾으러 남성복 매장으로 함께 향했다. 실제로 사파의 아버지가 이미 옷을 몇 벌 골라 놓고 우리 세 사람을 기다리고 있었다.

"잘했어요, 이드리스." 안도하며 내가 말했다. 다만 그가 들고 있던 겨울 외투를 보고는 이렇게 덧붙여야 했다. "그건 여기선 필요 없을 텐데요. 지금은 초여름이고, 매일 더 더워질 거예요. 게다가 지부티에서 입기도 너무 덥고요."

이드리스는 내 손에서 다시 외투를 낚아채 가며 나를 맹렬하게 노려봤다.

이나브는 웃음을 터뜨렸다. "우리한텐 여기가 아침저녁으로 꽤 추워서요." 그가 설명하자 나는 매우 놀랐다. "지부티에서는 밤에도 30도 밑으로는 기온이 절대 안 떨어져요."

"그래요, 그럼 얼어 죽지 않도록 그 패딩 점퍼를 사야겠네요." 내가 웃었다.

하지만 몇 분 뒤, 이드리스와 내가 계산 줄에 함께 섰을 땐 차마 웃을 수가 없었다.

이드리스가 내게 몸을 기울이며 귀에다 대고 속삭였던 것이다. "유럽의 겨울은 추우니까요. 우린 여기 계속 있을 거예요."

갑자기 등골이 서늘해졌다. 무슨 생각으로 한 말일까? 어떻게 그게 가능하다고 생각했을까? 사파 아버지와 진지하게 얘기를 나눠야 할 시점이었다.

그럴 만한 기회는 저녁 식사가 끝나고 나서야 찾아왔다.

쇼핑이 끝난 후, 시내를 돌아다니며 구경한 뒤 휴식을 위해 호텔로 돌아왔다. 그 후 다시 나가 사파가 원하는 대로 맥도널드에서 햄버거와 감자튀김, 콜라를 시켰다. 다시 호텔로 돌아왔을 때 사파와 이나브는 곧장 방으로 들어갔다. 둘은 텔레비전에서 엠티브이 채널을 발견해, 처음 듣는 유럽 인기 차트 노래에 맞춰 신나게 춤을 추다가 침대 위에 털썩 쓰러져 금세 잠이 들었다.

아이들의 방문을 닫고 나온 뒤, 이드리스에게 향했다. "나가서 정원에 잠깐 같이 앉아 있죠. 밖에선 술도 마실 수 있고 담배도 피울 수 있어요." 그 골초를 끌어내고자 내가 제안했다.

이드리스는 분명 대화에는 관심이 없어 보였지만 순순히 제안에 따랐다.

어떤 말로 시작해야 할지 고민하는 몇 분 동안 침묵이 흘렀다.

"집에서 혼자 두 아들을 데리고 있는 부인이 많이 걱정되시죠?" 내가 조심스레 대화를 시도했다.

사파 아버지는 웨이터가 막 내어온 맥주를 한 모금 들이켰다. 23도밖에 되지 않는 날씨에도 굳이 껴입은 밝은 주황색 패딩 점퍼를 포함해 그가 입은 새 옷은 파리에 갓 도착했을 때 입었던 낡은 옷보다 그를 훨씬 더 젊어 보이게 했다. 그가 담뱃불을 켰고, 라이터 불에 비친 그의 얼굴에 어느덧 바뀐 표정이 눈에 띄었다. 공포와 분노가 어느새 깊은 그리움이 되어 있었다.

"잠을 거의 잘 수가 없어요. 너무 걱정돼서." 그가 말했다. 짙은 연기가 까맣게 변색된 치아 사이로 자욱하게 피어올랐다. "아내하곤 한 번도 떨어져 본 적이 없어요. 다행히 지부티에 혼자 있는 게 아니라 아디스아바바에 있는 친척 집에 가 있죠." 그러더니 다시 조용해졌다.

그가 얘기를 이어가도록 기다렸다.

"우리 아들 모하메드와 누르는 조부모와 함께 있어요. 저한텐 이 세상에서 가장 소중한 존재들이죠. 무척이나

보고 싶어요."

혼란스러워진 내가 물었다. "사파가 매번 얘기하기로는 **아미르**와 누르라던데요. 혹시 제가 모르고 있는 게 있나요?"

이드리스가 씩 웃었다. 가족 이야기를 하는 게 즐거운 모양이었다. "혹시 종이 있어요?" 그가 물었다.

그러더니 외투 주머니를 살펴보고는 호텔 방에서 펜을 하나 가져왔다. 나는 손가방을 뒤져서 꾀죄죄한 종잇조각을 발견해 그에게 건넸다. 그는 어린아이같이 비뚤비뚤한 글씨체로 겨우 알아볼 법한 글자를 몇 자 썼다.

"이드리스 누르 술단." 그가 천천히 글자를 읽었다. "이게 제 정식 이름이에요. 우리는 아이 이름을 지을 때 아버지의 첫 두 이름을 뒤에 함께 붙여요." 그가 무언가를 또 휘갈겨 적었다. "그래서 딸아이 이름은 '사파 이드리스 누르.' 그리고 다섯 살짜리 아들 이름은 '모하메드 아미르 이드리스 누르'인 거죠."

"그러니까 이름이 모하메드인 건데 왜 아미르라고 부르는 거죠?"

세 아이의 아버지는 자랑스레 설명했다. "신실한 이슬람교도라면 아이에게 모하메드라고 이름 붙일 때 다른 이름을 꼭 함께 붙여야 해요. 그래서 집에선 아미르라고 부르고, 학교에선 모하메드로 통하는 거죠."

나는 그 종이를 골똘히 바라보며 물었다. "그러니까 막내 아드님 이름은 누르 이드리스 누르, 맞죠?"

이드리스가 고개를 끄덕였다. "맞아요. 이제 세 살이죠. 우리 아들들은 참 착해요."

그가 맥주를 또 한 번 들이켜는 동안, 내가 조금 더 이야기를 밀어붙였다. "와리스 말로는 아미르 건강에 문제가 좀 있다던데요. 혹시 어떤 문제인지 말씀해 주실 수 있으세요?"

이드리스의 안색이 일시에 어두워졌다. "아주 어릴 때부터 심한 폐병을 앓았어요. 기침이 하루가 다르게 심해졌죠. 그러다 자리에 누워서 숨도 제대로 못 쉬고 쌕쌕거렸어요. 이제 곧 죽을 거라고 생각했죠. 내 평생 한 번도 울어본 적이 없었는데, 그때 처음으로 울었어요." 눈을 내리깔고, 그는 아미르가 강한 아이라고, 몇 달 동안 병마와 싸웠다고 말했다. "발발라에 사는 아는 사람 중에 치유사가 있어요. 그 사람한테 줄 게 거의 없었는데도, 계속해서 우리 집으로 불렀죠. 하지만 그 사람조차 손도 쓰지 못했어요. 우린 밤에도 거의 잠을 못 잤어요. 모하메드가 누워 있다가 질식사할까 봐 안고 돌아다녀야 했거든요."

사파가 영화에 출연하기로 하고 사막의 꽃 재단과 계약

을 맺고 나서야 아들을 위해서 무언가 할 수 있게 됐다고 했다.

"그래서 약을 구할 수 있었던 거죠. 또 아시나 선생님께 데려가서 정기 진료도 받게 하고요. 그래도 아주 오래 살진 못할지도 몰라요." 이드리스가 덧붙이며 눈에 맺힌 눈물을 숨기려 몸을 돌렸다.

순간 그를 밀어붙인 것을 후회했다. 그는 어깨 위에 무거운 짐을 지고 있었다. 어쩌면 두고 온 아들에 대한 걱정 때문에 그토록 아침 일찍 잠에서 깨는지도 몰랐다. 그래서 술에도 더더욱 의존했을 것이다.

"우리 아들들이 정말 자랑스러워요." 그가 반복해서 말했다.

"사파도 그만큼 자랑스러워하셔야죠. 정말 훌륭하고 똑똑한 아이예요." 내가 말했다.

이드리스가 말없이 어깨를 으쓱 올렸다. 두 아들 이야기를 할 때만큼 딸 이야기를 기꺼워하지 않는 듯했다. 그가 속한 사회에서 딸들이 그만큼 대우받지 못하기 때문인지도 몰랐다. 하지만 그것 말고도 사파가 할례를 면하여 가족의 처지가 난감해진 탓도 있었을 것이다.

그래서 걱정이 됐다. 사파 어머니가 언젠가는 재단과의 약속을 어기고 사파에게 할례를 강요한다면, 이드리스도 내심 그걸 바라고 있는 게 아닐까?

사파 일행이 유럽에 도착하기 전, 와리스가 패션쇼 이후 포지아와 부딪힌 이야기를 내게 해 주었다. 그는 포지아가 헤어지며 했던 말을 전하면서, 결국 사파 할머니가 아이에게 할례를 저지를까 봐 걱정된다고 말했다.

나는 이 기회를 이용해 이드리스 어머니인 파투마에 대해 알아보고자, 그가 칼을 쥐는 사람일지 모른다는 와리스의 의심이 맞는지 확인하기로 결심했다.

"아버지는 내가 어렸을 때 죽었어요." 이드리스가 내게 말했다. "어머니가 나와 내 형제자매들을 홀로 키웠죠."

나는 경탄할 수밖에 없었다. 얼마나 힘든 일이었을지 상상이 갔다. "어머니는 매우 강하고 특별한 분이에요." 이드리스가 자부심이 가득한 목소리로 말을 이어갔다. "우리를 잘 보살피셨고, 항상 스스로 돈을 버셨어요. 아버지가 안 계셔도 주변에선 항상 우리 가족을 존경심으로 대했죠."

발발라 빈민가에서 존경받는 여자라고? 여자가 스스로 돈을 번다고? 파투마가 그 끔찍한 여아 성기훼손으로 식구를 먹여 살려왔다는 내 의심에 강한 확신이 들었다. 온몸에 소름이 돋았다. 사파가 큰 위험에 처해 있다는 얘기였다.

"이제 들어가죠. 피곤하네요." 이 민감한 주제에서 내가 말을 돌렸다. 이드리스가 어머니를 그리도 우러러보는데, 그 어머니의 직업에 관한 얘기를 꺼내 봤자 의미가 없을 테니 그저 잘 자라는 인사만 했다.

방으로 돌아오는 길에, 폴란드에 있는 와리스의 번호로 전화를 걸어 이드리스가 걱정된다고 전했다. 불쑥 사라지는 그 수상한 행동과, 아침부터 술을 마시는 습관과 그 심술궂은 태도까지. 그날 이드리스의 행동이 어땠는지, 또 내가 알게 된 게 무엇인지 설명하는 동안 와리스는 말없이 들었다.

"와리스, 어떡해야 할지 모르겠어요." 마침내 내가 성토했다. "이 사람은 아들의 폐병을 치료하기 위해 우리의 도움이 절박하게 필요한 상황인데, 또 한편으론 이 사람 어머니가 사파의 몸에 칼을 들이댈 기회만 노리고 있는 거예요. 지금 당장 이드리스한테 절대 딸에게 칼을 대지 않겠다고 맹세를 받아낸다 해도, 언젠가는 그가 어머니의 압박에 못 이겨 그냥 포기해 버릴 수도 있다고요.

어쩌면 그가 바라는 대로 온 가족을 유럽에 전부 데려오는 게 좋을지도 몰라요. 아마 그것 때문에 여기 눌러앉고 싶어 하는지도 모르죠. 아픈 아들과 딸을 구하기 위해서요." 내가 숨 한 번 쉬지 않고 말을 계속했다.

"소피, 그게 얼마나 현실성이 없는지 잘 알잖아요. 그게 해결책이 될 순 없어요." 와리스가 말했다. "이 아프리카 가족 하나를 어떻게 데리고 올 수 있다고 해도, 결국 남겨진 수십만 사람들을 저버리는 격이 될 거예요. 게다가 사람들을 아프리카에서 유럽으로 데려오는 게 만병통치약은 아니잖아요." 그가 설명했다. "다른 계획을 세워야 해요. 사파가 진정으로 관여할 수 있는 그런 계획이요. 지난 며칠간 생각을 좀 해 봤는데, 거기 도착해서 당신과 본격적으로 얘기하고 싶어요. 너무 걱정하지 마세요." 그가 나를 안심시키려 했다. "파리에서 남은 일정 즐겁게 보내시고요. 적어도 지금 여기 유럽에선 사파가 안전하잖아요."

와리스에게 중요한 건 사파와 이나브가 여행을 즐기고, 새로운 경험을 가능한 한 많이 하는 것이었다. 인간이라면 누려야 할 역할을 여자와 남자가 동등하게 가질 수 있는 세상에서. 곧 고향으로 돌아가 소중하게 쓰일 그 경험들을 간직하도록.

이나브의 이야기

와리스에게

여기 오시려면 아직 좀 멀었죠. 슬퍼요. 그렇지만 아이들과 즐거운 휴가를 보내시길 바라요. 소피가 편지는 언제든 환영이라고 해서요. 제가 편지를 쓰면 컴퓨터로 보내드린대요. 이나브 언니 말로는 보내는 즉시 와리스가 읽을 수 있다고, 편지가 도착할 때까지 기다리지 않아도 된대요. 유럽에는 지부티에 없는 멋진 것들이 정말 많아요.

지금 여긴 거의 모든 게 다 좋아요. 여기 올 수 있어서 너무너무 기뻐요. 이나브 언니는 이제 제 친구예요. 언니도 유럽이 좋대요. 소피도 우리에게 정말 잘해주시고 벌써 여러 좋은 물건을 사 주셨어요. 저는 청치마를 받았어요. 곧 만나게 되면 그때 보여 드릴게요!

오늘 파리에선 큰 파티가 열렸어요. 소피 말로는 국경일이라서 그렇대요. 온 거리가 사람들로 꽉 찼어요. 지부티 사람들을 모두 합쳐도 그만큼은 안 될 것 같아요. 하늘에선 비행기가 색색깔로 줄무늬를 그렸어요. 소피 말로는 프랑스 국기 색깔이래요. 그런 건 진짜 처음 봤어요. 정말 많은 탱크가 예쁜 거리를 따라 커다란 흰색 문을 향해 움직였고, 군인들도 총을 들고 행진했어요. 사방에 경찰이 있었고요. 그래서 약간은 무서웠어요. 지부티에선 아빠가 항상 군인이랑 경찰한테서 멀리 떨어지라고 당부했거든요. 소피 말로는 경찰이 우리를 보호하기 위해 있는 거래요. 그게 진짜인지 잘 모르겠어서, 혹시 몰라 숨었어요.

우리가 아까 호텔에 있을 때, 아빠가 저랑 이나브 언니 방으로 우리를 보러 왔어요. 아빠한테 계획이 있대요. 우리와 함께 유럽에 계속 있고 싶대요. 우리가 여기 살 수 있을지 알아보려면 중요한 사람들을 만나러 가야 한대요.

여기 계속 있고 싶은지는 사실 잘 모르겠어요. 전 엄마랑 누르랑 아미르가 보고 싶어요. 제 단짝 다이앤 펄도요. 제가 프랑스 사람이 될 순 없으니까요. 전 앞으로도 이사족 사람으로 살 거예요. 아빠 말로는 이사족이 아프리카에서 최고래요. 그리고 엄마가 가끔 웃긴 행동을 하는 건 엄마가 다로드족 사람이기 때문이래요. 와리스처럼요. 아빠 말로는 다로드족 사람들은 다 정신이 나갔대요. 하지만 와리스는 전혀 정신 나간 사람이 아닌데. 지부티에서는 이사족 사람만 대통령이 될 수 있어요. 이다음에 크면 지부티 대통령이 될래요. 아니면 소아과 의사요. 아니면 둘 다요. 무슨 일이든 지부티의 아이들을 돕고 싶어요. 어떻게 하면 그럴 수 있는지 알려주셔야 해요, 와리스.

정말 아주 많이 빨리 곧 보고 싶어요.

비쥬.

2013년 7월 14일, 파리
사파가

이미 자정이 지난 시각이었지만, 나는 호텔 방의 작은 책상에 앉아서 이메일 창을 열고 사파가 비뚤비뚤한 글씨로 쓴 말들을 입력했다. '우리와 함께 유럽에 계속 있고 싶대요. 우리가 여기 살 수 있을지 알아보려면 중요한 사람들을 만나러 가야 한대요.' 이 대목에 가서는 약간 주저했다. 지난 며칠간 있었던 일들이 이제야 이해가 갔다. 그날은 프랑스 혁명 기념일이었고, 우리 손님들을 에펠 탑에 데려갔을 때 이드리스가 또 사라졌다. 그러다가 난데없이 다시 나타났는데, 심기가 아주 불편해 보였다. 갑자기 떠오른 생각이 혼잣말로 튀어나왔다. "지부티 대사관을 찾으러 간 거야. 그거였어."

와리스에게 보내는 메일 제목을 서둘러 수정했다.

사파의 편지. 경고: 이드리스가 대사관을 찾고 있음.

그날 밤은 잠을 제대로 자지 못했다. 이드리스가 도주하려는 건 아닌가 걱정됐다. 그러면서도 다음 날 아침 일정에 어떠한 지장도 생기지 않도록, 이나브와 사파가 집에서 멀리 떨어진 이곳에서 최대한 많은 경험을 할 수 있도록 애를 썼다. 그날은 축제 마당에 데려가기로 한 날이었다. 이드리스는 기다렸다는 듯 호텔에 혼자 남아있겠다고 말했지만, 그 말을 듣자마자 내 머릿속에서 온갖 경고음이 울렸다. 어떠한 상황에서도 그를 오전 내내 혼자 둘순 없었다.

사파와 이나브의 환한 웃음이 곧 내 걱정을 싹 잊게 해주었다. 좁은 길을 비집고 들어가 수십 개의 노점과 간식 매대를 지나 번쩍이는 회전목마를 향하는 두 사람의 눈이 행복으로 빛났다. 아이들이 그토록 신이 난 걸 보니 나도 기뻤다. 지난 며칠 동안 긴장이 많이 풀린 모양이었다. 회전목마는 그저 시작일 뿐이었다. 흔들의자, 범퍼카, 깡통 맞추기 게임, 솜사탕, 피에로까지—둘은 신나게 모든 걸 시도해 보며 전혀 무서워하지 않고 기구에 몸을 맡겨 공중에서 빙빙 돌았다. 범퍼카를 타는 곳에서 사파는 작고 빨간 포르쉐를 발견해 금발의 곱슬머리 여자아이와 함께 탔다. 그 모습이 아주 의기양양해 보였다. 그 프랑스 아이는 검은 피부색의 운전 파트너가 이것저것 시도해 보며 차를 엉뚱한 곳으로 몰고 가는 동안 수줍게 사파를 쳐다봤다.

"오른쪽! 왼쪽으로! 거기 말고!" 이드리스는 딸이—그의 나라에선 남자의 전유물인—운전에 관심을 보이는 데 뿌듯해하며 옆에서 팁을 전수해 주었다.

마지막에 내가 두 꼬마 운전사의 사진을 찍으려 했을 때, 금발 여자아이는 불안한 표정을 지으며 사파의 등 뒤로 얼굴을 숨겼다. 사파가 꼭 안아주자 그제야 그 아이도 즐겁게 웃었다.

이 섬세하고 열린 마음을 지닌 아이는 세계 어디서든 금세 친구를 만들었다.

그날 오후, 이 모든 새로운 감명에 완전히 압도되어 피곤해진 우리는 사람으로 붐비는 지하철을 타고 다시 호텔로 향했다. 축제에선 너무도 속 편히 모든 걸 즐겼던 이나브가 갑자기 말이 없어졌고, 고통스러운 듯 계속 얼굴을 찌푸렸다.

"무슨 문제라도 있니?" 내가 물었다. "아파?"

"네." 이나브가 신음을 뱉었다. "그래도 익숙해요. 매달 있는 일이거든요."

이나브를 가장 가까운 약국에 데려갔다. 이드리스더러 사파와 함께 바깥에 있으라고 한 후, 이나브를 약국 안으로 데리고 들어가 여성용품 판매대로 향했다. 이나브는 거기 서서 눈을 동그랗게 뜨고 진열된 물건을 보며 어쩔 줄 몰라 했다.

"나라면, 이걸 사겠어." 내가 생리대 한 묶음을 집어서 이나브에게 내밀었다.

"이게 뭐예요?"

새삼 또 흠칫 놀라며, 이나브가 완전히 다른 세계에서 나고 자랐다는 사실을 실감했다―여자가 어떻게 월경 기간을 보내야 하는지 아무도 관심이 없어 보이는 그런 세상에서. 성기훼손을 당한 여성이 매달 다른 여자들이 겪는 월경통보다도 훨씬 끔찍한 고통을 겪는 게 너무도 당연한 세상에서.

다행히도, 약국에서 빠르게 듣는 진통제를 산 다음에는 이나브의 상태가 금방 좋아지기 시작했다. 그 진통제가 적어도 몇 시간 동안은 이나브를 고통에서 해방해 주었고, 피자집에서 저녁 식사를 할 때쯤엔 확실히 더 편안해 보였다. 우리 넷은 함께 아이스크림도 먹었다. 그런 다음엔 전 세계에서 온 사람들이 물건을 파는 작은 벼룩시장을 지나쳤다.

"지부티의 구시가지에도 이런 시장이 있어요." 이드리스가 설명했다. 형형색색의 옷, 물 건너온 향신료와 향료들의 이국적인 향, 그리고 대부분 아프리카인이었던 상인들이 그에게 향수병을 불러일으킨 모양이었다.

이드리스는 벼룩시장을 제대로 둘러보자고 제안했지만, 사파만 그 의견에 적극적으로 찬성했다. 그래서 우리 넷은 둘로 찢어져서, 아버지와 딸이 인파에 몸을 던지는 동안 이나브와 나는 휴식을 취하기로 했다.

우리는 시장 끄트머리의 콘크리트 벤치에 앉았다. 나이든 아코디언 연주자가 샹송을 연주하고 있었다. 잠깐 우리는 말없이 그 구슬픈 음률을 들었다. "저희 엄마도 악기를 다루세요." 이나브가 불쑥 말을 꺼냈다. "제가 어렸을 때, 저한테 나무로 된 플루트를 연주해주곤 하셨어요. 정말 아름다웠죠." 그의 눈동자가 촉촉해지기 시작했다.

"어머니가 집을 나가셨다고 했지?"

"엄마는 아파요." 이나브가 설명했다. 목소리에 떨림이 느껴졌다. "그래서 몇 년 전에 에티오피아로 간 거예요.

가족이 있는 곳으로. 가족들이 엄마를 돌봐주면 나아질 테니까요. 처음에는 얼마 안 돼서 돌아올 줄 알았지만, 엄마는 몇 년이 지나도 돌아오지 않았어요." 청년은 생각에 잠긴 채 작은 초록색 플라스틱 스푼이 담긴 빈 아이스크림 컵을 내려다봤다. "그러다가 한 달 전에, 엄마가 갑자기 우리 집에 찾아왔어요."

그 말을 듣고 놀란 내가 몸을 앞으로 기울였다. "정말? 믿어지지가 않아!"

"그래요, 저희도 믿을 수가 없었어요. 5년 넘게 떨어져 있었거든요." 이나브의 두 뺨에 눈물이 흘러내리기 시작했다. "엄마가 마침내 돌아왔을 때 제가 얼마나 기뻤는지 상상도 못 하실 거예요. 이제 다시 온전한 가족이 됐으니까요. 게다가 여기 와 있는 동안 제 여동생들을 걱정하지 않아도 되고요. 소피, 전 정말 제 자매들을 위해서라면 무슨 일이든 할 수 있어요."

그에게, 내가 이해한다는 말을 건넸다. 나 또한 대가족 출신이었다. "여동생들 이야기해 줄래?" 내가 이나브의 어깨에 팔을 두르며 말했다.

"이름은 히보와 함다예요. 함다가 언니고요. 2002년 출생이고, 이미 학교에 다녀요." 이나브가 설명했다. "히보는 네 살 더 어리고 방학이 끝나면 학교에 입학할 예정이에요." 그러니까 아이들은 각각 열한 살, 일곱 살이었다. "네, 그게 맞는 것 같네요." 이나브가 불확실하게 말했다.

지난 며칠간, 이드리스나 사파가 자매와 형제, 부모와 친구 얘기를 할 때 나이를 정확히 말하지 못한다는 걸 알 아차렸다. 심지어 본인의 나이마저도 어림짐작하는 듯했 다.

아코디언 연주자는 모자를 우리 코 밑에 들이대며 작은 기부를 청했고, 내가 동전 몇 개를 그 안에 던졌다. 그러 고는 목소리를 낮춰 말했다. "또 개인적인 질문 하나 해도 될까?" 이나브의 여동생들이 몹시 걱정스러웠다.

이나브는 미심쩍은 표정을 지었으나, 끝내 고개를 끄덕 이며 동의를 표했다.

"여동생들이 할례를 안 당했다는 거, 사실이야?"

"네." 이나브가 대답했다. "여동생들이 이런 고통을 당 하지 않도록 필사적으로 맞서 싸웠어요." 이나브는 오른 손을 복부 아래쪽에 갖다 댔다. 다시 아파오기 시작한 듯 했다. "전 당했지만요. 제 자매들은 면했어요. 아직까지 는." 이나브가 아이스크림 컵에 담긴 스푼을 만지작거리 며 말했다. "저 자신도 할례를 피하려고 수년간 싸워야만 했어요. 언제나 새로운 변명거리를 찾아내서 절 가만 내 버려 두게 했죠. 부모님에겐 조금 미뤄야 한다고, 그 나이

에는 심각한 합병증이 생길 수 있다고 말했어요. 심지어
는 지금 이 나이에 받으면 질이 다시 자랄 수도 있다고 얘
기하기도 했어요. 그래서 오랫동안 피할 수 있었던 거예
요. 4년 전까지."

이나브가 날 향해 몸을 돌렸다.

"그냥 그렇게 잊어버렸으면 좋겠다고 얼마나 바랐는지
몰라요. 하지만 결국 당했어요. 그 고통이 끔찍이도 두려
웠고, 그래서 그나마 제일 덜 심한 방법을 택하게, 그것까
진 맞서 싸워서 설득할 수 있었어요."

그 말인즉슨, 음핵을 훼손당했다는 뜻이었다.

그간 이 소름 끼치는 의식을 당한 여자들의 이야기를
수도 없이 들었지만, 들을 때마다 여전히 충격이었다. 이
젊은 여자의 강인함이 내게 깊은 감명을 주었다.

"여동생들을 보호하다니, 정말 훌륭해."

이나브가 골똘히 나를 쳐다봤다. "지부티에 있을 때, 와
리스 말로는 이 끔찍한 고통을 없앨 수 있게 도와주신다
고 했어요. 혹시 아시는 거 없으세요?"

짐작건대 와리스는 훼손된 성기를 복구하는 수술을 염
두에 둔 것 같았다. 우리 재단의 목적은 여아와 젊은 여자
들의 성기훼손을 막는 것뿐 아니라, 이미 그 고문으로 인
한 끔찍한 고통을 안고 사는 여자들을 돕는 것도 포함해

야 한다는 데 재단 사람들 모두가 동의했다. 지난 한 해 동안, 사막의 꽃 재단은 전 세계를 샅샅이 조사해 성기훼손을 당한 여성에게 고통 없는 새로운 삶을, 그리고 최대한 건강한 성생활을 보장해 줄 수 있는 의사들을 물색했다.

이나브에게 그런 얘기를 조금 꺼내 보려던 순간, 이드리스가 딸의 손을 잡고 돌아왔다. 이나브의 얼굴에 실망한 기색이 역력했다. 이제 막 어떻게—그리고 무엇보다도 언제—우리가 자기를 도와줄 수 있을지 알려던 참이었으니.

"나중에 제대로 얘기 한 번 해보자." 내가 약속했다.

"정말 괜찮은 물건을 샀어요." 사파가 이나브와 나에게 손때 묻은 만화책을 자랑스레 보여주었다. "아빠는 담배 보관함을 샀어요!"

이드리스가 바지 주머니에서 장식이 붙은 쇠로 된 작은 갑을 꺼내, 즉각 그것을 열어 담배 한 개비를 꺼냈다.

"이런, 네 아빠 이제 그걸 온종일 채우고 앉아있겠구나!" 내가 웃었다.

지쳐서 호텔에 돌아온 우리에게 좋은 소식이 기다리고 있었다.

"분실한 짐이 도착했어요." 프런트의 젊은 여자 직원이 주인들의 형편을 그대로 보여주는 꾀죄죄한 가방 두 개를 가리켰다. 세 사람은 활짝 웃으며 빈약한 짐을 챙겨 엘리베이터로 끌고 왔다.

"잠깐 들어와 보세요." 사파가 자기 방으로 나를 끌고 가서, 가방을 내려놓고 서둘러 열었다. "지부티에서 온 케이크예요." 사파는 나무 바구니 안에 담긴 뭉개진 케이크를 자랑스레 내밀었다. "소피를 위한 거예요. 와리스도요. 그리고 오스트리아 사무실에 있는 사람들도요. 모두에게요."

이토록 모두에게 선물을 주고 싶어 하는 어린 사파의 마음에 큰 감동을 받았다. 이 여행에 사파가 얼마나 고마움을 느끼는지 알 수 있었다. "정말 생각이 깊구나. 와리스를 만나면 다 함께 먹자."

"와리스를 언제 볼 수 있는데요?" 우리와 함께 바닥에 앉아 있던 이나브가 물었다.

"말이 나와서 말인데." 보답으로 두 사람에게 뭔가 좋은 걸 해주고 싶었다. "전화를 한 번 해보자." 이나브와 사파가 함성을 지르며 방방 뛰었다. "조용히 해야지." 입술에 손가락을 대며 내가 말했다. "안 그러면 전화를 받았는지 안 받았는지 확인을 못 하잖아. 여보세요, 와리스? 당신과 정말 얘기하고 싶어 하는 두 여자가 내 옆에 지금 앉아있는데요."

사파가 수화기에 대고 즐겁게 재잘거렸다. "여보세요, 와리스. 저예요. 어린 사막의 꽃이요."

숨돌릴 틈도 없이, 사파는 파리에서 어떻게 지내고 있는지, 파리에서 어떤 것들을 봤는지 몇 분 동안 죄다 얘기했다. 물론 케이크 얘기도 잊지 않았다.

"정말 고마워! 기대하고 있을게." 와리스가 말했다. "파리 다음으론 빈에 소피도 같이 갈 거야. 거기서 우리 사무실도 구경할 수 있을 거야. 그 후에 다시 만나서, 같이 즐거운 시간 보내자."

사파는 몹시 기뻐했다. 곧 큰 소리로 작별의 입맞춤을 보낸 뒤, 전화기를 나이 많은 친구에게 건넸다.

"여보세요, 이나브, 잘 지내니?" 와리스가 그 열여덟 청년에게 물었다.

"오늘은 그다지 잘 지내지 못했어요." 그가 솔직하게 대답했다.

"통증이 있거든요."

"이나브, 네가 원한다면 우리가 널 도울 수 있다는 거, 알지?" 이것이 와리스가 말한 전부였다.

과거에 그 끔찍한 일을 겪은 이 청년이 수술을 원할지

아닐지는 또 다른 문제였다. 와리스는 그렇게 조심스러운 문제를 전화상으로 논의하고 싶지 않았을 것이고, 그래서 그저 이렇게 말할 수밖에 없었다. "독일에서 만나면 자세히 얘기해 보자."

"네, 봐서요." 이나브가 회의적으로 말했다. 분명 본인이 겪는 문제에 해결책이 있을 거라고는 미처 생각하지 못했을 것이다. 그는 짧은 작별 인사와 함께 전화를 내게 다시 바꿔 주었다.

와리스가 나와 같은 생각이라는 걸 알고 있었다. 이나브의 기대를 우리가 반드시 충족해 줄 수 있길 바랄 뿐.

사파에 대한 걱정

우리의 특별한 여행객들의 파리 여행이 끝을 향해 달려가고 있었다. 이드리스의 태도도 어느 순간 변했다. 갑자기 어디론가 사라지는 행동도 더는 보이지 않았다. 나와 아이들과도 즐겁게 이야기를 나눴고, 도시와 각종 볼거리에도 흥미를 보였다. 물론 여전히 줄담배를 피웠고 기회만 있다면 언제든 술을 마시려 했지만, 전반적으로는 전보다 훨씬 더 마음을 열었고 친절했다. 이 변화의 원인이 과연 무엇인지는 감을 잡을 수 없었지만, 그에게 믿음을 좀 갖기로 마음먹고 아이들도 관광도 없는 자유 오전 시간을 주었다. 내가 아이들을 데리고 또 한 번 쇼핑하러 나가 있는 동안 그는 호텔에 남아 있기로 했다.

이나브와 사파에게도 변화가 찾아왔다. 처음에는 잔뜩

긴장하고 불안해했지만, 이제는 둘 다 유럽 아이들처럼 파리의 거리를 돌아다녔다. 세 방문객을 유럽식 생활에 서서히 적응하게 하려는 우리의 계획이 성공을 거둔 것이다. 에스컬레이터, 개찰구, 지하철도 이제 더는 장벽이 되지 않았다. '인간은 변화하는 환경에 정말 빨리 적응한단 말이야. 좋든, 나쁘든.' 셋이 함께 백화점에 걸어가며 내가 생각했다. 물론 이나브는 전처럼 자제력을 잃고 보는 물건마다 갖고 싶어 했고, 사파는 이번에도 지나치게 조심스러웠다. 이제는 짐도 도착한 마당에, 두 사람이 또 쇼핑할 일이 뭐가 있을까 의아했다.

새 옷으로 당장 갈아입어도 된다는 허락을 받은 뒤, 사파가 탈의실 커튼을 젖히고 주름 장식이 달린 흰 원피스를 입은 채 나타났을 때, 나는 할 말을 잃었다. 흰색 천이 아이의 검은 피부색과 대조되어 잘 어울렸고, 목에는 와리스에게 받은 파티마의 손 펜던트가 보였다. 즉석에서 스마트폰을 꺼내 사진을 찍었다.

하지만 사진을 확대해서 들여다봤을 때, 사파의 눈 밑에 난 어떤 자국을 발견하고는 소스라치게 놀랐다. 그 짙은 자국을 조심스레 손가락으로 만져보며 얼굴을 가까이서 살펴보니, 사진에서 보이는 것보다 상태가 훨씬 안 좋아 보였다.

"앗!" 사파가 소리쳤다.

"이게 대체 뭐야?" 내가 물었다.

사파가 몸을 빼냈다. "몰라요. 다리에도 있어요." 사파는 원피스를 올리고 허벅지에 난 비슷한 자국을 가리켰다. 그러고는 불안한 눈길로 나를 올려다보았다.

"걱정하지 마. 가서 보여드리자." 내가 아이를 안심시키려 했다.

그 후 아이들과 센 강을 따라 걸을 때, 나는 두 사람을 거의 신경도 쓰지 못했다. 그 자국 생각으로 머릿속이 가득했다.

사파가 어디 아픈 걸까? 멍이 들었나? 이드리스가 딸을 때리는 걸까? 가끔 아이에게 거칠게 대하는 걸 봤고, 딸이 자기가 원하는 대로 하지 않을 때 종종 소리를 지르는 것도 목격했다. 하지만 신체적인 폭력을 저지르는 건 본 적이 없었다. 우리 소중한 사파가 성기훼손의 위협뿐 아니라, 아버지의 폭력에도 노출된 거라면?

그게 사실일 거라고는 도무지 믿기지 않았지만, 이드리스에게 이 얘기를 꺼내기로 마음먹었다.

하지만 호텔로 돌아갔을 때, 그는 또다시 사라지고 없었다.

"그 남자분이 나가신 지는 한 시간도 더 됐어요." 관리인이 내게 말했다.

　이번에도 대사관을 찾으러 나섰을 거라 짐작했지만, 미처 걱정할 새도 없이 사파가 칭얼거리기 시작했다.

　"새 옷 입은 모습으로 아빠를 깜짝 놀라게 해 주고 싶었는데." 사파가 입을 샐쭉 내밀었다.

　"쇼핑한 거 들고 어서 위층 방에 가 있어." 아이들에게 내가 말했다. "내가 가서 찾아볼게."

　피로와 치밀어 오르는 화를 동시에 느끼며, 밖으로 나가 담배에 불을 붙였다. 지난 며칠 간의 일들이, 아프리카에서 온 손님들에 대한 막중한 책임과 거창한 일정이 드디어 나를 곤경에 빠트리는 것 같다는 생각이 들었다. 나는 거리를 살펴보았다. 그러자 멀리서, 이드리스의 번쩍거리는 주황색 패딩 점퍼 실루엣이 흐릿하게 보이는 듯했다. 눈살을 찌푸리며 그가 향한 방향으로 빠르게 걸어갔다. 정말 사파의 아빠가 맞았다. 길모퉁이에서 그는 행인에게 말을 걸고 있었다. 그들은 의아한 눈으로 그를 보다가, 고개를 내젓고는 다시 멀어졌다. 저 사람이 대체 뭘 하고 있는 걸까?

　이드리스는 나를 보자 놀라서 펄쩍 뛰었다. "어…" 그가 말을 더듬었다. "길을 물어보고 있었어요." 결국 그렇게 둘러댔다.

"무슨 길요? 호텔은 바로 저기잖아요. 그걸 모르진 않을 테고." 내가 받아쳤다. 그동안 참을 만큼 참았고, 이젠 이 남자와 정면으로 부딪쳐야 했다. "파리에서 뭘 그렇게 찾아다니는 거예요? 말해 보세요… 어쩌면 제가 도울 수 있을지도 모르죠."

이드리스가 당혹해하며 시선을 내리깔다가 내 의심에 확신을 줬다. "지부티 대사관에 가려고요."

"왜요?" 그 계획에 대해 아무것도 몰랐다는 듯 내가 물었다.

"가족들과 유럽에 살고 싶어요. 여긴 모든 게 아름답고 깨끗해요. 사람들은 모두 돈이 있고, 사고 싶은 물건을 살 능력이 있어요. 나도 그렇게 살고 싶어요."

"이드리스." 내가 한숨을 내쉬었다. "이해해요. 하지만 유럽에 온다고 해서 문제가 전부 해결되는 게 아니에요. 지부티에서와 마찬가지로 가진 것 없이 살아야 할 거예요. 게다가 여긴 모든 게 훨씬, 훨씬 더 비싸고요. 프랑스에서 택시 기사로 일할 수 있다 해도, 그렇게 버는 돈으로는 온 가족을 먹여 살리기에 턱없이 부족할 거예요. 똑같이 빈곤하게 살게 될 거라고요."

어느새 우리는 호텔 입구에 도착해 있었다.

"하지만 그 카드만 있으면 되는걸요. 소피도 갖고 있잖

277

아요." 이드리스가 말했다. "그 플라스틱으로 된 거요. 벽에 붙어 있는 그 상자에다 넣으면 돈이 나오잖아요."

그 말을 들으니 웃음이 나왔다. 지난 며칠간 은행 카드를 이용해 계좌에서 돈을 몇 번 출금한 적이 있었다. 그가 잘못 이해한 것도 무리는 아니었다.

우리는 로비로 들어가 소파에 앉아 아이들을 기다렸다. 가방에서 지갑을 꺼내, 그 안에 들어있던 은행 카드를 이드리스에게 보여주자, 그는 그게 모든 해답을 열어 줄 열쇠라도 되는 것처럼 넋을 놓고 바라봤다. "맞아요. 이 카드만 있으면 세계 어디든 계좌에서 돈을 인출할 수 있어요." 내가 그에게 설명했다. "하지만 무제한이 아니에요. 계좌에 들어 있는 만큼만 돈을 뽑을 수 있는 거예요. 당신이 본 그 벽에 붙은 상자가 사실은 저주 같은 거예요." 이드리스가 믿기지 않는다는 듯 나를 쳐다봤다. "어느 때에나 너무 쉽게 돈을 인출할 수 있게 해 주니까… 그러니까, 점점 돈이 빠르게 줄어드는 거죠. 돈이 다 떨어지면 기계에서 돈이 더는 나오지 않아요."

이 새로운 정보에 이드리스는 깊이 상심했다. "그러니까, 돈을 가져가려면 먼저 돈을 넣어 놔야 한다는 거죠?" 그가 물었고, 내가 고개를 끄덕였다. "그런 멍청한 짓을!"

"동의해요. 하지만 그게 규칙인 걸 어쩌겠어요."

유럽에 왜 살고 싶어 하는지 더 얘기해 볼 새도 없이, 엘리베이터 문이 열리고 사파가 나왔다. 아빠의 얼굴이 금세 환해졌다. 어린 딸이 새로 산 흰 원피스를 입고 한 바퀴 핑그르르 도는 모습을 보며 그는 감탄했다. 방에서 이나브가 어울리는 핀을 사파의 머리에 꽂아준 터라, 그 모습이 더욱더 사랑스러웠다. 심지어 이드리스도 그렇게 말했다.

우리는 다 함께 점심을 먹으러 갔고, 아이들이 이드리스에게 아름다운 센 강을 보여주고 싶어 했기 때문에 또 한 번 강을 따라 걸었다. 센 강을 가로지르는 다리 퐁 데 자르에 이르자, 아이들은 오후의 태양 아래 황금처럼 빛나는 난간을 보고 감탄했다. 넋을 놓고 바라보던 이나브와 사파는 다리를 향해 달려가며 우리에게 세차게 손을 흔들어 오라고 재촉했다.

"이리 와서 이거 좀 보세요!" 아이들이 소리치며 난간에 달린 수많은 자물쇠를 가리켰다.

작고 알록달록한 자물쇠들이 철망 난간을 빼곡히 장식하고 있었다. 무릎을 구부려 놋쇠 자물쇠들을 더 가까이서 보니, 전부 예쁘게 꾸며져 있었고, 하나하나에 죄다 메시지가 적혀 있었다. 작은 하트 모양과 이름과 소원들이 유성 펜으로 쓰여 있었다.

"이게 다 뭐예요?" 사파가 궁금한 듯 물었다.

"사랑에 빠진 사람들, 갓 결혼한 사람들, 친한 친구들, 자매들, 함께 행복을 나누는 사람들이 여기 와서 그 사랑과 행복을 이 자물쇠로 잠가 두는 거야." 내가 말했다.

"왜 그런 걸 하는 거예요?" 그 발상에 놀라워하며 사파가 물었다.

"글쎄, 연인들은 그렇게 하면 사랑이 아주 오래간다고 믿고, 친구들은 우정이 영원할 거라 믿는 모양이야. 사랑하는 사람과의 관계가 이 자물쇠처럼 깨지지 않기를 바라는 거지."

그러는 동안, 이나브와 이드리스가 다리 끝에 한 남자가 차린 작은 노점을 향해 걸어갔다. 몇 분 후 그들은 자물쇠 큰 것 하나, 작은 것 하나, 색색의 펜 몇 자루와 함께 돌아왔다.

"여기요." 이드리스가 둘 중 더 큰 자물쇠를 내게 건넸다. "저 남자한테 가서 샀어요. 여기에 우리 이름을 적읍시다."

그의 제안에 몹시 놀랐다. 그런 감수성을 가진 사람이라고는 생각하지 못했던 것이다. 나는 펜을 가져가서 그 매끈한 금색 표면에 '이드리스, 이나브, 소피와 사파—우리 우정 영원히'라고 썼다. 세 사람도 마음에 들어 했다.

"저 남자 말로는 열쇠 하나는 강물에 던지고 다른 하나는 가지고 있는 거래요." 이나브가 설명했다.

말이 떨어지기가 무섭게 실행에 옮겼다. 난간에서 빈 공간을 찾은 뒤, 자물쇠를 걸고 열쇠 하나를 강물에다 던졌다. "작은 자물쇠는 어떻게 할까요, 이드리스?"

아무 말도 없이, 그는 내게서 파란색 펜을 가져가 천천히 그 위에다 '7월 15일—이드리스와 사파'라고 썼다. 그런 다음 딸의 손을 잡고 반짝이는 난간으로 다가갔고, 사파가 그 작은 자물쇠를 걸었다. 두 사람을 보고 있으니 가슴이 벅찼다.

"내가 언제나 널 지켜줄게, 우리 하나뿐인 딸." 이드리스가 조용히 말했다. 그러더니 사파의 손을 가져가 손바닥에 열쇠를 올려놓고 조심스레 손을 쥐여주며 작은 주먹에 입을 맞췄다.

"그리고 아빠는 언제나 나의 사랑하는 아빠예요." 사파가 엄숙하게 대답했다.

잠시 후, 사파는 팔을 뒤로 쭉 뻗은 뒤 높은 원호를 그리며 센 강에다 그 열쇠를 던졌다. 강물 아래, 그 열쇠는 영원히 남을 것이었다. 이드리스가 사파 얼굴에 난 자국의 원흉일지도 모른다고 짐작한 나 자신이 갑자기 부끄러워졌다.

우리는 또 다른 다리를 향해 걸어갔고, 그 돌 담벼락 위에 사파가 앉았을 때 내가 카메라를 꺼냈다. 와리스는 세 사람이 파리에 있는 동안 최대한 사진을 많이 찍어 달라고 내게 부탁했다. 사파와 가족들이 사진을 보며 여행을 기억할 수 있도록, 또 와리스 본인을 위해서. 이나브는 사진 찍히는 걸 즐거워했고, 카메라 앞에 선 사파를 좀처럼 혼자 두지 않았다. 어떻게든 끼어들어 내가 셔터를 누르는 순간 재밌는 포즈를 취했다.

그러다 사파가 돌아서서 그 담벼락에 다리를 걸쳐 두고 강물 바로 위에서 발을 달랑거렸다. 몇 센티미터만 더 몸을 기울이면 저 깊은 강물로 떨어질 게 분명했다. 아이에게 즉시 달려들어 벽에서 끌어내렸다. "사파, 너무 위험하잖아!"

하지만 어린 사파는 내가 왜 그렇게 기겁하는지 이해하지 못했다. "별일이야 있겠어요? 차라리 물에 뛰어들고 싶은데요. 지부티에서 와리스가 수영하는 법도 가르쳐 줬어요."

나는 다리 아래로 지나가는 거대한 보트 여러 척을 가리켰다. "여기선 수영 못 해." 내가 설명했다. "여기서 뛰어내렸다가 저기 아래에 있는 보트에 떨어졌다고 생각해 봐. 게다가 이렇게 높은 데서 강물에 떨어지면 어마어마하게 고통스러울 거야. 죽을지도 몰라. 그건 싫잖아, 안 그래?"

사파가 알았다는 뜻으로 한숨을 내쉬었지만, 내가 한 말에도 쉽사리 겁을 먹지는 않은 듯했다.

'이 조그마한 사막의 꽃은 정말 겁이 없구나.' 내가 생각했다. 하지만 그 용감함이 아이를 위험에 처하게 할 수도 있었다.

오후의 태양 아래, 사파의 눈 밑에 난 짙은 자국이 더 선명히 보였다. 그새 더 부풀어 올라 더더욱 잘 보였다. 가까이서 보니, 점처럼 작게 고름이 차오른 게 보였다. 그러니 멍일 리는 없었다. 하지만 일곱 살짜리 아이가 벌써 여드름이 날 리도 없었다. 이나브와 이드리스가 슈퍼마켓에 콜라를 사러 갔을 때 나는 사파를 데리고 문 위에 큰 글씨로 '약국'이라고 적힌 현대적인 느낌의 가게로 들어갔다. 철테 안경을 쓰고 밝은 흰색 가운을 입은 나이 지긋한 남자가 유리로 된 카운터 뒤에 서 있었다.

"안녕하세요." 약사에게 공손하게 인사를 건넨 뒤 곧바로 본론으로 들어갔다. "아이 얼굴에 이런 게 났는데, 이게 뭔가요?"

나는 아이 얼굴에 난 걱정스러운 자국을 가리켰고, 사파는 그 자리에 얼어붙은 듯 꼼짝도 하지 않았다. 약사는 카운터에서 몸을 길게 빼 사파의 얼굴을 가까이에서 살펴보았다.

사파가 그를 빤히 쳐다보았다. "안경을 잘못 쓰셨어요." 아이가 말했다. "코끝에 걸쳐 쓰는 게 아니라, 그것보다 올려서 써야 해요. 눈 사이까지. 그래서 이렇게 홈이 있는 거예요." 사파가 약사에게 내가 가르쳐 준 대로 쓰고 있던 분홍색 선글라스를 자랑스레 보여주었다.

약사는 너털웃음을 웃더니 친절한 목소리로 답해주었다. "네 말이 맞아. 하지만 안타깝게도 내 코가 너무 커서, 이렇게 안경을 내려 써야 한단다."

"아, 그렇군요." 사파가 골똘히 생각하며 그의 큰 코를 찬찬히 살펴보았다.

이윽고 약사가 내 쪽으로 몸을 돌렸다. "제 눈에는 습진 같아 보이는데요." 그의 목소리가 갑자기 더 심각해졌다. "따님을 제대로 씻기시는 게 맞나요?" 그가 약간은 나무라는 듯한 어조로 물었다.

"제 딸이 아니에요. 지부티에서 온 손님이죠. 이 아인 아빠와 같이 며칠 전에 파리에 도착했어요. 두 사람은 한 번도 해외에 나와 본 적이 없고요."

약사는 즉시 사과했다. "이 일을 하면서 별별 일을 다 목격했거든요. 이제야 이해가 가네요." 그가 말을 이어갔다. "안타깝지만, 위생 여건이 몹시 안 좋은 국가에선 많은 사람이 이런 습진을 앓아요. 연고를 좀 드릴게요. 하루에 세 번 얇게 펴 발라 주세요. 며칠 안에 없어지기 시작할 겁니다. 차도가 없으면 피부과에 데려가시고요."

감사한 마음으로 연고를 받아 들고 값을 치렀다.

가게를 나서다가, 사파가 유리창에 진열된 의사 가방을 발견했다. "저거 갖고 싶어요!" 그 목소리가 너무 커서 가게 안에 있던 다른 손님들이 전부 사파를 쳐다봤다.

"의사 가방은 뭐 하려고?"

"아시나 선생님 병원에서 저런 걸 봤어요." 아이가 설명했다. "선생님이 사람들을 돕는 데 쓰시는 많은 것들이 들어 있었어요." 아이가 약국 출입구에 서서 말을 이어갔다. "있잖아요 소피, 이다음에 크면 저도 다른 사람들을 돕고 싶어요. 그래서 이 가방이 필요한 거예요."

어느새 약사가 카운터에서 나와 있었다. "진로 계획을 벌써 세우다니 훌륭하구나." 그가 일곱 살짜리 아이에게 말했다.

"네. 지부티에 사는 여자아이들을 전부 도와야 해요." 사파가 결연하게 대답했다. "와리스와 제가 할례를 없앨 거예요."

흰 가운을 입은 남자가 놀란 눈으로 나를 쳐다봤지만,

나는 말없이 그곳을 빠져나왔다. 단 며칠 사이에, 이 어린 아이가 전 세계에 있는 수천 명의 어른보다 더 많은 걸 이해하게 된 것이다.

자동차 여행

와리스 시점

막내아들 레온을 방금 막 재웠다. 이 어린 사자는 거의 매일 저녁 피곤과 싸웠다. 지금껏 이 아이는 평생을 즐겁게 뛰어다니고, 놀고 배우는 데 썼다. 하지만 잠자는 것만큼은 일종의 고역인 모양이었다. 그래도 품에 안고 달래가며 겨우 재우는 데 성공했고, 이제 드디어 내 일에 집중할 수 있었다.

그단스크에도 어둠이 찾아왔고, 우리 집 거실에서 새어나오는 불빛이 과거 한자동맹 도시였던 이곳의 흰 모래사장을 비추는 유일한 빛이었다. 번잡한 유럽의 대도시에서 먼 이곳 폴란드에 정착하기로 한 내 결정은 전적으로 옳

왔다. 그런 생각이 든 것도 이번이 처음이 아니었다. 여기서라면 내 모든 근심과 걱정을 뒤로 하고, 수년간 에너지 소모가 상당했던 FGM과의 싸움에서도 한숨 돌리며, 친아들 둘과 입양한 남매 모와 하오를 평화롭게 키울 수 있었다.

나는 노트북을 열고 조애나가 보낸 이메일을 확인했다.

와리스에게

좋은 소식이 있어요. 7월 말에 뮌헨에서 당신을 초청해서, FGM 철폐 운동에 대한 공로를 인정해 토마스 델러상을 수여하기로 했어요. 정말 잘 됐죠? 원한다면 사파와 다른 일행들도 시상식에 초대해도 좋아요. 내일 전화로 더 자세히 얘기하죠.

그럼 이만.

조애나

소식을 듣고 무척 기뻤다. 매년 독일 토마스 델러 재단에서는 '자유의 적과 싸운' 사람을 기리는 상을 주었다. 좋은 일이었다. 내가 상 받는 것에 죽고 못 살아서가 아니라, 나의 수상으로 인해 사람들이 우리 재단과 우리의 중요한 운동에 주목할 것이기 때문이었다. 당연히 그 초청을 기쁘게 받아들일 생각이었고, 손님들도 함께 데려오라는 조애나의 제안도 무척 마음에 들었다. 메일 몇 개에 더 답장하고 나서, 나는 기진맥진해 잠들었다.

"와리스, 와리스!"

사파가 행복하게 웃으며 흰 모래사장을 건너 내게 달려온다. 아이의 머리카락이 바람에 휘날린다. 눈부시게 하얀 원피스를 입은 사파의 목에서 파티마의 손이 여느 때처럼 달랑거린다.

"드디어 지부티에 돌아오셨군요."

사파를 꼭 껴안고 이마에 입을 맞춘다.

"이나브를 도우러 왔어." 내가 사파의 귀에 조용히 속삭인다.

분명 모래사장에 무릎을 꿇고 있었는데 갑자기 주변이 밝은 조명의 복도로 바뀐다. 혼란을 느끼며 일어선다. 흰 가운을 입은 사람들이 나를 지나간다. 그들에게 지금 여기가 어디냐고 묻는다. 내 말이 들리지 않는 것 같다. 나는 복도를 따라 빠르게 걸으며 흰색 문을 수도 없이 지나친다. 하나씩 열어보고 두리번거리며 방을 살펴보는데, 방마다 침대가 네 개 있다. 어린 여아와 젊은 여자들이 거기 누워있다. 모르는 얼굴들이지만, 다들 나를 보고 웃으며 손을 흔든다.

"안녕하세요, 와리스." 그들이 기쁘게 소리친다.

여기는 병원이 확실한 것 같다. 나는 걷고 또 걷는다. 이 긴 복도에는 끝이 보이지 않는다. 뭐라 말할 수 없는 감각이 저 멀리 커다란 문으로 나를 이끈다. 왜 그런진 모르겠지만, 거기 가야만 한다.

"와리스!" 익숙한 목소리가 갑자기 울려 퍼진다.

이나브다.

"이나브, 어딨어?" 나는 마구 소리치며 달리기 시작한다.

드디어 그 커다란 문 앞에 도착해, 힘을 줘서 문을 당긴다. 방안의 벽은 밝은색으로 칠해져 있고, 이루 말할 수 없는 즐거운 기운을 풍긴다. 거대한 침대 위에 이나브가 있다.

하지만 미처 말을 걸기도 전에, 머리가 희끗희끗한 남자가 내 옆에 나타난다. 본 적 있는 사람이지만, 누구인지 기억이 나지 않는다. 그가 입은 흰 의사 가운을 보고 거기 적힌 글자를 읽으려 하지만, 잘 보이지 않는다. 바로 앞까지 가서야 제대로 보인다. '의사 피에르 폴데즈.' 그 아래에도 뭔가 적혀 있다. '사막의 꽃 센터.'

"와리스, 와리스!"

누군가가 내 손을 흔들어 흠칫 놀라며 일어났다. 반쯤 깬 채, 입양한 딸 하오를 놀란 눈으로 쳐다봤다.

"여기가 어디지?" 숨을 헐떡이며 내가 소리쳤다.

"폴란드에 있는 집이죠. 꿈을 꾸셨나 봐요." 열다섯 살 딸아이가 말했다. "레온이 깼어요. 알려드려야 할 것 같아서요."

하오가 터벅터벅 방으로 돌아가는 동안, 잠시 어둠 속에서 혼자 누워 있었다. '피에르 폴데즈.' 강렬했던 그 꿈에서 깨기 직전에 봤던 이름을 속으로 되뇌었다.

그 남자는 내가 실제로 알고 있는 사람이었다. 지난 12년간 성기훼손 후 질과 음핵 복구 수술을 전문으로 집도해 온 프랑스 출신 의사였다. 현재까지 그의 도움으로 매년 약 2백 명의 여자들이 새로운 삶을 찾았다. 피에르 폴데즈는 실재로 존재하는 인물이었다. 하지만 꿈에서 본 '사막의 꽃 센터' 병원은 아니었다. 그런 기관은 없었다.

"없지, 아직은." 소리 내 혼잣말을 뱉은 후 옆방에 있는 레온을 보러 갔다.

그날 오전 내 매니저이자 친한 친구인 월터에게 전화를 걸어, 공항에서 파리로 가는 항공편을 기다리고 있던 그를 겨우 만날 수 있었다. 우리가 함께 세운 사막의 꽃 재단에서, 그는 매우 중요한 인물이었다. 나처럼 그 또한 우리 재단이 운동의 저변을 확대해야 한다고 확신했고, 지난 몇 개월간 사막의 꽃 센터를 세우는 준비 작업에 매진했다. 그 센터에서 성기훼손을 당한 여자들에게 복구 수술을 지원할 계획이었다. 그가 내게 그 계획에 대해 처음 말을 꺼냈을 때, 나는 그를 얼싸안았다. 그가 우리 일에 갖는 열정 때문에, 그가 늘 꿈을 크게 꾸기 때문에 나는 그를 좋아했다. 그 또한 '세상에 안 되는 건 없다'라는 신조대로 사는 사람이었다. 지난 몇 년간 이 신조와 우리의 무한한 에너지가 사막의 꽃 재단을 끌어왔고, 앞으로도 계속 더 멀리 조직을 이끌 것을 나는 확신했다.

지금 당장은 월터가 프랑스로 가서, 우리의 친구 이나브와 이드리스, 사파를 미니버스에 태우고 유럽을 건널 예정이었다. 물론 비행기에 태워서 빈으로 데려오는 게 훨씬 간단할 테지만, 우리는 그들에게 공항과 대도시 말고도 다른 것들을 보여주고 싶었다. 고향 대륙과 멀리 떨어진 이곳의 풍경을 보여주고 싶었다.

우리의 계획은 성공이었다.

월터 시점

"여긴 모든 게 정말 아름답게 푸르군요." 출발한 지 세 시간은 족히 지났을 때, 내 바로 옆 조수석에 앉아 있던 이드리스가 말했다.

소피와 내가 파리에서 세 사람을 차에 태웠을 때부터 줄곧 이드리스는 한 마디도 하지 않았다. 그는 창밖으로 지나가는 초록이 무성한 프랑스의 시골 풍경을 그저 말없이 바라볼 뿐이었다. 그러더니 어느새 프랑스와 지부티 이야기를 내게 하기 시작했다.

뒷좌석 소피 옆에 앉은 이나브는 자고 있었고, 그 뒤에 앉은 사파도 이어폰을 귀에 꽂은 채 꾸벅꾸벅 졸기 시작했다. 소피가 사파의 손에서 아이팟을 살짝 빼낸 후 본인 재킷으로 아이를 덮어주었다.

여행을 시작하자, 사파가 음악을 최대 음량으로 틀었다. 곧 그 아이는, 영어는 한마디도 할 줄 몰랐지만, 노래를 떠들썩하게 따라부르기 시작했다. 다프트펑크의 「겟 럭키」가 그렇게 좋았는지 연속으로 몇 번씩이나 틀었다. 그때부터 사파는 아이팟을 손에서 놓지 않았다.

또 한 시간이 흐르자, 소피가 이나브와 사파를 힐끔 보았다. 둘은 어느새 잠에서 깨서 좀이 쑤시는지 자리에서 꼼지락거렸고, 얼마 못 가 몸을 앞으로 숙이며 물었다.

"잠깐 내려서 쉴 수 있을까요?"

"좋아, 어쨌든 곧 주유도 해야 하고."

다음 휴게소에서 차를 세웠다. 주유하는 동안, 소피가 아이들을 화장실에 데려갔고, 초조해하던 이드리스가 담배를 꺼냈다. 렌터카 내의 흡연 금지 규정 때문에 힘든 모양이었다.

예상했듯 여자 화장실은 사람들로 몹시 붐볐다.

"지금 당장 가고 싶은데!" 사파가 칭얼거렸다.

세 사람은 곧장 남자 화장실로 직행했다. 이나브가 칸에 들어가자, 소피가 다른 칸에 사파를 데리고 함께 들어가려 했다.

"안 돼요. 나가서 기다려요!" 사파가 단호하게 소피를 밀어냈다.

"하지만 사파. 우린 같은 여자잖아. 안 쳐다볼게." 소피가 사파의 거부를 이해 못 하며 대답했다.

사파는 기겁했다. "밖에서 기다려요!" 아이는 소리치며 문을 꽝 닫았다.

"괜찮은 거지?" 사파가 화장실에서 나오자 소피가 걱정하며 물었다. 여느 때처럼 사파는 변기 물을 내리지 않고 나왔다. 소피가 들어가서 물을 내리며 다시 물었다. "괜찮아?"

사파가 눈을 내리깔았다. "네." 아이는 주저하며 말했다.

소피는 그 말을 믿을 수 있을지 확신할 수 없었다. 그래서 조용한 틈을 타 사파가 아시나 선생님께 마지막으로 검진을 받은 게 언제였냐고 내게 물어보기로 마음먹었다. 와리스가 지부티에 방문한 후로 수개월이 흘렀고, 그때가 마지막으로 그 소아과에서 사파의 안전을 확인한 때였다. 그 몇 달 사이에 무슨 일이든 일어날 수 있었다.

사파의 우물쭈물한 태도는 이나브와 손을 씻다가 수도꼭지에 센서가 달린 걸 발견하고는 금세 자취를 감췄다.

"이거 봐요. 우린 마법사예요." 사파는 신이 나서 손을 넣었다 뺐다 했고, 그때마다 물이 나왔다 멈췄다 했다.

"여기 와서 이것 좀 봐!" 이나브가 표지판의 설명대로 건조기에 양손을 넣으며 소리쳤다. 큰 소음과 함께 따뜻한 바람이 나왔다.

사파가 기쁨의 비명을 지르며 똑같이 따라 했다.

세 사람이 차로 돌아왔을 때, 이드리스는 휴지통 옆에서 다시 출발하기 전 마지막 담배를 피우고 있었다.

차에 타던 소피의 시선이 바닥과 좌석에 널브러진 과자 포장지, 부스러기, 빈 물병과 사과 심에 꽂혔다. 소피는 재빨리 쓰레기를 주워서 휴지통에 버렸다.

"제발 제대로 좀 합시다." 소피가 아이들을 단호히 야단쳤다. "이건 빌린 차야. 우리 차가 아니고. 자기 물건도 아닌데 이렇게 쓰면 되겠어?"

사파와 이나브가 말없이 차에 올라타 좌석 밑에서 빈 포장지를 찾아내는 소피를 보았다. 그런데 소피가 오렌지 주스 병을 집어 올렸을 때, 뚜껑이 열려 내용물이 이나브의 발과 신발에 쏟아지고 말았다.

이나브가 소리쳤다. "어떡해, 새 신발인데!" 새로 산 구두를 몹시도 아꼈는데 그게 망가진 것이다.

당황한 소피가 이나브의 신발을 벗겨 오렌지 주스를 쏟아내고 화장실로 달려가 얼룩을 닦아내려 했다.

그랬는데 차로 돌아오자마자 작게 고인 주스 웅덩이를 밟아버렸다.

"으!" 소피가 발을 들며 소리쳤다.

발밑의 카펫이 오렌지 주스로 흠뻑 젖었다. 아무도 말은 하지 않았지만, 모두가 웃음을 머금었다. 그러자 사파가 몸을 내밀며 말했다.

"소피. 이건 빌린 차예요." 아이가 그를 흉내 내며 말했다. "자기 물건도 아닌데 깨끗하게 써야죠!"

"네 말이 맞아. 사파가 1점 땄네." 소피가 인정하며 다시 출발할 수 있도록 주스를 재빨리 닦았다.

다시 출발한 지 세 시간을 갓 넘겼을 때, 뮌헨에 도착했다. 우리가 호텔로 들어가자, 접수원이 아프리카인 세 명을 의심스러운 눈초리로 쳐다봤다.

"일행인가요?" 남자가 무례하게 소피에게 물었다.

소피는 그 길로 돌아서서 호텔과 그 몰상식한 직원을 뒤로하고 나가버릴 수도 있었다. 하지만 이나브, 사파, 이드리스의 얼굴에 피로가 가득한 것을 보고는 그냥 넘어가기로 했다.

"체크인 서류를 손님별로 각자 작성하셔야 해요." 접수원이 데스크 위에 서류 다섯 장을 놓으며 말했다.

소피와 나는 곧바로 서류를 작성하기 시작했지만, 이나브와 이드리스는 그저 자신 없이 종이를 바라볼 뿐이었다.

"여기에 이름을 쓰고," 이드리스가 이름을 쓸 줄 안다는 걸 이제 알게 된 소피가 설명했다. "생년월일은 여기에 쓰세요."

하지만 이드리스는 본인이 정확히 언제 태어났는지 알지 못했다. 접수원의 업신여기는 시선을 받으며, 소피는 이 아프리카 남자의 여권을 받아 생년월일을 베껴 적었다.

"여기는 거주하는 거리 주소를 쓰는 칸이에요." 소피가 설명을 계속했다.

"발발라." 이드리스가 짧게 답했다.

"그건 알아요." 소피가 답했다. "정확히 어느 거리에 사는데요?"

사파의 아빠는 어깨를 으쓱 올렸다.

"지부티에는 이름이 붙은 거리가 거의 없어요. 발발라에는 아예 없고요." 내가 말했다.

"하지만 정보는 무조건 다 기재해야 해요." 접수원이 매정하게 말했다.

다른 말 없이, 소피가 주소 기입란에 '발발라, 큰길"이라고 적었다.

다음 날 아침 조식실에 들어온 소피는 기분이 좋아 보였다. 나는 거기서 커피 한 잔을 홀짝이고 있었다.

"식사는 안 하시고요?" 그가 물었다.

"괜찮아요. 어젯밤 저녁을 많이 먹었더니 아직도 배가 불러요."

전날 저녁 늦은 시각, 우리는 늦게까지 영업하던 터키 식당을 한 군데 찾아 들어갔다. 친절한 식당 주인이 신선한 양고기를 맛있는 소스와 다양한 곁들임 메뉴와 함께 내어 주었다. 잠자리에 들기 전에 먹기엔 확실히 거한 식사이기는 했다.

"아이들과 이드리스는 어디에 있나요?"

"분명 곧 내려올 거예요. 설마 여기 뮌헨에서도 지부티 대사관을 찾으러 가진 않겠죠." 소피가 웃었고, 내게 파리에서 있었던 일을 얘기해 주었다. "이드리스가 그 생각을 완전히 접게 할 수 있을지는 잘 모르겠네요."

내가 미처 대답하기도 전에, 이드리스가 혼자 조식실로 들어왔다. 소피가 일어나서 아이들을 확인하러 갔다.

이나브가 방문을 열었을 때, 소피는 자기 눈을 믿을 수 없었다. 단 몇 시간 만에 둘이서 방을 완전히 아수라장으로 만들었던 것이다. 종이, 옷, 가격표와 남은 음식이 카펫에 온통 널브러져 있었다. 화장실 바닥엔 물이 1센티미터는 고여 있었는데, 희한하게도 샤워기를 쓴 흔적은 전혀 없었다.

"대체 여기서 뭘 한 거야?" 소피가 방에 들어서며 소리쳤다. 그리고 어리둥절한 아이들에게 아침을 먹으러 내려오기 전 다시 모든 걸 원 상태로 돌려놓으라고 일렀다.

이나브와 사파는 소피 앞에 병정처럼 서서 대답했다. "알겠습니다!"

식당에 내려오는 길에 소피는 아이들에게 엄하게 대한 것이 후회스러웠다. 아이들이 치우고 관리할 자기만의 방을 한 번도 가져본 적 없다는 사실을 그도 잘 알았다. 가족과 함께 사는 오두막은 너무 좁아서 어떤 것도 바닥에 늘어놓을 수가 없었다. 소피는 의자에 앉아 생각에 잠겨 커피를 마셨고, 그러는 동안 이드리스와 나는 뮌헨에 관한 이야기를 나누었다.

30분 뒤 이나브와 사파가 드디어 나타나, 이제 방이 깨끗해졌다고 뿌듯하게 보고했다. 그때는 이미 조식 뷔페가 끝난 후였지만, 혹시 몰라 소피가 아이들이 먹을 달걀과 모닝 빵, 과일 주스를 챙겨두었다. 그는 자기가 마실 커피를 한 잔 더 시킨 뒤 설탕통에 손을 뻗었는데, 마침 그때 사파도 달걀 위에 뿌리려고 그걸 잡았다.

"사파, 그건 소금이 아니고 설탕이야." 소피는 사파에게 경고했지만, 아이는 동요하지 않고 그 흰 알갱이를 스크램블드에그 위에 뿌렸다. 그러더니 만족스럽게 그것을 먹기 시작했다.

"억지로 안 먹어도 돼." 소피가 말했다. 그는 이 소말리아 아이가 파리에서 달걀을 먹은 적이 있었던가 떠올려보려고 했다. 그러는 동안 사파는 그걸 계속 씹어 삼켰다. "맛있어?" 소피는 믿기지 않는다는 듯 물었고, 내가 웃었다.

"네. 엄청 맛있어요."

곧 이나브도 가세했다. "우리는 달걀에 설탕을 뿌려 먹어요. 어떤 사람은 소금을 선호하기도 해요. 설탕을 좋아하는 사람도 있고요. 자기 취향인 거죠."

이드리스도 맞장구를 쳤고, 소피와 나는 놀라서 서로를 바라봤다.

"한 번 먹어보세요. 정말 맛있어요." 접시를 거의 다 비운 사파가 제안했다.

오스트리아 사람 두 명은 고맙지만 거절했다.

잠시 후 내가 차를 가지러 나갔을 때, 일행들이 전부 체크아웃을 했다. 그 불친절한 접수원은 작별 인사로 소피와 나에게만 악수를 청했고, 검은 피부색의 다른 손님들은 간단히 무시했다. 소피가 분개했지만, 슬프게도 내게는 이런 상황이 더는 놀랍지 않았다. 재단 일로 출장 여행을 갈 때마다 자주 겪는 일이었다.

"이제 몇 시간만 있으면 빈에 도착할 거야." 비행기에 오르는 승객에게 파일럿이 알리듯 소피가 비장하게 말했다. "가는 길에 오스트리아의 멋진 풍경을 보게 될 거야. 우리나라엔 산이 정말 많거든."

독일과 오스트리아 국경을 지날 때, 이드리스가 놀라움을 금치 못하며 물었다. "왜 국경 경비대가 없는 거죠? 여권을 보여주고 짐 수색도 받아야 하지 않나요?"

내가 그에게 유럽연합의 원칙을 설명했다.

"그러니까 누구든 여러 국가를 자유롭게 왔다 갔다 할 수 있는 건가요?" 이드리스가 못 믿겠다는 듯 물었다.

"네. 유럽연합 회원국 시민이라면 누구든요." 소피가 대답했다. 그는 사파 아버지가 무슨 생각을 하는 건지 짐작이 갔을 것이다. "하지만 유럽연합 시민이 아니라면 체류 허가증이 필요해요. 보세요, 바로 저기 알프스산맥이 보이네요." 소피가 민감한 주제를 피해 말을 돌리며 창밖을 가리켰다.

우리 앞에 감탄을 자아내는 험준한 바위산이 푸른 하늘 위로 끝없이 펼쳐졌다. 사파, 이드리스, 이나브는 창문에 코를 박고 장엄한 산맥을, 녹음이 우거진 골짜기 위로 눈 덮인 꼭대기를 경탄하며 바라봤다.

"정말 아름다워요." 이나브가 조용히 말했다. "여기 사시는 거예요?"

소피가 웃었다. "아니, 나는 빈에 살아. 하지만 우리 아빠는 이런 산속 마을 출신이셔. 정말 높지? 높이가 거의 3천 미터야." 그가 설명했다. "아빠가 어렸을 땐 겨울이면 스키를 타고 학교에 갔대. 산에서 스키를 타고 쭉 내려가서 골짜기로 향하는 거지."

사파가 호기심 어린 큰 눈으로 소피를 쳐다봤다. "스키가 뭐예요?"

소피가 적당한 표현을 찾지 못해 고민하기에, 내가 설명을 거들었다. "기다란 판 두 조각을 발밑에 고정하는 거야. 그걸 타면 눈 위를 부드럽게 지나갈 수 있어."

소피가 덧붙였다. "진짜 재밌어. 정말 빨리 갈 수 있지. 롤러코스터 타는 느낌이랑 비슷해. 너희가 파리에서 탔던 거 말이야."

사파가 흥분해서 손뼉을 쳤다. "저도 타 보고 싶어요. 내일 해 볼 수 있을까요… 네?" 아이가 외쳤다.

스키는 겨울에만 탈 수 있다고 내가 설명했다. "하지만 다시 또 우릴 보러 올 수 있을 거야. 그땐 꼭 가르쳐 줄게."

이드리스도 호응했다. 그는 여전히 매료되어 산을 쳐다보고 있었다. "저도 배우고 싶네요." 그가 조용히 말했다. "눈이 아주 차갑다던데 사실인가요?"

"얼음처럼 차갑죠." 소피가 말했다.

우리가 모두 각자의 생각에 잠기는 동안 어느새 몬세에 도착해 있었다. 빨간색 미니밴의 지붕에 태양이 내리쬐었고, 차 안의 에어컨도 찌는 듯한 열기를 이기기엔 역부족이었다. 도로에서 보이던 짙은 푸른색 호수에는 반짝이는 물결이 수면에서 넘실거렸다.

"바다다, 바다!" 사파가 외쳤고, 발을 동동거리며 물었다. "수영은 언제 가요? 와리스가 특별히 사 준 수영복도 갖고 왔는데."

내가 소피에게 백미러로 의미심장한 표정을 지어 보였다. "좋은 생각이 있어요." 내가 말했다. "여기서 차 세우고 호수에 잠깐 들어갔다 나올까요?"

사파와 이나브가 환호했고, 이드리스도 잠깐 바람을 쐬면서 담배를 피울 수 있어 기쁜 듯했다. 우리는 옆길로 빠져 몇 분 후에는 공영 호숫가에 도착했다. 그곳에는 수십 명의 아이들과 젊은이들이 놀고 있었다.

탈의실로 가는 길에, 소피는 이번이야말로 사파의 안전을 확인할 수 있는 또 한 번의 기회라고 생각했다. 주유소 화장실에서 있었던 일 때문에 소피는 걱정을 떨치지 못했다.

하지만 역시나 이번에도 사파는 소피를 들여보내 주지 않았다. "바깥에서 아무도 못 들어오게 해 주세요." 사파가 칸막이 문을 아주 살짝만 열어둔 채 단호하게 말했다.

이나브는 옷을 금세 갈아입고 나왔다. 수영복이 없었기 때문에 티셔츠와 반바지 차림이었다. 그런데 사파는 한참 걸렸다.

"도와줘요, 꼈어요!" 어린 사막의 꽃이 탈의실 안에서 낑낑거렸다.

소피가 조심스레 문을 열고 들어가 보니 아이가 수영복을 거꾸로 입어 땋은 머리가 끈에 걸려 있었다. 소피가 웃음을 터뜨리며 걸린 머리를 꺼내 주자, 사파가 갑자기 소리를 지르며 팔로 몸을 감싸 안았다.

소피는 바깥을 흘끔 보았고, 밖에는 한 노인이 지나가고 있었다. "사파, 그냥 지나가는 사람이야. 이쪽은 신경쓰지도 않아. 어쨌든 잘 가리고 있으니까 걱정하지 마." 소피가 사파를 안심시키려 애썼다.

"빨리 옷 갈아입고 나와." 이나브가 밖에서 재촉하더니, 소말리어로 이어서 꾸지람하기 시작했다.

소피가 탈의실에서 나와 문을 닫았다. 아이들이 자란 환경이 자유를 앗아갔다는 사실에 새삼 슬펐다.

이나브가 소피를 지나쳐 둑을 향해 뛰어갔고, 사파도 덩달아 뛰었다. 소피도 아이들을 따라 수정처럼 맑은 호수로 향했고, 이드리스와 나는 호숫가의 한 식당에서 커피를 마셨다.

이나브는 조심스레 물에 발가락을 담갔다. "으, 너무 차가워요." 그가 단언하며 소피 옆에 앉았다. 소피도 차가운 물에 다리를 담그고 달랑거리고 있었다.

사파가 그들을 지나쳐, 두 사람이 미처 반응하기도 전

에 겁 없이 호수에 머리부터 풍덩 입수했고, 물이 온 사방에 튀었다. 곧 다시 수면에 떠 올라 마구 기침하다가, 한시간 동안 다른 아이들과 즐겁게 놀았다. 출발할 시간이 됐을 때, 우리 어른들이 빈에 가서도 수영할 수 있게 해주겠다고 약속한 뒤에야 사파를 물에서 끄집어낼 수 있었다.

다시 차로 돌아온 뒤, 사파는 부루퉁해 있다가 길가의 작은 풍력 발전소를 발견하자 눈을 빛냈다.

"저게 뭐예요?" 사파가 소피의 어깨를 툭툭 치고는 빛나는 황금빛과 초록빛 들판 위로 하늘을 향해 높이 솟아오른 커다란 풍차를 가리켰다.

소피와 내가 풍차로 어떻게 전기를 생산하는지 설명하는 동안 이드리스도 귀를 기울였다. "지부티에도 저런 게 있으면 정말 좋을 거예요." 그가 말했다. "발발라에는 집에서 전기를 쓸 수 있는 사람이 거의 없어요. 하지만 대부분이 휴대폰이나 다른 기기를 갖고 있죠. 우리 집에서 충전하게 하면 될 거예요. 돈도 많이 안 받을 거고, 결국엔 모두가 혜택을 볼 수 있겠죠. 저런 풍차만 있으면 될 텐데."

꿈같이 들리는 이야기였지만, 분명 어느 정도 일리가 있었다. 개발도상국에서 조기 사망의 원인은 굶주림만이 아니라는 사실을 많이들 잘 모른다. 많은 이들이 치명적인 폐 질환을 앓고 있는데, 비닐봉지부터 알루미늄 캔까지 손에 잡히는 거라면 뭐든 태우기 때문이다.

"밥은 어디서 지으세요? 집 안에서, 아니면 밖에서?" 소피가 이드리스에게 물었다.

"대부분은 집 안에서 요리하죠. 우리 집엔 개방된 부엌이 있고, 이젠 등유 스토브도 생겼어요. 집 안 벽 바로 앞에 있기는 하지만, 다른 쪽은 뚫려 있어서 연기를 내보낼수 있어요."

이드리스는 등유를 써서 요리하는 것이 건강에 안 좋다는 사실을 알고 있었다.

"많은 아이들이 그것 때문에 병에 걸린다는 거 아세요?" 소피가 다그쳤다.

"그건 그렇죠. 연기가 건강에 안 좋다는 건 확실해요." 그가 대답했다. "우리나라에 폐병을 앓는 아이들이 많은이유는 아마 집 안에 화기를 두어서 그럴 거예요."

"아미르는 어떻고요?" 소피는 그냥 넘어가지 않겠다는의지였다. "그것 때문에 아픈 걸 수도 있잖아요, 안 그래요?"

이드리스는 단칼에 일축했다. "아뇨, 그럴 리가 없어요. 그 애는 한 번도 긴 시간 동안 연기를 쐰 적도 없고, 이제 우린 거의 밖에서 요리하는 거나 마찬가지인걸요."

소피가 생각에 잠겨 창밖을 바라봤다. 물론 아미르가 앓고 있는 병이 다른 것 때문일 수도 있었다. 하지만 모든 정황이 아미르 또한 그 끔찍한 빈민가 환경의 피해자일 거라고 말해주고 있었다. 이드리스는 인정하고 싶지 않아 했지만, 그것도 이해는 갔다. 그러지 않으면 자식의 건강 악화를 자신의 탓으로 돌려야 했을 테니.

"일어나세요! 빈에 도착했어요!"

꾸벅꾸벅 졸고 있던 승객들을 깨웠다. 몇 시간 만에 처음으로 차가 속도를 늦추었고, 시내로 진입한 뒤 첫 번째 신호등에서 멈췄다. 소피는 짧지만 고단했던 여행이 끝나고 드디어 집에 왔다는 사실에 감격했다. 이나브와 사파는 눈을 비볐다. 온화한 여름 저녁, 우리가 막 지나친 아름다운 쇤브룬 궁전이 평소보다도 강렬한 황금빛 태양 아래 환히 빛났다.

"제가 지금 꿈을 꾸는 건 아니죠? 저게 정말 집 맞아요?" 막 눈을 뜬 이나브가 물었다.

소피와 내가 웃었다.

"저건 성이야. 앞으로 며칠 동안 구경할 여러 멋진 볼거리 중 하나지."

얼마 지나지 않아 이드리스, 이나브, 사파 일행은 소피가 방을 두 개 예약해 둔 호텔 앞에 섰다. 처음으로 우리 없이 세 사람만 호텔에 묵을 거라고 하니, 다들 깜짝 놀랐다.

"이제 다시는 호텔에서 같이 안 자는 거예요?" 소피가 세 사람을 방으로 안내하자 사파가 물었다.

소피는 어쩔 수 없이 사파에게 실망을 안겨야 했다. "월터와 나는 둘 다 여기 빈에 살아. 그러니까 우린 각자 집에서 자야 해."

"그럼 우리가 소피 집에서 자는 건 안 될까요?" 이나브가 물었다.

"나도 그랬으면 좋겠지만, 집에 방이 모자라. 그래도 언제든지 우리 집에 놀러 와도 돼." 유럽 기준으로 봤을 때 소피의 아파트는 매우 작았다. 하지만 이나브와 사파의 작은 오두막에 비하면 궁전이나 다름없을 터였다.

"좋아요!" 사파가 외쳤다. "그럼 내일 놀러 갈게요."

사파가 발꿈치를 들어 소피의 팔에 입을 맞추고 사랑스럽게 말했다. "소피, 사랑해요."

"나도 사랑해. 두 사람 다 발썽부리지 않기로 약속해, 알았지?" 소피가 아이들과 작별 인사를 하며 말했다. 그러고는 이드리스 쪽으로 몸을 돌렸다. "이드리스, 아이들을 잘 부탁해요. 제 동료가 내일 아침에 데리러 올 거예요. 사무실에서 봬요."

이나브와 사파가 방에 달린 창문 밖으로 소피와 내가 탄 빨간 미니밴을 슬프게 바라보았다. 그렇게 새로운 여정이 시작되었다.

빈에서의 하루

소피 시점

사막의 꽃 빈 사무실이 분주했다. 이나브와 사파는 낡은 건물의 방들을 호기심 어린 눈으로 둘러보았다. 월터, 조애나, 와리스가 세계 이곳저곳을 돌아다니며 다양한 행사에 참여했을 때 찍은 사진들이 벽을 빼곡히 채웠다.

"저긴 아프리카네요!" 와리스가 사막에서 아프리카 가족과 찍은 사진을 보고 사파가 기뻐하며 외쳤다.

"맞아." 나를 보자마자 내 품으로 달려든 그 아이에게, 내가 대답했다.

이나브는 파일로 가득한 책장을 꼼꼼히 살펴봤다. "이걸 전부 다 쓰셨어요?" 그가 말했다. "일이 정말 많았겠어요."

내 동료 줄리아나가 이드리스에게 커피를 내려 주었다. 내 커다란 책상 앞에 앉은 사파의 아버지는 피곤해 보였다. 그는 커피를 홀짝이며 담배를 피워도 되냐고 물었다.

"미안하지만 안 돼요." 내가 말했다. "월터는 비흡연자예요. 담배 연기를 싫어하고요."

나는 마우스를 움직였다. 작은 진동 소리와 함께 화면보호기 이미지로 설정해 둔 사막의 꽃 재단 로고가 사라지고, 몇 달 전 발발라에 가서 찍은 베란다에 나란히 선 사파의 가족사진이 떴다.

"여보!" 이드리스가 사진에서 아내를 발견하고는 소리쳤다. "너무 보고 싶어!" 그의 두 눈에 눈물이 차올랐다.

인쇄 아이콘을 누르자, 몇 초 뒤 그 사진이 내 책상 옆 프린터에서 컬러로 출력돼 나왔다. 그것을 이드리스에게 건네자, 그는 두 아들 아미르와 누르도 담긴 그 사진을 손가락으로 더듬었다.

또 다른 사진 폴더를 열고, 여기서 무슨 일을 하는지 보러 온 이드리스와 사파에게 보여주었다.

줄리아나가 이나브를 불렀다. "여기 앉아서 내 일을 좀 도와줘요."

초대받은 열여덟 청년은 기분이 들떴다. 줄리아나가 그

를 초대한 것에는 특별한 이유가 있었다. 우리는 이나브가 빈에 있을 때, 그가 훗날 사막의 꽃 재단 지부티 사무소를 이끌 만한 자질이 되는지 알아보고 싶었다. 이나브는 프랑스어를 수준급으로 구사했지만, 그가 학교에서 배운 영어 말하기와 쓰기가 괜찮은 수준인지 확인해야 했다. 국제기구에서 일하려면 유창한 영어가 필수였다.

줄리아나는 빈 문서를 연 뒤 이나브에게 요청했다. "영어로 몇 문장만 써 볼래?"

"뭘 쓰면 되죠?" 이나브가 주저하며 물었다.

"음, 편지를 써 보면 어떨까?" 줄리아나가 잠시 생각했다. "소피에게."

이나브가 글을 쓰기 시작했다. 처음에는 확신이 없는 듯했지만, 이내 자신감을 점점 회복했다. 곧 키보드를 쉬지 않고 두들기기 시작했다.

몇 분 뒤, 줄리아나가 문서를 출력해 내게 읽어보라고 건넸다.

안녕하세요,

제 이름은 이나브예요. 전 열여덟 살이에요. 남동생 한 명과 여동생 두 명이 있고 지부티에서 왔어요. 저는 유럽이 무척 좋아요. 저를 초대해 주셔서 감사해요.

소피, 소피는 제 친구고 제가 소피를 사랑한다는 걸 기억해 주세요. 저도 사무실에서 일하고 싶고 사업가가 되고 싶어요.

사랑해요.

이나브가

이나브는 내게 수줍은 미소를 보내며 책상에 다시 앉아 줄리아나가 이메일 주소를 입력하는 걸 지켜봤다.

"너도 내 친구고 나도 널 사랑해." 내가 영어로 말했다. 그 순간, 이나브가 곧 내 동료가 될 거라는 강한 예감이 들었다.

이드리스가 담배를 피우러 나가 있는 동안, 사파와 나는 내 컴퓨터로 사진을 더 열어 보았다. 사파는 내 모든 동작을 놓치지 않고 지켜봤다.

"그게 뭐예요?" 사파가 물었다.

"마우스라고 하는 거야." 사파에게 내가 설명했다. "컴퓨터를 쓰려면 이게 필요해."

"그런데 꼬리밖에 없네요? 귀가 안 보여요."

사파가 새로운 세상을 발견하는 방식을 옆에서 지켜볼 수 있어 감격스러웠다. "이 사진에 있는 아이, 누군지 알겠어?" 영화 「데저트 플라워」 촬영 때 찍은 사진 파일을 열며 내가 말했다. 많은 게 담긴 커다란 눈망울로 관객 수백만의 마음을 움직인 세 살 때의 사파였다.

"나예요!" 어린 사막의 꽃이 기뻐 소리쳤다.

이 기회를 잡아 아이에게 몇 가지를 물어보기로 했다. "영화 찍을 때 기억나?"

사파는 고개를 저었다. "기억은 잘 안 나요. 가끔 엄청 무서웠던 것밖에 생각이 안 나요."

"할례 장면을 찍을 때, 네가 막 소리 질렀을 때 말하는 거지?"

사파가 고개를 끄덕였다. 나는 아이를 꼭 껴안고 눈을 깊이 들여다봤다. "와리스가 당한 일, 너에겐 절대로 일어나지 않을 거라는 거 알지?" 희망의 끈을 놓지 않고 이 아이가 내게 그런 일이 이미 일어나지 않았다는 걸 확인해 줄 거라고 믿으며 내가 물었다.

하지만 사파가 미처 대답하기도 전에, 초인종이 울렸다.

우리 재단을 지원하기 위해 새로운 액세서리 제품군을 개발한 디자이너 리아트가 신상품 몇 종류를 보여주려고 사무실에 들렀다. 그의 옆에 사파의 아버지가 서 있었다.

"밖에서 이분을 발견했어요." 리아트가 사무실 문을 열고 미소지으며 줄리아나에게 말했다. "사무실 손님이신

듯해서요."

세련된 옷차림의 액세서리 디자이너가 우리 모두에게 인사하며 자신을 소개했고, 가지고 온 작은 가방을 열었다. 검은색 벨벳 쿠션 위에서 그의 새로운 작품들이 반짝였다.

바로 옆에 서 있던 이나브와 사파는 일제히 탄성을 질렀다. "우와!"

"저거 다 진짜 금이에요?" 사파가 속삭였다.

"맞아, 진짜 금이야." 리아트가 특유의 억양 가득한 듣기 좋은 말투로 대답했다. "네 목에도 비슷하게 생긴 근사한 목걸이가 걸려 있네." 디자이너가 사파의 검은 피부 위에서 반짝이는 파티마의 황금빛 손을 가리켰다.

사파는 상자 안에 줄지어 늘어놓은 멋진 작품에서 눈을 뗄 줄 몰랐다. 리아트가 조심스레 맨 위 칸을 들어 올리자, 그 밑에 또 다른 근사한 디자인이 등장했다. 아이들은 자기 눈을 믿을 수 없는 듯했다.

리아트가 목걸이 하나를 꺼냈다. "봐, 네 거랑 똑같이 생겼지."

최면이라도 걸린 듯, 사파는 눈앞에서 달랑거리는 펜던트를 완전히 매료된 눈빛으로 바라봤다. 파티마의 손이었다. 리아트가 말하길, 와리스가 사파에게 준 그 목걸이를 본인이 제작했다고 했다. 착용한 사람을 영원히 지켜준다는 사파의 그 목걸이가, 이 상징물을 테마로 한 컬렉션의 시제품이었다는 것이다.

어린 사막의 꽃은 뿌듯하게 자기 목에 손을 얹었다. "와리스가 그렇게 귀한 물건을 준 걸 보면, 정말로 저를 사랑하나 봐요. 그렇죠?" 사파가 머뭇거리며 물었다.

리아트가 아이의 부드러운 볼을 쓰다듬으며 말했다. "당연하지. 백 퍼센트 확신해도 돼."

적당한 틈을 엿보다 와리스에게 재빨리 전화를 걸었다.

"사파가 지난 몇 개월 사이에 할례를 당했을까 봐 너무 걱정돼요." 내가 속삭였다.

"그게 무슨 소리예요?"

내게 이런 끔찍한 의심을 안긴 일련의 일들을 와리스에게 설명했다. "누군가가 그 애한테 우리에게 벗은 몸을 보여주지 말라고 일러둔 것 같아요."

와리스의 말로는 지부티에 있을 때 포지아가, 더는 가족을 향한 주변의 압박을 견딜 수 없다며 언젠가는 사파를 '정숙한 여자애'로 만들 거라고 말했다고 한다. 그 사이에 정말로 그가 자기 생각을 실천에 옮긴 걸까? 사파가 아파하는 모습은 보이지 않았기에 그러진 않았을 거라고 생각했지만, 최대한 빨리 확실히 확인해야 했다.

와리스가 깊은숨을 몰아쉬는 게 들렸다. 단호하게 그가 말했다. "소피, 이드리스와 당장 얘기를 해 봐야겠어요."

하지만 이드리스에게 전화기를 넘기려는 내 계획은 수포가 되었다. 그가 나를 혼자 사무실에 남겨두고 줄리아나와 아이들과 함께 밖에 가겠다고 나섰던 것이다.

줄리아나가 아프리카에서 온 세 사람을 데리고 시내로 나갔다. 그는 빈 시립공원을 구경 시켜 준 뒤 케른트너 거리를 따라 성 슈테판 대성당에 그들을 데려갔다. 그런 다음 보행자 전용 구역의 거리를 걸으며 이나브의 수영복을 사러 갔다. 줄리아나는 사파도 수영복을 하나 골라서 입어 본다면 아이의 안전을 확인해 볼 수 있겠다고 생각했다. 기온은 30도를 훌쩍 웃돌았지만, 이드리스는 기어코 패딩 점퍼를 벗지 않았다. 아이들이 신나게 총총거리며 걷는 동안 그는 줄리아나 뒤에서 터덜터덜 따라왔다. 더위도 전혀 개의치 않는 듯했다.

두 시간 뒤, 줄리아나가 혼자 사막의 꽃 재단 사무실로 돌아왔을 때, 나는 여전히 책상 앞에 앉아 모니터 화면으로 파리에서 찍은 사파 사진을 쳐다보고 있었다.

"다른 사람들은 다 어디 갔어요?" 내가 조급하게 물었다. "사파 괜찮은지 확인했어요?"

망연자실한 표정으로, 줄리아나는 백화점에서 이나브

가 반바지와 스포츠 브라를 입어보는 동안 사파의 아버지와 말다툼을 했다고 전했다. 그는 이나브에게 원피스나 투피스로 된 수영복을 입어보는 게 어떻겠냐고 제안했지만, 이나브는 탐탁지 않아 했다. 이슬람교도로서, 이드리스도 아이들이 신체가 드러나는 옷을 입는 것에 완강히 반대했다.

"솔직히 말하면, 가게에서 나오니까 살 것 같았어요. 사파를 어떻게 확인해 보지는 못했고요." 그의 목소리에 후회가 묻어나왔다. "지금 그 셋은 호텔에서 쉬고 있어요."

실망한 나는 모니터의 사진을 응시했다. 사파가 파리의 축제 마당에서 신나게, 태평하게 활짝 웃는 사진이었다.

"사파가 할례를 진짜로 당하진 않았을 거야. 그보다 더 즐거워 보일 순 없고, 아픈 기색도 전혀 안 보였으니까." 나는 생각에 잠겨 혼잣말했다. "그래도 마음이 완전히 놓이지가 않네."

순간적인 충동으로, 폴란드에 있는 와리스에게 전화를 걸었다.

"와리스, 아마 지금 이드리스가 호텔 방에 혼자 있을 거예요. 지금 전화하면 방해 없이 둘이서만 얘기할 수 있을지도 몰라요."

와리스 시점

"여보세요, 이드리스?"

조금의 망설임도 없이 사파의 아빠에게 전화를 걸었다. 무슨 수를 써서라도 진실을 알고 싶었다. 그게 아무리 끔찍하다 해도.

이드리스는 당황한 것 같았다. "와리스? 와리스 디리 맞아요?"

수화기 반대편에 있는 사람이 진짜 나라는 걸 확인해 주고 나서야, 제대로 된 인사로 대화를 시작할 수 있었다. "어떻게 지내요? 유럽은 어때요?" 최대한 아무렇지 않은 듯, 아무것도 모르는 듯 그에게 물었다.

반면 이드리스는 바로 본론으로 들어갔다. "먼저 전화해 주셔서 기쁘네요, 와리스." 그가 소말리어로 말했다. "유럽 정말 좋네요. 우린 여기서 계속 살고 싶어요."

그것이 절대 쉬운 일이 아니라는 걸 소피가 이미 설명해 주었건만, 아무런 소용이 없었던 모양이었다.

"이드리스." 내가 인내심을 가지려 노력하며 말했다. "며칠 뒤면 독일에서 만나게 될 거예요. 그때 이 문제는 자세히 얘기해 보도록 하죠. 하지만 그러기 전에, 긴히 물어볼 것이 있어요." 잠시 말을 멈추고 숨을 깊게 들이쉬었다. "이번에 제가 상을 받게 되었어요. 그래서 세 사람 모두를 뮌헨에서 열릴 시상식에 데려갈까 해요. FGM와 맞서 싸운 제 노력을 기리는 상이에요. 이 운동이 제게 얼마나 중요한 일인지 아시죠?"

처음에 사파의 아빠는 내가 무슨 얘기를 하려는지 감을 잡지 못해, 이렇게 말할 뿐이었다. "네, 당연하죠."

"소피 말로는 여행 도중 몇 번 사파가 이상한 행동을 보였다더군요, 이드리스." 모국어로 또박또박 말하며, 그의 이름을 강조해서 발음했다. "저번에 우리가 지부티에 다녀간 이후로 사파가 혹시 할례를 당했나요?"

그렇게 몇 초가 흘렀다. 내게는 그 찰나가 몇 분, 몇 시간처럼 느껴졌다.

마침내 그가 입을 열었다. "왜 그런 생각을 했어요? 게다가 사파가 이상한 행동을 보였다뇨? 평소와 다를 게 없었는데요." 이드리스가 화를 내며 수화기에 대고 코웃음을 쳤다.

그 목소리를 유심히 들으며 그가 죄책감을 느끼는 건지, 아니면 내가 그를 믿지 않았다는 사실이 불쾌한 것뿐인지 판단하려 애를 썼다.

"계약을 맺었잖아요, 와리스. 여태까지 줄곧 잘 지켜왔고요. 우리에겐 재단에서 보내주는 음식과 돈이 필요해요."

몇 분 동안 죽였던 숨을 천천히 몰아쉬었다. 사파의 아빠가 내게 거짓말을 하는 게 아니라는 확신이 마침내 들었다.

"다행이군요. 혹시나 해서요." 나는 안도하며 이제는 더 일상적인 대화를 나눠보려고 했지만, 이드리스는 그만하면 된 듯했다. "그게 다죠?" 내가 미처 대답하기도 전에 그가 쏘아붙였다. "그럼 됐네요. 며칠 뒤면 만날 테고, 그때 계약 관련해서 더 얘기하죠. 즐거운 저녁 시간 보내세요."

말문이 막힌 채, 빈의 한 호텔 방에서 끊어버린 전화를 놓지 못해 수화기를 붙잡고 그대로 앉아있었다. 우선 가장 시급한 질문에 대한 답을 얻었다. 사랑하는 나의 어린 사막의 꽃은 안전했다. 하지만 마음속 깊은 곳에서, 그 아이를 구하기 위한 나의 싸움이 아직 끝난 게 아니라는 걸 알았다. 가족에겐 재단에서 매달 지원하는 돈과 음식이 필요하다고 말했을 때, 이드리스의 본색이 드러났다. 사파의 부모는 여성성기훼손이 얼마나 잔인하고 말도 안 되는 행위인지 여전히 깨닫지 못하고 있었다. 순전히 경제적인 이유로 딸을 가만히 둔 것이다.

딸아이의 안전이 내게 얼마나 중요한지 깨달았으니, 이

제 이드리스가 그걸 최대한으로 이용하려 들 게 분명했다.

"그때 계약 관련해서 더 얘기하죠." 그는 그렇게 선언했다. 아이에게 아무런 짓도 하지 않는 대신 우리에게 더 많은 걸 요구하려는 생각일 거라고 나는 확신했다. 물론 그 동기는 증오나 복수심에서가 아니라 빈곤일 것이었다. 그렇다고 해서 방금 내가 자진해서 말려 들어 간 그 상황이 조금이라도 나아지진 않겠지만. 내가 쥔 패를 다 내보인 것이다.

소피 시점

기쁜 소식에 크게 안도한 나는 며칠 만에 푹 잠들 수 있었다. 다음 날 아침 상쾌한 기분으로 월터와 함께 세 사람을 데리고 니더외스터라이히주에 위치한 슈네베르크산으로 전원의 폭포 풍경을 보러 갔다.

우거진 녹음을 뚫으며 구불구불 이어진 산길을 따라 도착한 빈터에는 페인트칠한 낡은 나무집이 밝은 햇살 아래 서 있었다. 그 옆에는 좁은 개울이 흘렀다.

이드리스가 차에서 내리며 소리 내 숨을 깊이 들이마셨다. 상쾌한 산악 지대 날씨는 도심의 끈적한 여름 더위와 차원이 달랐다. 그는 다른 사람들을 기다리지 않고 개울 가로 달려가 무릎을 꿇고 두 손을 유리처럼 맑고 차가운 물 속에 넣었다.

"사파, 이리 와 봐." 그가 딸을 불렀다. "물이랑 흙냄새 맡아봐." 그의 검은 손 위에서 물방울이 햇빛을 받아 반짝였다.

"그렇게 맑고 깨끗한 물은 처음 봐요." 사파가 목소리를 낮추며 말했다. "봐요, 반짝거려요. 냄새도 아주 신선해요." 사파는 새로 산 운동화를 벗어 던지고 물에 들어갔다. 물줄기가 사파의 발목 주위를 맴돌며 흘렀다. 아이의 꺅 하는 소리가 이나브와 월터, 나를 불러모았다.

"얼음처럼 차가워요!" 사파가 소리쳤다.

"이 물, 먹을 수 있어요?" 사파의 아빠가 물었다.

내가 몸을 굽혀 오므린 손에 물을 담아 마셨다.

"그러니까, 목마르면 언제든 여기 와서 물을 마시면 되는 거예요?" 이드리스가 말했다.

여기 오스트리아에선 수돗물도 얼마든지 마셔도 된다고, 어차피 이 개울물과 같은 물이라고 그에게 설명해 주었다.

"하지만 샤워기에서 나오는 물이 식수가 되지는 않겠죠, 안 그래요?" 이드리스가 흠칫 놀라서 물었다.

"마실 수 있죠." 약간은 멋쩍게 내가 대답했다.

"물 얘기는 그만하고 이제 먹을 것 얘기로 넘어가면 안 돼요?" 이나브가 농담을 던졌다. "슬슬 배가 고프네요."

그래서 산책은 잠시 후에 하기로 하고, 그 농가의 낡은 나무 베란다에 자리를 잡았다. 그 집은 식당도 운영하고 있었다.

"포지아가 왔다면 여길 참 좋아했을 텐데." 이드리스가 뜬금없이 말을 꺼냈다. 여태까지 그는 '우리 여보'라고 부르던 아내 얘기를 거의 꺼낸 적이 없었다. 그들이 이 지상 낙원에서 배를 채우는 동안 지부티의 변변찮은 오두막에 앉아있을 가족 생각에 슬퍼진 사람은 이드리스 혼자가 아니었다. 사파도 갑자기 풀이 죽었다.

"적어도 넌 엄마가 널 기다리고 있다는 걸 알잖아. 그게 얼마나 다행이니." 이나브가 말했다. 그는 집에 돌아갔을 때 엄마가 있을지 없을지도 확신할 수 없는 상황이었다.

"어머니는 왜 집을 나가신 거니?" 나와는 달리 사연을 몰랐던 월터가 물었다.

"엄마는 아팠어요." 이나브가 대답했다. "그리고 아빠가 종종 거칠게 대했고요."

"그런 얘긴 나한테 안 했잖아, 이나브." 내가 말했다. "아니 대체 뭐 때문에 어머니를 폭행한 거야?"

이드리스는 이나브가 왜 그렇게 속상해하는지 이해하지 못했다. "그게 왜 폭행인 건지 모르겠네요." 그가 끼어들었다. "쿠란에는 남자가 아내와 아이를 때려도 된다고 나와 있는데요."

"이드리스, 이 세상에 그 어떤 것도 타인에게 폭행을 저지를 권리를 줄 순 없어요. 여자든, 남자든, 어린아이든." 내가 목소리를 높였고, 월터도 힘찬 고갯짓으로 동의를 표했다.

"아니, 내가 우리 여보를 때렸다는 게 아니잖아요. 진정하세요." 이드리스가 우리를 안심시키려 말했다.

하지만 사파의 눈에 깃든 기색이, 그 애 아빠가 정말 진실을 말하고 있는지를 의심하게 했다.

긴 휴식이 끝난 후, 우리는 등산로를 따라 산책을 시작했다.

월터와 이드리스, 사파가 산을 힘차게 올라가는 동안, 이나브와 나는 약간 뒤처졌다.

"제 여동생들 때문에 너무 두려워요." 이 기회를 틈타 이나브가 내게 말했다. "이웃들과 친구들이 내가 아이들의 할례를 막았다며 심술을 부려요. 제가 없는 사이에 동생들에게 무슨 짓을 하진 않을까 걱정돼요." 그는 학교 교사가 동생들이 '순결'하지 않다며 쿠란 수업을 못 듣게 할 거라고 늘 위협한다고 했다. "그러면 제가 우린 등록금을 분명히 냈다고 말하죠. 재단에서 주는 돈으로요. 아이들이 쿠란 수업에 참여할 수 없다면, 동생들은 학교를 그만둘 거고, 등록금도 환불해 줘야 한다고 말해요."

'이렇게 용감하고 어른스러울 수가 있다니. 정말 훌륭한 청년이야.' 내가 생각했다.

다른 일행이 시야에서 완전히 사라지자, 우리는 길가 벤치에 앉았다.

"네 동생들이 FGM이 뭔지 알고 있니? 네가 아이들이 당하지 않도록 막는 그 행위가 어떤 건지 정확히 알아?" 내가 조심스레 물었다.

이나브가 벤치에 앉아 꼼지락거렸다. "네. 동생들에게 제 얘기를 해 줬어요. 들려드릴까요?" 청년은 고개를 들고 얘기를 듣기 전 내가 마음을 단단히 먹었는지를 확인했다.

나는 조용히 고개를 끄덕였다.

"어느 날, 제가 어렸을 때, 엄마가 이웃집에 절 데리고 갔어요. 거기엔 여자애들이 많이 모여 있었고, 온갖 간식이 쌓여 있었어요. 팝콘, 코카콜라, 사탕… 무슨 큰 파티라도 하는 것처럼요. 전 그때 여섯 살밖에 안 됐지만, 칼을 잡은 할머니가 아이들을 차례로 고문할 때마다 들렸던 끔찍한 비명이 아직도 생생히 기억나요. 그 안에서 무슨 일이 일어나는지는 정확히 몰랐지만, 절대 그 안에 들어가고 싶지 않다는 것만은 알았어요. 개중에는 네 살도 채 안된 애들도 있었어요."

이나브는 숨을 깊이 들이마시고 다시 길게 내뱉었다. 잔혹한 그 장면의 기억이 그의 눈가에 눈물로 맺혔다.

"엄마들 중 한 사람이 비명을 지르는 딸아이를 안고 나왔을 때, 그 어두운 방을 흘끔 들여다봤어요." 이나브의 목소리가 떨렸다. "사방이 온통 피였어요. 바닥은 피바다고, 험악한 할머니기 손에 면도칼을 들고 무릎을 꿇고 앉아서 그다음 희생양을 기다리고 있었죠. 방 안의 벽마저도 피범벅이 돼 있었어요."

나는 손으로 얼굴을 감쌌다. 재단에서 일하면서 여성성기훼손에 관해 많은 것을 듣고 읽었고, 심지어 글도 쓴 나였다. 하지만 이나브의 실제 경험 이야기를 들으면서, 이 경악스러운 행태를 한 번도 들어본 적 없는 전 세계 수백만 인구 중 한 사람처럼 나는 깊은 충격을 받았다.

"곧 그 사람들이 절 잡으러 왔고 방으로 끌고 들어가려고 했어요." 이나브가 말을 이어갔다. "처음엔 제가 훨씬 빨랐어요. 밖으로 도망쳐서 할 수 있는 한 최대한 빨리 달렸죠. 하지만 엄마가 절 쫓아왔고 결국 절 따라잡았어요. 엄마는 팔로 날 붙잡았고 다른 사람들도 엄마를 도와 절 다시 그 집으로 끌고 들어가려고 했어요. 빠져나오려고 애를 썼지만, 도저히 그럴 수가 없었어요. 그래서 바닥에 나뒹굴어 다들 포기할 때까지 꽥꽥 소리 질렀죠."

"그러다 어느 날, 결국 피하지 못했구나…" 내가 말했다.

"그랬죠. 그때 전 열세 살이었어요. 몇 년 동안 애써 저 자신을 지켜왔지만, 그때는 더 저항할 힘이 남아있지 않았어요. 음침한 방바닥에서 거의 기절하다시피 했을 때, 칼을 잡는 할머니가 면도날을 꺼냈죠."

이나브가 비통하게 울기 시작했고, 나는 무력하게 팔로 그를 감싸 안았다.

"소피, 그 순간을 절대, 절대 잊지 못할 거예요. 그 공포와 고통을."

이나브는 몇 분이 더 지나서야 진정을 되찾았고, 그제야 손등으로 얼굴을 닦아냈다.

그러더니 흐느끼며 말했다. "그때부터 쭉, 전 믿어 왔어요. 그렇게 고통스러운 게 알라의 뜻일 리 없다고요. 선 확신해요!"

"와리스가 우리가 꼭 너를 돕겠다고 약속한 거, 기억하

329

니?" 내가 물었다.

이나브가 고개를 끄덕였다. 내가 복구 수술에 관해 설명하는 동안, 그는 완전히 몰입하여 내 얘기를 들었다. "폴데즈 의사 선생님의 음핵 복구 수술은 거의 30분밖에 안 걸려. 레이저를 사용해 흉터 조직을 제거하지. 뜨거운 레이저 광선으로 집도하기 때문에 피도 거의 안 나. 그런 다음 몸 안 깊숙이 있는 음핵을 바깥으로 가져와서, 상처 부위를 봉합하는 거지."

"그런 다음 얼마나 입원해야 하죠?" 이나브가 믿지 못하겠다는 듯 물었다.

"수술이 끝나고 나면 바로 그날 집에 갈 수 있어. 그다음엔 감각도 다시 돌아오지."

"그게 무슨 뜻이에요?" 약간은 부끄러운 듯한 목소리로 이나브가 조용히 물었다.

"그건 말이지." 내가 말했다. "성관계를 갖는 건 정말 아름다운 일이란다. 그 수술로 이나브 네가 빼앗긴 그 감각까지도 돌려받을 수 있어."

이나브가 생각에 잠겨 발밑을 바라봤다.

"생각해 봐. 수술을 받고 싶다면 날짜를 잡아줄 수 있어. 금방."

그는 곧 고개를 들어 나를 똑바로 바라봤다. "저는 소피를 믿어요. 와리스도, 월터도, 사막의 꽃 재단 사람 모두를." 그가 말했다. "그런 게 정말 가능하다면, 무슨 일이 있어도 꼭 수술을 받고 싶어요."

교육을 받다

슈네베르크산에서 빈으로 돌아오는 길에, 월터와 나는 다음 날 즉석 교육 시간을 마련하기로 계획했다.

아침에 일어나자마자, 사무실의 큰 소파 앞에 넘기는 종이 차트를 가져다 두었다. 탁자 위는 FGM에 관한 프랑스 책과 브로슈어로 가득했다.

이드리스, 이나브, 사파가 초등학교 아이들처럼 한 줄로 앉아 기대를 안고 기다렸다. 아이들은 즐겁게 웃으며 떠들었다.

"오늘은 와리스와 사막의 꽃 재단에서 하는 활동에 대해 알아볼 겁니다."

우선 아프리카의 여러 지역에서 자행되는 그 잔혹한 의례의 여러 방식에 관해 설명했다. "음핵만 훼손할 경우,

'음핵절제법'이라고 불립니다." 나는 칠판에 단어를 적었다.

"제가 당한 거네요." 이나브가 조용히 말했다. 사파가 옆에서 안타까운 시선을 보냈다.

"소음순까지도 부분 또는 전부 훼손할 경우," 내가 설명을 계속했다. "'절제법'이라 불립니다."

나는 관심 있게 듣는 이드리스를 쳐다봤다. 아프리카 남자 앞에서, 특히나 어린 딸과 함께 있는 데서 이 이야기를 꺼내는 건 간단한 일이 아니었고, 그의 반응을 예상하기도 힘들었다.

"많은 경우, 대음순까지도 훼손한 뒤 작은 구멍 하나만 남겨놓고 질을 전부 꿰매 음문을 봉합니다. 이것이 FGM의 가장 끔찍한 형태로, 일부에선 '파라오식 할례'라고 부릅니다."

다들 침묵에 빠졌다. 아이들도 더는 웃지 않았다.

나는 설명을 이어가며, 피해자들은 마취도 전혀 받지 않고, 열악한 위생 때문에 대부분의 여아가 심한 감염에 시달린다고 덧붙였다.

이쯤 되니 사파를 이제 빼는 게 좋지 않을까 하는 생각이 들었다. 하지만 아이의 앎에 대한 갈망, 그 용기와 우리를 돕고 싶다는 확고한 의지를 보고 남은 시간도 사파와 함께 하기로 했다.

"FGM은 조산사나 이른바 '전문 할례 시술자'로 불리는 사람들에 의해 행해집니다." 내가 이어서 설명했다. "이들은 면도칼이나 유리 조각, 가위를 이용합니다. 여아들은 보통 사춘기 전, 4세에서 14세 사이에 할례를 당합니다. 태어난 직후에 당하는 경우도 종종 있죠.

여러분도 알다시피, 할례를 당한 여아만이 '순결'하다고 간주됩니다. 대부분은 아주 어린 나이에 결혼하는데, 이들의 부모가 생계의 수단으로서 신붓값을 절실히 원하기 때문입니다. 신붓값은 대개 돈이나 가축으로 치러집니다."

사파는 무릎에 공책을 두고 부지런히 필기하고 있었다. 그러다 갑자기 펜과 공책을 놓고 벌떡 일어서서 아빠 앞에 섰다. 얼굴을 잔뜩 찌푸린 채, 한 손을 허리에 두고 다른 손으로는 자식을 혼내는 엄마처럼 검지를 세웠다. "나한테 그런 짓 할 생각 마세요, 아빠." 사파가 말하자, 이드리스는 딸을 경외의 눈빛으로 바라봤다. "저를 염소랑 바꾸지 않을 거죠… 네?"

이드리스가 사파의 손가락을 잡고 장난스럽게 깨물었다. "절대 아니지! 대신 말 안 들으면 팔아버릴 거야." 그렇게 말했지만, 다들 장난으로 하는 말인 걸 알았다. 그는 사파를 끌어당겨 배를 간지럽혔고, 아이는 웃으며 소리 질렀다.

사파의 천진한 웃음소리에 전염되어, 이나브와 나도 웃기 시작했다. 그것으로 이 방에 쌓여가던 긴장이 풀렸다.

"왜 여자들이 이런 일을 당해야 하나요?" 이나브가 물었다.

"모든 감각을 없앤 다음 결혼할 때까지 '처녀'로 남는 게 남편에게 순종하는 길이라고 믿기 때문이야. 남자가 여자한테 힘을 행사하는 걸 보여주는 거지."

이드리스가 집중하며 눈을 가늘게 떴다. 사파도 완전히 몰입하여 내 말을 듣고 있었다.

"FGM은 쿠란이나 성경에 나와 있지 않습니다." 이어서 FGM이 종교의 계명이라는 주장에 관해 설명했다. "예언자 무함마드가 쓴 것으로 여겨지는 현존하는 일부 문헌에 언급되기는 합니다. 하지만 중요한 점은," 내가 강조했다. "그 문헌이 과연 진본인지 확실하지 않다는 점입니다. 게다가 그것을 의무로 규정한 대목은 어디에도 찾아볼 수 없습니다. 그러한 관습이 이미 존재하는 곳에서 그것이 '**허용되고 있다**'라고만 말할 뿐입니다. 게다가 모든 이슬람 국가에서 여성을 대상으로 할례, 더 정확히 말하자면 성기훼손을 행하는 것도 아닙니다."

이 대목에서 이드리스가 몹시 놀랐다. 지금껏 전혀 들어보지 못한 얘기였던 것이다.

"많은 이슬람 국가에서, 예컨대 터키에서는," 벽에 걸린 세계 지도를 가리키며 내가 말했다. "여성을 대상으로 성기훼손을 강요하는 전통이 없습니다. 시리아, 요르단, 레바논에서도 거의 행한 적이 없습니다. 한편 이렇게 잔혹한 행위를 의식으로 거행하는 곳을 더 살펴보면, 이슬람교도 여아만이 아니라 뿌리 깊은 기독교 집안의 여아들도 성기훼손을 당합니다. 이집트의 콥트교와 에리트레아의 기독교 내에 그런 전통이 존재하는데, 후자는 기독교와 이슬람교 인구가 비슷한 곳입니다. 에티오피아의 기독교인들도 대다수가 딸의 성기를 훼손합니다. 그곳에선 성기훼손을 행하던 대부분의 인구가 팔라샤인으로, 이들은 유대인입니다."

세 사람은 몹시 놀란 표정이었다. 할례가 이슬람 문화권만이 가진 독특한 전통이라고 믿어왔던 것이다.

이드리스는 이 새로운 정보에 예상보다 더 격한 반응을 보였다. "뭐라고요?" 그가 분개하며 소리쳤다. "그럴 리가 없어요! 모스크에 가면, 이맘*께서 할례는 신의 뜻이라고

---

* 이슬람교 종교 공동체의 통솔자를 부르는 말로, 주로 예배에서 신도들을 지도하는 역할을 맡는다.

가르친단 말입니다. 이맘께서 우리한테 거짓말을 할 리 없어요!"

사파도 목소리를 높였다. "발발라에 사는 다른 아이들이 저보고 할례를 안 받으면 사탄이 와서 잡아간다고 했어요."

이나브도 고개를 끄덕였다. "맞아요. 사람들이 여자가 할례를 안 받으면 머리가 돌아버려서 늘 섹스만 원하게 된다고 말했어요. 자기 몸에 대한 통제력을 잃어버린다고요."

아이들이 들으며 자라는 그 모든 괴담을 익히 들어 알았지만, 그들의 말을 귀 기울여 들었다. 여아들에게 날마다 행해지는 그 끔찍한 행위를 정당화하기 위해 지어낸 이야기였다.

좌중이 더 흥분하기 전에, 차트의 첫 페이지를 넘겨 거기 적힌 충격적인 수치를 세 사람에게 보여주었다.

"세계보건기구의 추산에 따르면, 전 세계 FGM 피해자 수는 1억 5천만 명에 달합니다. 최소 1억 5천만이죠." 공이 끝없이 붙은 그 수치를 펜으로 가리켰다. "여기에 더해, 매년 3백만 명의 여아들이 성기훼손을 당합니다. 그 말인즉슨, 매일 8천 명의 아이들이 당한다는 뜻이죠" 잠시 말을 멈췄다.

"8천 명이요? 매일?" 이나브는 경악을 금치 못했다.

"그렇게 많이요?" 사파가 물었다.

"사파, 네가 다니는 학교에 전교생이 8백 명 정도 있지. 그 정도 수를 일단 상상해 봐." 그게 얼마만큼의 수치인지 감을 잡을 수 있게 내가 설명했다.

사파가 눈을 감고 아이들로 북적이는 운동장을 머릿속에 그렸다.

"네가 지금 머릿속에 그린 학생들보다 열 배나 많은 아이들이 오늘, 내일, 모레… 매일 그런 고통을 당하는 거야."

어린 사막의 꽃은 경악하며 눈을 번쩍 떴다. "말도 안 돼요." 속삭이는 사파의 눈에 눈물이 고였다.

여성성기훼손은 어린아이가 받아들이기에 쉬운 주제가 아니었다. 지금까지 사파가 보여준 용기는 실로 대단했다. 하지만 다음에 다룰 얘기는 사파가 듣기엔 적절하지 않았고, 아이에게 겁을 주고 싶지는 않았다. 줄리아나가 아이스크림을 먹으러 가자며 사파를 데리고 나갔다.

이제 특히나 민감한 얘기를 꺼낼 때가 왔다. 바로 여성성기훼손의 영향에 관해서다.

"성관계 도중, 훼손당한 여자의 성기 흉터 조직이 다시 찢어집니다. 그 순간 여자가 느끼는 고통은 상상을 초월

하죠. 이 때문에 성생활에 심각한 문제가 생깁니다."

우려했던 것처럼, 이드리스가 갑자기 열을 올렸다. "그게 무슨 소리예요? 우리 여보는 나를 사랑해요. 아내는 나한테 한 번도 아프다는 얘기를 한 적이 없다고요." 그가 불쑥 내뱉었다.

이나브가 그를 툭 밀쳤다. "대다수가 말도 못 하고 참는다고요." 그가 설명했다. "아저씨한테 말을 할 리가 없잖아요. 그래봤자 무슨 도움이 되겠어요?"

백번 천번 맞는 말이었지만, 사파의 아빠는 손을 휘휘 내저으며 이나브의 말을 일축했다.

설명을 계속했다. "특히 출산 도중, 성기 조직이 찢어지며 출혈이 심하게 발생합니다. 대부분의 경우 제왕절개를 필요로 하지만, 제대로 된 의료 서비스가 갖춰지지 않은 경우 수술을 받을 수가 없습니다. 동아프리카가 세계에서 출산 시 사망률이 가장 높은 곳이라는 사실, 알고 계셨나요? 물론 FGM이 그 주요 원인이고요."

이드리스가 말을 꺼냈다. "이 모든 수치와 끔찍한 현실에 정말 큰 충격을 받았어요." 그가 말했다. 진심으로 충격받은 목소리였다. "이런 일이 절대 다시는 일어나서는 안 돼요. 이 잔혹함을 끝내야 해요."

이나브가 놀라서 눈을 동그랗게 떴다. 나 또한 내 귀를 믿을 수가 없었다.

그러자 이드리스가 일어서서 엄숙하게 말했다. "그 싸움에 나도 동참하겠어요. 내 자매들과, 우리나라 여성들과, 전 세계 모든 여자아이를 위해서."

그날 밤 저녁 식사 때, 이나브가 실의에 빠져 창밖을 하염없이 바라보고 있었다.

"이나브, 무슨 일 있어?" 내가 깜짝 놀라 물었다. 이나브의 두 뺨에 눈물이 흘러내리고 있었다.

"너무 슬퍼요." 손등으로 눈물을 닦으며 이나브가 대답했다. "여기 소피와 함께 있고 싶어요. 시부티로 돌아가기 싫어요. 여긴 모든 게 다 좋아요! 이곳 사무실에서 소피와 일하고 싶어요."

이드리스와 이나브 둘 다 숨을 죽이고 내 반응을 기다렸다. 이드리스가 같은 소망을 표현했을 땐 거절했는데, 이나브의 말은 과연 들어줄까? 이드리스는 눈을 가늘게 뜨고 잠깐 식사를 멈추기까지 했다. 내가 그에게 한 대답과 같은 답변을 내놓자, 그의 안도감이 옆에서도 느껴지는 듯했다.

"이나브, 네가 곧 집에 돌아가야 한다고 해도, 영원히 못 보는 게 아니야. 다시 우릴 보러 올 거잖아. 게다가 지부티에서 우리 재단 일을 시작하면, 보고 배우는 게 정말 많을 거야. 돈을 모을 수도 있을 거고, 일단 자립하면 나중에는 전 세계 어느 나라든 자유롭게 여행할 수 있을 거야."

이나브가 고개를 끄덕였다. 갈 길이 멀다는 것을 그도 알았다.

이드리스, 이나브, 사파가 빈에서 우리와 함께 보낸 마지막 며칠은 눈 깜짝할 새 지나갔다. 이 작은 투어 그룹을 위해 줄리아나와 내가 일정을 알차게 세웠고, 이들에겐 언제나 새로운 발견과 경험이 기다리고 있었다.

이드리스는 빈에서 가장 큰 모스크를 보고 매우 인상깊어 했다. 줄리아나가 금요 기도에 세 사람을 데리고 간 곳이었다. 사파와 이나브는 월터의 친구 소유인 올드 다뉴브 강변 오두막에 당일 여행을 갔을 때 특히나 좋아했다. 사파는 지칠 줄 모르고 한참 물놀이를 했다.

마지막 날 저녁, 나는 두 사람의 호텔 방으로 가서 와리스와 아이들을 만나러 가기 전 단장하는 걸 도와주기로 약속했다.

빗과 매직기, 화장 도구를 준비해 아이들을 모델처럼 꾸며줄 태세를 갖추고 방에 도착했다.

"여태까지 유럽에서 제일 좋았던 게 뭐야?" 헝클어진 곱슬머리를 빗어 내리며 사파에게 물었다.

"대관람차가 정말 재밌었어요." 빈에서의 여정을 우선 떠올리며 사파가 대답했다. "공중 높이 떠 있었는데도, 하나도 안 무서웠어요."

"하지만 올드 다뉴브에서 큰 개 두 마리를 봤을 땐 무서워서 울 뻔했잖아." 열여덟 청년이 어린 동생이자 친구를 보며 웃었다.

"잠깐, 생각해 보니 그때 이나브 너도 개를 보자마자 내 뒤에 숨었잖아." 내가 사파를 변호하며 말했다.

"그리고 동물원에서 본 그 개도 잊지 못할 거예요." 어린 사막의 꽃이 말했다.

"무슨 개?" 의아해진 내가 물었다.

"그거 있잖아요, 그 곰이요." 사파가 기억해 내라는 듯 재촉했다.

드디어 기억이 나자 웃음이 흘러나왔다. 그날은 파리의 큰 놀이공원인 아클리마타시옹 공원에 놀러 간 날이었는데, 그곳에는 여러 놀이기구 말고도 동물원이 있었다. 곰 구역에서, 네 살쯤 되어 보이는 야무진 프랑스 여자애가 사파에게, 네가 감탄하며 보는 그 동물이 개가 아니라 불곰이며, 코알라나 북극곰이나 팬더와 다른 종류라고 설명해주었던 것이다.

사파가 깔깔 웃었다. "그때 언니가 염소 뿔을 잡았을 때 사람들이 정말 이상하게 쳐다봤잖아." 사파가 이나브에게 말했다. "염소가 무섭다는 듯이 말이야. 염소도 기를 수 있는 그냥 평범한 동물인데."

"맞아!" 이나브가 소리쳤다. "무서운 인형이 있는 미로에도 갔었지. 너 진짜로 무서워했잖아, 그땐. 기억나, 사파?"

사파가 세차게 고개를 끄덕였다. "맞아. 괴물들이 정말 무서웠어. 그래도 그 어두운 방에 소피랑 같이 들어갔지. 정말 좋았어!" 사파는 거울 미로부터 마지막 공포의 방까지 모든 관문을 하나하나 복기하며 신나게 재잘거렸다. 무서움을 극복한 자신이 자랑스러운 모양이었다.

그 애의 기억력이 정말 놀라웠다. 유럽에서 새롭게 소화할 경험이 그렇게 많았는데도, 사파는 그 모든 걸 기억하고 있었다.

"이제 알겠지, 사파." 내가 말했다. "정말 하고 싶은 일이 생겼을 때, 너처럼 용감한 여자애는 무엇이든 할 수 있다는 거."

"그런데 **넌** 뭐가 제일 좋았어?" 이나브를 향해 질문을 던졌다.

"산에 올라가서 망원경으로 달을 봤을 때요." 이나브가 웃으며 대답했다.

"칼렌베르크 전망대에 갔을 때 말하는 거구나." 사파의 머리칼을 잡아당기며 내가 말했다.

"악!" 사파가 소리 질렀다.

"정말 미안해. 그런데 매직기를 쓰려면 먼저 곱슬머리를 풀어야 해."

이틀 전, 이나브와 사파가 내가 머리를 펴는 걸 목격한 것이다. "우리도 해 보고 싶어요!" 둘은 일제히 외쳤다.

사파의 곱슬머리에 뜨거운 매직기를 갖다 댄 후 길게, 매끄럽게 펴는 모습을 이나브에게 보여주었다. 사파에게 움직이지 말라고 경고했지만, 그 애는 계속 움찔거렸고, 결국 매직기가 귀에 살짝 닿았다. "앗, 뜨거!" 사파가 소리치며 앙다문 이 사이로 숨을 들이쉬었다.

"아름다움을 위해선 고통을 참아야 해. 독일에 그런 속담이 있지." 내가 농담을 던졌다. "그러니까 좀 의연해져 봐. 거의 다 했어."

한 시간 뒤, 사파가 거울 속 자기 모습을 보더니, 이해한다는 듯 말했다. "아름다움을 위해선 고통을 참아야 하네요." 천진한 말투로 사파가 내 말을 따라 했다.

사파는 정말 눈부셨다. 길게 늘어진 검은 머리칼이 갓

미용실에서 나온 것처럼 찰랑거렸다. 사파의 눈동자는 다음 날 일정에 대한 기대와 행복으로 반짝거렸다.

아이의 뺨에 입을 맞추고 말했다. "아냐, 아까 내가 말한 속담은 순 엉터리야. 아름다움을 위해 참아야 하는 고통 같은 건 없어. 그게 뭘 위한대도, 어떤 고통도 참아주지 마, 사파!"

월터와 내가 다음 날 아침 호텔에 도착했을 때, 가방과 캐리어가 로비 한구석에 줄지어 세워져 있었고, 세 사람 모두 출발할 준비가 돼 있었다. 프랑스에서 산 새 청바지와 티셔츠를 입고, 머리도 감은 듯한 이드리스는 예전보다 훨씬 말쑥해 보였다. 밝은 노란색 바지와 멋진 흰 셔츠를 입고 숄을 걸친 이나브는 말 그대로 반짝거렸다. 전날 저녁 내가 가져다준 반짝이는 금색 아이섀도와 마스카라를 바르고 나온 것이다. 사랑스러운 두 눈이 더욱 빛났다. 이나브는 내게 뿌듯한 미소를 지었다.

"내 눈도 봐 주세요. 나도 칠했어요." 사파가 내 주의를 끌며 말했다.

주름 장식을 단 흰색 원피스와 거기에 어울리는 샌들을 신은 사파는 아동 패션 카탈로그에서 막 튀어나온 것 같았다. 전날 곧게 펴 둔 머리카락은 파리에서 산 머리끈으로 묶여 있었다. 사파의 눈두덩이가 정말 반짝이는 게 보였다. 하지만 사파의 눈 **안**에서 반짝이는 빛이 나를 훨씬 더 흡족하게 했다.

"다들 시간 맞춰서 나오셨네요. 좋습니다." 지난 며칠간 이 정신없는 여행객들을 여러 번 기다려야 했던 월터가 말했다. "그럼 이제 출발할까요? 와리스보다 바이에른에 더 일찍 도착할 수도 있겠네요."

재회

와리스 시점

며칠 전, 월터가 별장을 하나 빌렸다. 뮌헨에서 72킬로미터 정도 떨어진 바이에른주의 마을 오버암머가우에 있는 그 집에서, 우리는 일주일간 머물기로 했다.

모와 하오, 레온도 그 산악 마을의 전원 풍경을 함께 즐길 예정이었다. 내 친아들과 입양한 아이들이 이나브와 사파를 만날 날을 손꼽아 기다렸다. 지난 몇 주간 아이들에게 우리 손님들 이야기를 정말 많이 해 주었다. 게다가 사랑하는 사파를 다시 만날 생각에 가슴이 두근거렸다. 그 기대감이 그 애 아버지를 마주해야 한다는 두려움을 잊게 해 주었다.

347

수행단이 아직 오는 중일 때 내가 먼저 그 아름다운 별장에 도착했고, 점점 더 마음이 조급해졌다. 나중에 들으니 사파도 나만큼 마음이 급했다고 한다. "얼마나 남았어요?" 여섯 시간을 가는 내내 끊임없이 물었다고 했다. 월터가 휴게소에서 잠깐 차를 세웠을 때조차 사파는 이렇게 불평했다고. "화장실 안 가도 돼요! 그냥 계속 가면 안 돼요? 그래야 와리스를 더 빨리 보죠."

눈부시게 아름다운 곳이었다. 신선한 산 공기가 여름의 열기를 견딜 만하게 해주었다. 초원의 우거진 녹음과 꿈 같은 산 풍경, 집집마다 그려진 벽화가 나를 한순간에 압도했다. 레온, 모, 히오가 별장 근처의 숲속으로 숨바꼭질을 하러 뛰어 들어갔다. 그래서 우리 손님들이 도착하기 전 마지막으로 혼자만의 고요하고도 평화로운 순간을 즐길 수 있었다. 숨을 내쉬며 잔디밭에 앉아, 만족스럽게 몸을 죽 뻗고 눈을 감았다.

"빵빵!" 자동차 경적에 깜짝 놀라 몸을 벌떡 일으켰다. 햇살 아래 나도 모르게 잠들어서, 언덕 위 자갈길을 따라 차가 오는지도 몰랐다. 펄쩍 뛰어 별장 앞의 진입로로 달려갔다.

"와리스, 와리스, 와리스!" 차 안에서 외치는 사파의 흥분한 목소리가 들렸다.

정원 문을 열고 아이들에게 달려갔다. 이나브보다 어린 사파가 더 빨랐다. 사파는 온 세상을 다 안을 것처럼 내게 팔을 뻗었고, 나를 향해 펄쩍 뛰어올랐다. 기쁨의 눈물이 내 두 눈에 차올랐다.

"사파, 우리 사파, 우리 어린 사막의 꽃." 사파를 꼭 껴안으며 내가 속삭였다.

그렇게 몇 분이 지났다. 사파를 놓고 싶지 않았다.

그때 내 옆에 있던 이나브의 목소리가 들렸다. "안녕하세요, 와리스." 그가 조용히, 수줍은 목소리로 말했다. 약간은 실망한 기색이었는데, 내가 사파와 먼저 인사를 나눠서 그런 것 같았다.

사파를 내려놓고 이나브도 똑같이 따뜻하게 안아주었다. "드디어 다시 만나서 정말 기뻐." 그렇게 외치며 두 사람의 손을 잡고 차가 있는 쪽으로, 월터와 소피, 이드리스가 서 있는 곳으로 달려갔다. "안녕하세요, 이드리스." 내가 친절하게 인사를 건네며 그에게 악수를 청했다.

그는 그 손을 주저하며 바라보더니, 예기치 않게 포옹으로 화답했다. 어리둥절한 나는 그의 어깨 너머로 소피와 월터를 쳐다봤고, 그 둘은 공모한 듯 내게 손을 흔들었다.

우리의 떠들썩한 소리를 듣고 숲속에서 아이들이 뛰어나왔고, 별장에선 조애나가 나왔다.

"안녕하세요, 저는 하오예요." 조애나가 웃으며 손님을 맞이하자 하오도 인사했다.

이나브와 사파는 하오를 감탄 어린 눈길로 쳐다봤다. 하오는 열네 살의 나이에 벌써 키가 180센티미터가 넘었다. 하오의 단정한 용모와 아몬드 모양 눈동자에 아이들은 한순간에 마음을 뺏겼다. 세련된 머리 모양과 편안한 옷차림의 하오는 마치 모델 같았다. 사실 마음만 먹으면 얼마든지 모델로 일할 수 있었겠지만, 내가 극구 반대했다. 언제나 자랑스러운 내 수양딸이었지만, 우선 학교부터 졸업해야 했다. 모델로 일할 기회는 그 후에도 언제든 열려 있을 것이었다.

그때 모하메드, 우리가 애정을 담아 줄여서 '모'라고 부르는 그 아이가 여동생과 합류했다. 모는 착하고 매사에 열심인 아이였지만, 녹록지 않은 삶을 살아왔다. 친엄마는 모를 낳다가 세상을 떠났고, 모의 아빠는 소말리아의 관습대로 재혼했으며, 그 아내와의 사이에 딸이 여섯 있었다. 모하메드는 내 남동생의 유일한 아들이었지만, 동생은 우리 어머니에게 아들을 맡기고 떠났다. 그래서 모는 할머니 밑에서, 소말리아의 작은 마을 부르야 캅에서 자랐다. '부르야 캅Burya Khab'은 '할례 않는 이들의 마을'이라는 뜻이다. 이 마을은 수십 년 전, 딸들에게 할례를 행하지 않는 부족이 살아가는 곳이었다. 하지만 불행히도, 그 이름은 이제 더는 들어맞지 않게 됐다. 오늘날 '할례 않는 이들의 마을'에는 할례를 피할 수 있는 여자아이가 단 한 명도 없다. 그렇기에 하오와 그 애 오빠를 기꺼이 폴란드로 데려와 함께 살기로 한 것이다.

"이미 엄마한테 얘기를 많이 들었어요." 모가 자기 동생도 그러듯 나를 엄마라고 칭하며 말했다.

그러더니 친절한 아이답게 선뜻 도와주겠다며 아이들의 가방을 들고 집 안으로 안내했다. 집 안에선 레온이 벌써 침실을 분배하고 있었다.

"모 형이랑 내가 여기서 잘 거예요." 레온이 단박에 선언했다. 막내는 자기가 원하는 게 정확히 무엇인지 알았다. 이 꼬마 악동에게 화를 내려고 해도, 그 장난기 가득한 얼굴과 필요할 때 동원되는 그 순진무구하게 깜박이는 긴 속눈썹을 보고 나면 도무지 화를 낼 수가 없었다. 레온이 그 이층집을 차지하고 손님들에게 누가 어디서 잘지 배정하는 동안, 사파가 그 모습을 감탄하며 바라봤다. 그 애가 맘에 든 모양이었다.

모두가 짐을 풀기까지는 시간이 좀 걸렸다. 이 기쁜 날의 해가 저물어갈 때쯤 드디어 다 함께 모일 수 있었다. 일은 순조롭게 진행됐다. 소피가 마을에 내려가 장을 봐왔고, 나머지 어른들은 테라스에 있는 커다란 탁자에 둘러앉아 대화를 나누며 아이들이 노는 것을 지켜봤다. 심지어 이드리스마저도 편안해 보였다. 전화로 얘기한 것과는 달리, 여태까진 그 계약 관련 대화를 시도하려는 기미를 보이지 않고 있었다. 내가 먼저 이야기를 꺼낼까 생각도 해봤지만, 당분간은 그냥 모른척하기로 했다. 우리가 함께하는 첫 저녁 시간을 망치고 싶지는 않았다. 사파 아버지와의 대화는 분명 쉽지 않을 것이었다.

"와리스, 내일 저녁엔 초청받은 자선 행사에 가야 해요." 저녁을 보내는 도중 월터가 내게 상기시켜 주었다. 독일 전역의 유명인사들이 사막의 꽃 재단을 후원하기 위해 뮌헨의 케퍼 식당에 모일 예정이었다. 영화 「데저트 플라워」도 일부 상영하기로 했다. 내일 일정을 생각하니 온종일 들떠 있던 기분이 일시에 가라앉았다. 생각에 잠겨 마을에 내려앉은 어둠을 가만히 응시했다.

그러다 갑자기 사파의 보드라운 손이 느껴졌다. "와리스, 저도 따라가도 돼요?" 어린 사막의 꽃이 물었다.

"당연하지, 사파." 내가 대답했다. "내일 저녁 우리 둘이 함께 가서 그 중요 인사들에게 우리가 무엇을 위해 싸우고 있는지를 알리고 오자."

다음 날 아침 평소처럼 일어나 조깅하러 나갔다. 별장
으로 돌아왔을 때, 집 안에서 비명이 흘러나왔다. 누가 소
리 지르는지는 알 수 없었지만, 무슨 일이 일어난 게 분명
했다. 앞뜰로 달려 나가 문을 벌컥 열었더니 그야말로 온
통 난장판이었다.

이나브와 사파, 레온이 소리를 지르며 집 안을 뛰어다
니고 있었고, 이드리스가 손에 커다란 나뭇가지를 들고
아이들을 쫓아다니고 있었다. 나는 입을 떡 벌리고 그 네
사람을 쳐다봤다. 사파의 아빠가 내가 있는 줄도 모르고
내 옆을 세 번째로 지나간 후에야, 그가 손에 들고 있는
게 정확히 뭔지 알 수 있었다. 짙은 갈색의 커다란 민달팽
이가 나뭇가지에 몸을 감아 절박하게 매달려 있었다.

사파가 내 뒤에 숨어 정신없이 소리쳤다. "도와줘요! 뱀
이 우리를 잡아먹으려고 해요!"

"이게 다 무슨 소란이야?" 내가 단호하게 물었다. "나
없이 30분 만이라도 좀 가만히 있을 순 없겠니?"

이드리스가 놀라서 나뭇가지를 떨어뜨렸고, 민달팽이
는 바닥에 붙어버렸다.

"으악!" 아이들이 소리 질렀고, 그 소리가 전보다 훨씬

컸다.

"조용!" 아이들의 호들갑을 진정시키고 그 불쌍한 작은 동물을 바닥에서 건져 올렸다. "이건 뱀이 아니야. 민달팽이지." 내가 설명했다.

아이들이 내가 정원으로 나가 민달팽이를 덤불 위에 놓아주는 모습을 넋을 놓고 쳐다봤다. 사파도 내가 뭘 하는지 보려고 가까이 왔다. "사파, 이 민달팽이도 살아있는 생명이야. 너처럼. 네가 얠 무서워하는 것보다 훨씬, 훨씬 더 네가 무서울 거야." 내가 상냥하게 설명했다.

"미안해, 민달팽이야." 사파가 부드럽게 속삭였다.

그날 하루의 나머지는 다른 소동 없이 무사히 지나갔다. 정원에서 아이들과 함께 즐거운 시간을 보냈고, 그러다 보니 저녁 행사 참석을 준비할 시간이 되었다.

사파의 원피스 지퍼를 올려주려던 순간 이드리스가 화를 내며 방 안으로 벌컥 들어왔다.

"와리스, 내 딸을 낯선 사람이 가득한 식당에 혼자 보낼 순 없어요. 허락 못 해요." 그가 식식거렸다.

잠시 후 그의 뒤에서 이나브도 나타나, 나와 함께 가고 싶다고 말했다. 물론 두 사람 다 데려가고 싶었지만, 좌석이 한정되어 있었고 식사에는 각자 일행 한 사람만 데려올 수 있었다. 사파는 그날 저녁 행사의 하이라이트인 영화에서 중요한 배역을 맡았으므로, 사파를 데려가야 할 이유가 분명했다. 하지만 내 설명을 듣는 대신, 이드리스와 이나브는 휙 돌아서서 아무 말 없이 방을 나가버렸다.

"하지만 토마스 델러상 시상식이 사흘 후에 있어요." 내가 그들에게 소리쳤다. "그땐 세 사람 모두 데려갈게요! 약속해요."

아무런 대답이 없었다.

네 시간 뒤 식당에 도착했을 때, 수많은 취재진이 우리를 기다리고 있었다. 사파와 내가 차에서 내리자, 카메라 플래시 세례가 쏟아졌다. 내 모델 커리어 내내, 또 인권 운동을 하며 밟은 수많은 레드 카펫에서 이런 일은 수도 없이 많았고, 그랬기에 내겐 그 모든 게 익숙했다. 하지만 사파에게 이건 완전히 새로운 경험이었다.

한 기자가 사파에게 달려와 물었다. "넌 누구야? 와리스 디리의 딸이니?" 겁먹은 사파는 나를 빤히 쳐다볼 뿐이었다.

"아뇨, 이 아이 이름은 사파예요. 제가 후원하는 아이죠." 내가 대신 대답했다. "「데저트 플라워」에서 저를 연기했어요." 그 순간 다른 사진사들도 사파의 사진을 건지려고 몰려들기 시작했다. 곧 사파의 수줍음도 사라졌다.

사파는 취재진 앞에서 부끄러움 없이 포즈를 취했고, 유럽에 온 건 이번이 처음이라고 프랑스어로 설명했다.

"하지만 곧 또 올 거예요." 사파가 약속했다. 나도 모르게 웃음이 나왔다. 사파의 자신감과 장난기가 또 한 번 내어린 시절을 떠올리게 했다.

사파는 우리 테이블에 앉은, 근사한 옷을 걸치고 번쩍이는 장신구를 한 세련된 손님들을 보고도 주눅 들지 않았다. 백만장자의 부인이나 성공한 사업가와도 밝게 이야기를 나누었고, 그 여자들도 모두 사파를 정말 좋아했다. 맛있는 음식이 나오고 자선 사업 관련 프로그램이 끝나자, 드디어 내 영화 일부를 감상할 시간이 되었다. 조명이 꺼지고, 모두가 숨을 죽이며 앞을 바라봤다. 테이블을 우아하게 장식한 촛불만이 손님들의 얼굴을 비추었다.

할례 장면에서 사파의 비명이 울려 퍼지기 몇 초 전, 나는 아이의 손을 잡았다. 땀에 흠뻑 젖어 있었다. 사파를 쳐다봤을 때, 조금 전까지만 해도 즐겁게 떠들던 그 아이의 얼굴에 긴장감이 느껴졌다. 영화를 찍고 난 이후 사파가 영화에 나온 자기 모습을 실제 화면으로 보는 건 이번이 처음이었다—현실의 삶에선 겪지 않을 수 있었던 바로 그 잔혹한 장면을. '사파에겐 역시 무리였을까?' 내가 생각했다. 아니면 그 순간 다른 무언가가 내 마음에 걸렸던 걸까?

바로 그때, 다른 쪽 옆에 앉은 여자가 내 어깨를 툭툭 쳤다. 그는 경악한 표정으로 속삭였다. "정말 끔찍하네요!"

조명이 다시 켜졌을 때, 사파가 화장실에 같이 가 달라고 부탁했다. 도착하자마자 화장실 벽에 기댄 사파는 기진맥진해 보였다. 그 앞에 무릎을 꿇고 앉아 아이의 눈을 깊이 들여다봤다.

"무슨 일 있어, 사파?" 내가 물었다. 그러곤 곧바로 내가 답했다. "그 장면을 보는 게 힘들었지, 그렇지?"

사파가 손을 휘저으며 내 말을 멈췄다. "아뇨, 그게 아니에요. 그런데 있잖아요, 와리스." 나는 귀를 기울였다. "그걸 볼 때, 뭔가가 떠올랐어요. 기억하고 싶지 않은 것이 기억났어요." 사파가 눈을 내리깔았다.

그게 무슨 얘기일까? 이 아이한테 무슨 일이 있었던 걸까?

"사파, 나한테 얘기해 봐." 겉으로는 아주 침착하게 얘기했지만, 심장이 미친 듯이 뛰어 그 소리가 내 귀에 들릴 정도였다.

"우리 집에서 할머니가 여자애들 할례를 많이 했어요." 사파가 거의 속삭임에 가까운 소리로 고백했다. "내가 영화에서 그랬던 것처럼 아이들이 막 소리 질렀어요. 하지만 그게 뭔지는 잘 몰랐어요. 소피가 설명해주기 전까지는요."

포지아의 암시가 사실로 드러났다. 나의 사파가 칼을 잡는 사람과 한 지붕 아래 살고 있었다. 바로 이 아이 할머니가 여아 성기훼손으로 돈을 벌고 있었다.

"와리스." 사파가 내 생각의 흐름을 끊으며 말했다. "언젠가는 나도 할례를 당할까 봐 무서워요." 사파는 흐느끼며 내 품에 파고들었다.

"사파." 내가 속삭였다. "나를 믿어줘. 우리는 계약을 맺었고, 네 아빠와도 다시 한번 진지하게 얘기해 볼 거야. 네 아빠는 **절대** 널 다치게 하지 않을 거야." 그렇게 말은 했지만, 그게 진짜일지는 확신할 수 없었다.

오버암머가우에 돌아와 보니, 이나브의 방에만 불이 켜져 있었다. 나는 월터와 소피, 조애나에게 잘 자라는 인사를 건넸다. 돌아오는 길에 잠든 사파는 여전히 내 어깨에 기대 곤히 잠들어 있었다. 삐걱대는 나무 계단을 따라 천천히 올라가, 사파를 침대 위에 조심히 내려놨다. 그리고 이나브의 방으로 가 문을 두드렸다.

아무런 소리도 들리지 않았다. 조심스레, 문을 아주 약간만 열었다. 이나브는 침대에 누워 소피가 준 잡지를 읽고 있었다. 부루퉁한 눈길이 잠깐 나를 스치더니 다시 그가 돌아누웠다. 상관하지 않고 방에 들어가 침대 옆에 섰다.

"이나브, 네가 나한테 이렇게 서운해할 이유가 없잖아." 내가 설명했지만, 이나브는 내 쪽을 쳐다도 보지 않으려 했다. "우리 둘이서도 뭔가를 함께 할 날이 있을 거야. 둘 중 아무도 서로한테 샘을 내선 안 돼. 내 마음은 항상 너희 모두에게 열려 있어."

이나브가 아무 말 없이 잡지에 시선을 고정했다.

"많이 사랑하는 거 알지." 한숨을 내쉬며 방을 나섰다.

문을 닫고 나가기 직전, 이나브가 작게 속삭이는 소리가 들렸다. "나도 사랑해요, 와리스."

다음 날 아침, 이드리스도 전날 밤의 서운함을 싹 잊어버렸다. 이드리스는 월터가 벌써 사서 온 지역 신문을 들고 거기에 실린 사파와 나의 사진을 자랑스럽게 바라봤다.

"이제 나도 유명인이네." 사파가 활짝 웃었다.

우리는 그날 하루를 수영장에서 보냈다. 사파와 레온이 커다란 어린이 풀장에서 신나게 뛰어다녔고, 손을 잡고 긴 물 미끄럼틀 위를 함께 올라갔다. 두 아이가 잘 어울리는 모습을 보니 기뻤다. 월터와 소피, 나는 식당에 앉아 이틀 뒤에 있을 토머스 델러상 시상식에서 가장 중요한 몇 가지 사항을 점검했다. 이드리스는 하오, 모와 함께 풀장 옆 잔디밭에 자리를 잡았다. 그는 만족스럽게 담배를 빼끔거리며 배에 내리쬐는 따뜻한 햇볕을 만끽했다.

시끄러운 소리와 함께 물이 튀자 그가 깜짝 놀라 일어났다. 사파가 물 밖으로 뛰어나와 평소처럼 겁 없이 깊은 물로 풍덩 뛰어들어 물이 온 사방에 튀었던 것이다. 머리부터 발끝까지 흠뻑 젖은 이드리스의 모습을 보고 나는 소리 내서 웃었다. 하지만 그는 이 상황이 그리 재밌지 않은 모양이었다. 그는 화가 나 펄쩍 뛰며 사파의 팔을 잡고 물에서 끌고 나오더니 엉덩이를 때리기 시작했다.

내가 뭐라고 반응하기도 전에, 이드리스 옆에 있던 하오가 그를 노려봤다. "왜 사파를 때려요?" 분노한 하오가 물었다.

어린 여동생을 위해 목소리를 낸 내 딸을 뿌듯하게 지켜봤다.

하지만 이드리스는 꿈쩍도 하지 않았다. "사파는 내 딸이야." 그가 쏘아붙였다. "딸이 말을 듣지 않으면 때려도 된다고 쿠란에 적혀 있어. 여자가 내 말을 안 들으면 때려도 돼."

이 말을 듣고 하오는 더욱 분노했다. "제가 볼 땐 아저씨가 뭘 모르는 것 같은데요. 여긴 독일이에요. 유럽이라고요. 여자와 아이, 동물을 때리면 안 된다고 법에 적혀 있어요."

내 수양딸 하오의 정의감은 나와 함께 살기 시작하면서 더욱 강해졌다. '잘했어.' 수영장을 향해 천천히 걸어가며 내가 생각했다. 햇볕을 쬐던 다른 사람들도 이미 그쪽을 쳐다보기 시작했고, 하오와 이드리스의 언쟁을 귀 기울여 듣고 있었다. 사파의 아빠는 분노로 이글거렸고, 하오도 평정을 되찾으려 애를 쓰고 있었다.

레온, 소피, 월터가 달려와서 상황을 무마하려 애썼다.

"사파 누나, 아이스크림 먹을래?" 몹시 놀란 사파에게 레온이 물었다.

여전히 이드리스를 노려보던 하오에게 다가가 나도 어깨를 감쌌다. "이리와, 커피 마시러 가자." 식당의 우리 테이블로 아이를 데려오며 속삭였다.

소피도 이드리스를 한쪽 구석으로 데려와, 콜라 캔을 손에 쥐여주며 잔디밭에 함께 자리를 잡았다. 그는 아무 말 없이 캔을 따서 한 모금 마신 후 담배에 불을 붙였다.

"얘기 좀 할까요?" 소피가 부드럽게 제안했다. 소피는 그가 심한 향수병을 겪는 것 같다고 짐작했다.

하지만 이드리스는 제안을 받아들이지 않았다. "아뇨. 어차피 여기 있는 사람들은 아무도 날 이해 못 해요." 식식거리며 그는 나가버렸다.

사막의 꽃 파티

수영장에서 있었던 소동이 금세 사그라든 후에도, 우리가 함께한 휴가는 평화롭다고 말할 순 없었다. 서로 다른 문화와 가치관이 끊임없이 부딪혔다. 내 가족과 사파 가족 간의 골이 더 깊어지기 전에 뭔가 조치를 취해야 했다. 그래서 중대 발표를 하기로 했다.

나는 가족 간의 특별한 저녁 시간을 계획했다.

"오늘 하루는 우리 가족과 함께 보낼 거예요." 다음 날 아침 식사 때 내가 선언했다.

이나브, 이드리스, 사파는 실망이 담긴 눈으로 나를 바라봤다. 내가 세 사람 또한 우리 가족으로 여기는 게 맞는지 확신하지 못하는 눈치였다. "걱정 마요. 여기 있는 모두를 얘기하는 거니까." 내가 그들을 안심시켰다. "내일 우리는 토머스 델러상 시상식에 다 함께 참석할 거예요. 그 후 우리는 각자 흩어지겠죠." 말을 잇기 전에 테이블을 한 번 둘러봤다. "하오와 모하메드는 폴란드로, 학교로 다시 돌아갈 거예요. 조애나, 소피, 월터는 빈으로 돌아가죠.

그리고 이드리스, 이나브, 사파는," 세 이름이 들리자 사파가 슬픈 눈으로 자기 앞의 접시를 내려다봤다. "지부티의 집으로 돌아갈 거고요."

이나브가 제일 먼저 침묵을 깼다. "왜 우리와 함께 가지 않아요, 와리스?"

그건 불가능하다고, 레온과 나는 내 큰아들 알리크를 보러 뉴욕에 가야 한다고 설명했다. "하지만 헤어지기 전에, 여러분 모두와 성대한 고별 파티를 하려고 해요." 내가 선언했다.

사파의 슬픔이 일순간 사라졌다. "맞아요, 파티해요. 정말 좋은 생각이에요!" 흥분한 사파가 소리쳤다.

"오늘 저녁 이 아름다운 정원에서 바비큐 파티를 열 거예요." 내가 말했다. "그런 다음 다 함께 모여서 내 영화를 볼 거예요."

어색한 침묵이 테이블에 내려앉았다.

"그 영화가 없었다면 나는 너희들, 사파와 이나브를 만날 수 없었을 거야." 고마움을 담아 두 사람에게 말했다.

"사막의 꽃들을 위해 파티를 해야 하지 않겠어?"

아침을 먹고 나서 우리는 모두 함께 저녁 장을 보러 동네 슈퍼마켓으로 향했다. 아이들은 한순간에 사방으로 흩어져 과자와 초콜릿, 콜라와 아이스크림을 카트에 담았다. 이드리스는 이날을 기념하려면 염소를 한 마리 사는 게 어떻겠냐며, 본인이 직접 잡아서 통구이를 하겠다고 제안했다.

"여기 오버암머가우는 발발라와 달라요." 속으로 웃으며 내가 대답했다. 사파의 아빠가 떠올리는 해괴한 아프리카식 발상은 언제나 나를 웃게 했다. 솔직해지자면, 그런 발상이 여전히 내 안에서도 어딘가 잠들어 있을지 몰랐다. "이곳 사람들은 살아있는 염소를 직접 사서 잡지는 않아요. 봐요. 저기 정육점이 있죠. 저기 가서 최상급으로 한 번 봅시다."

이드리스가 카운터로 성큼성큼 걸어가 직원에게 프랑스어로 염소 고기를 달라고 요청했다. 직원은 그의 말을 알아듣지 못해 멍하니 그를 쳐다봤다. 소피가 서둘러 통역해 주었다.

"**염소**요? 그런 건 없는데요." 그 바이에른 사람이 새된 음성으로 대답했다.

"그러면 낙타로 할게요." 이드리스는 주문을 바꾸며, 자기가 뱉은 말을 독일어로 서둘러 바꿔 말하는 통역사 쪽은 쳐다보지도 않았다.

정육점 카운터 뒤에 선 그 바이에른 사람은 믿기지 않는다는 듯 고개를 내저었다. "낙타를 구하려면 차 타고 뮌헨까지 가서 티어파크에 가 보세요." 그가 건조하게 답했다.

이드리스는 맞장구를 쳤다. "좋아요, 그럼 그 티어파크에 가 봅시다." 나는 그들의 대화를 흥미롭게 지켜봤다. "낙타 발과 내장은 정말 기가 막혀요. 스튜를 끓이면 정말 맛있죠."

소피도 참지 못하고 웃음을 터뜨렸다. "이드리스, 티어파크는 동물원이에요. 우리가 파리와 빈에 있을 때 함께 갔던 곳 말이에요. 그곳 동물들은 고기로 팔지 않아요. 그냥 구경하러 가는 거죠."

실망한 사파의 아빠는 입을 꾹 다물었다. "그래요, 그럼. 영양 고기로 주세요. 비싸긴 하지만, 그래도 고별 파티니까요."

직원은 두손을 다 들고 말았다. "아뇨, 영양 고기도 안 팔아요! 닭, 소, 양, 돼지고기밖에 없어요."

"돼지고기?" 방금 전 염소라는 말을 듣고 직원이 그랬던 것처럼 이드리스가 믿기지 않는다는 듯 물었다. "그걸 어떻게 먹어요!"

소피는 직원에게 이드리스와 사파가 이슬람교도여서 돼지고기를 먹지 않는다고 설명했다. "그래도 구이를 해 먹으면 정말 맛있는데." 직원이 중얼거렸다.

결국 양고기, 닭고기, 생선으로 결정한 뒤 파티에 필요한 물품 구매를 완료했다. 짐을 가득 실은 차를 타고 우리는 아름다운 별장으로 돌아와 파티 준비를 시작했다. 모두가 그 과정을 함께했다. 어른들이 고기를 준비하는 동안 아이들은 감자 껍질을 벗기고 야채를 씻었다. 소피와 나는 올리브 오일, 로즈메리, 타임, 마늘, 고추, 소금, 후추로 근사한 양념을 만들었다.

그러는 동안 사파와 레온은 엉뚱한 생각을 하고 있었다. 둘은 손을 잡고 부엌으로 들어와 우리 앞에 우뚝 섰다. 내 아들이 엄숙하게 선언했다. "엄마, 말해야 할 게 있어요. 이다음에 크면 사파 누나랑 결혼할래요."

나는 크게 웃으며 머리 위로 손뼉을 마구 쳤다. "레온, 넌 겨우 네 살이잖아. 사파도 일곱 살밖에 안 됐고." 내가 말했다. "정말 한참을 기다려야겠구나."

레온이 나를 보고 인상을 찌푸렸고, 아랫입술을 움찔거리기 시작했다.

조용히 그 옆에 서 있던 사파는 눈을 희번덕거리며 코

웃음을 쳤다. "10년 뒤에 다시 물어보러 오든가. 그때도 나보단 네 살 어리겠지만."

레온이 미래의 신부를 노려봤다. "뭐?" 아이가 외쳤다. "10년이라고? 그만큼을 어떻게 기다려!"

그러는 동안, 이드리스는 근처 숲에서 마른 가지를 한 가득 주워와 잔디 위에 쌓았다.

"뭐 하시게요?" 바베큐를 준비하러 집 밖에 나온 월터가 물었다.

"불을 지펴야죠. 그래야 고기를 굽죠." 아프리카 남자가 뿌듯하게 설명했다.

월터가 정원에선 그렇게 불을 지필 수 없다고 설명하자 이드리스는 고개를 떨궜고, 이내 공들여 쌓은 나무 탑을 무너뜨리기 시작했다.

우리는 마치 할리우드 영화에 나오는 가족 같았다. 집 안 곳곳에서 즐거운 웃음소리가 끊임없이 흘러나왔다. 모두가 함께 일했다. 모두가 함께 즐거웠다. '시간을 멈출 수만 있다면.' 부엌 창밖을 바라보며 나는 슬픔에 잠겼다.

잠시 후, 정원에서 향기로운 연기 냄새가 흘러들어왔다. 남자들이 육즙 가득한 고기를 불판 위에 올렸고, 테이블 위에 소스와 샐러드가 준비됐다. 음식이 다 되기를 기다리는 동안, 아이들은 미카도 게임*을 했고, 마지막 판이 진행 중이었다. 나는 그것을 흥미롭게 지켜봤다. 나는 그 게임을 좋아했다. 참가자의 성격이 잘 드러나는 게임이었다. 사파는 기술이 뛰어났다. 안정된 자세와 집중력으로, 다른 막대기를 건드리지 않고 막대기 하나를 들어 올렸다. 눈동자에서 승리를 향한 욕구가 이글거렸다. 결과는 사파의 승리였다. 사파는 자기가 질 때면 환호하는 다른 아이들 틈에서 목소리를 높이며 세차게 손짓했다. "아냐, 안 움직였어. 거짓말 하지 마!" 쉽게 져주지 않았고, 무척이나 강경했다. 다른 사람과 맞서고 자신을 변호할 용기가 있었다. 아프리카 여자애한테 흔히 볼 수 없는 용감함과 완강함이 있었다. 그 순간 나는 알았다. 이 아이가 언젠가 내 싸움을 이어갈 수 있으리라는 것을. 누가 뭐래도 사파는 **분명** 사막의 꽃이었다.

월터는 바비큐 앞에 이드리스와 함께 서 있었다. "고기 다 익었어요." 그가 내 생각의 흐름을 멈추며 말했다.

이나브와 사파가 접시를 들고 달려오자, 이드리스가 둘을 막아섰다. "기다려. 남자 먼저."

---

* 보드게임의 일종으로, 수십 개의 나무 막대기 뭉치를 바닥에 한꺼번에 던진 다음 돌아가며 하나씩, 다른 막대기를 건드리지 않고 막대기를 줍는 게임이다.

전날 그와 싸운 전력이 있는 하오가 그냥 넘어갈 리가 없었다. "아니죠. 여자 먼저." 내 딸이 오빠를 옆으로 밀치며 그에게 맞섰다.

이드리스는 하오를 간단히 무시하고는 불판에서 고기를 한 점 들어 모하메드의 접시에 놓았다.

더는 그냥 두고 볼 수가 없었다. 나는 모의 접시를 가져다가 하오에게 주었다. "잘 들어요, 이드리스." 분위기가 다시 악화될 조짐이 보이자 나는 사파의 아빠에게 단호히 말했다. "내 집에선 아무도 소외당해선 안 돼요. 여자들은 특히. 우린 모두 함께 먹고, 같은 몫을 받아야 해요." 내가 다시 한번 강조했다. "진지하게 들어요, 이드리스. 당신은 석기시대에서 왔을지 몰라도, 내 집에선 모두가 21세기를 살아요. 그런 말도 안 되는 사고방식은 이제 그만 좀 버려요!"

불신과 주저함이 역력했지만, 그제야 그는 여자와 남자에게 공평하게 차례로 고기를 나눠주기 시작했다. 그러고는 커다란 고기 한 점을 가져가서 약간 떨어진 잔디밭에 혼자 앉아 부루퉁하게 자기 몫을 먹었다.

즐겁게 저녁 식사에 집중했던 우리는 아무런 낌새도 눈치채지 못했다. 식사가 끝나고 파티의 두 번째 순서가 시작되었다.

통나무집의 거실에서 모가 불을 끄고 영화를 틀었을 때, 너무도 조용해서 숨소리마저 들릴 정도였다. 눈앞 화면에 펼쳐진 광활한 사막에 모두가 매료되었다. 사파는 내 무릎에 앉아 내 손을 꼭 쥐었다. 사파는 이미 할례 장면을 봤지만, 자신의 비명을 다시 듣는 게 걱정스러운 모양이었다. 그 장면이 시작하자마자, 사파의 아빠가 벌떡 일어나더니 테라스로 나가버렸다.

"이드리스." 내가 불렀다. "어디 가요? **지금** 가면 어떡해요?"

하지만 그는 내 말을 무시하고 문을 닫아버렸다. 도저히 믿을 수가 없었다! 나는 무릎에서 사파를 들어 소파에 내려놓고 그를 따라 나갔다. 정원 끝의 작은 정자에서, 나무 벤치에 앉아 떨리는 손으로 담배에 불을 붙이는 그를 발견했다.

"뭐가 문제예요?" 내가 물었다. 그의 행동에 화가 나 숨도 제대로 쉬어지지 않았다.

그는 말 한마디 없이 담배만 계속 바라봤다.

"이봐요, 대체 뭐가 문제냐고요!"

이드리스가 테이블 위에 팔을 올렸다. 검지와 중지 사이에 담배를 끼워 든 오른손을 주먹쥔 왼손으로 받치고 담배 연기를 깊이 빨아들였다. 날숨은 길고 무거웠다. 어슬푸레한 불빛 아래, 두 눈에 고인 눈물이 보였다.

"아버지로서, 그런 일을 당하는 딸을 보는 심정이 어떻겠어요?" 침묵을 깨고 그가 말했다. "할례가 여자애들한테 얼마나 나쁜지 내가 모른다고 생각해요?"

잠시 뜸을 들인 후 내가 물었다. "정말 안다면, 왜 아무런 시도도 하지 않는 거죠?"

"발발라에서 내가 대체 할 수 있는 게 뭐겠어요?" 그의 묻는 목소리에 날이 서 있었다. "그게 꼭 필요한 거라고 모두가 믿는다고요. 사람들이 너무 멍청하고 바보같다고요!"

내게 비난의 눈길을 보내며 그가 말을 이어갔다.

"당신은 거기 안 살잖아요. 그 모든 걸 매일 안 겪어도 되잖아요. 이웃의 비웃음과 멸시, 배제, 우리 가족을 향한 악감정과 압박을. 당신네 재단이랑 그 멍청한 계약을 맺은 이후로 매일 조롱 속에서 산다고요."

"'멍청한 계약'이요?" 방금 들은 말을 믿을 수 없어 언성이 높아졌다. "그 '멍청한 계약'이 당신 가족한테 더 나은 삶을 줬어요! 먹을 것도 충분하고, 집에 전기도 들어오잖아요. 사파는 학교도 가고, 아픈 아들의 약값도 댈 수 있고요. 모르시겠어요?" 더는 말이 부드럽게 나가지 않았다.

이드리스는 또 한 번 길게 담배 연기를 빨아들이더니

냉소를 보냈다. "그렇죠… 하지만 그 대가는 어떻고요? 그 영화사 사람들이랑 계약을 맺은 그 날을 우리 가족이 얼마나 저주하는지 당신은 모를 거예요. 그게 우리한테 어떤 의미인지, 당시 우리가 알았을 것 같아요? 당신은 영화만 찍고 다시 유럽으로 돌아갔죠. 하지만 나는 매일 이웃의 질시와 분노 속에서 살아야 한다고요!"

그의 거친 말들이 내 심장에 화살처럼 꽂혔다. 내가 줄곧 두려워한 것이 바로 이런 거였다. 아프리카 사람들을 버려두고 갔다는 비난을 받는 것.

"옆에 앉아도 될까요?" 조심스레 내가 물었다.

그가 팔뚝으로 눈물을 훔치고 살짝 비켜 앉았다.

"당신 결정은 옳았어요." 조용히 그에게 확신을 주었다. "당신의 분노와 고민을 이해해요. 언제까지나 당신을 지원할 거라고 약속해요. 앞으로도 계속."

그는 고개를 내 쪽으로 돌리고 분노 서린 대답을 쏟아냈다. "와리스, 당신이 대체 뭘 아는데요? 우린 가난한 사람들이에요. 내 부모도 가난했고, 내 조부모도 가난했고, 내 아이들도 가난하게 살 거예요. 내 두 아들한텐 기회가 없어요. 걔들은 죽을 때까지 발발라를 벗어나지 못할 거예요. 그게 우리의 운명이에요. 아무도 운명을 거스를 순 없어요. 우리한텐 아무런 변화도 없을 거예요. 우리에겐 희망이 없어요."

잠시 나는 말문이 막혔다. 그의 목소리에 좌절이 가득했다. 사파의 아빠는 자기 자신과 가족에게 더 나은 미래와 더 나은 삶이 있을 거라는 믿음을 버린 지 오래였다. 뭐라고 말을 해야 할지 몰랐다.

그때 딱정벌레 한 마리가 우리 머리 위 나무에서 테이블로 떨어져, 배를 보이며 무력하게 버둥거렸다. 순간 이드리스가 오른손을 들었고, 그걸 짓뭉개버리려는 순간 내가 그의 팔을 잡았다. 그리고 다른 쪽 손으로 그 작은 딱정벌레를 덮어 가렸다.

"도움이 필요한 생명은 죽이는 게 아니에요. 도와야죠." 내가 나뭇가지를 가져와 딱정벌레에게 갖다 대자, 그 곤충은 거기에 매달려 가느다란 다리로 몸을 일으켰다.

그 작은 벌레가 움찔거리다 곧 날개를 펴고 어둠 속으로 날아가는 모습을, 이드리스는 놀라워하며 지켜보았다. 그는 웃었다. "당신은 정말 모두를 돕는군요. 그저 벌레일 뿐이었는데." 그가 고개를 내저었다.

"모르시겠어요?" 내가 대답했다. "우리가 생명을 존중하지 않으면, 우리의 세계 전체가 흔들려요. 작은 벌레조차도 죽기 싫어하잖아요. 어떠한 생명도 죽거나 불행하길 원치 않아요. 아주 단순한 얘기죠. 그리고 그게 바로 내가 싸우는 이유예요."

이드리스가 숨을 죽였다.

목소리를 낮추며 내가 말을 이어갔다. "그래서 내가 죄 없는 어린 여아에게 자행되는 끔찍한 성기훼손에 맞서 싸우는 거예요. 수백만의 아이들이 무분별하게 다치고 죽임을 당해요. 대체 뭐 때문에? 이유를 댈 수 있겠어요?

나는 당신이 더 나은 삶을 스스로 만들어 가도록 돕고 싶어요."

이드리스는 잠깐 아무 말 없이 나를 바라보더니, 몸을 일으켰다. 그는 테이블을 한 바퀴 돌고 맑은 하늘을 올려다봤다. 별들이 무수히 반짝이고 있었다. 이윽고 그는 내게 몸을 돌려 말했다.

"내 운명과 내 가족의 운명은 내 손에 달려 있어요."

나는 일어서서 그에게 다가가 그를 안아주었고, 우리는 함께 다른 사람들이 있는 곳으로 돌아왔다.

"하지만 발발라에는 우리 같은 가족들이 엄청나게 많잖아요… 그들을 다 어떻게 돕죠?" 테라스 문을 열고 집에 들어가려던 찰나 이드리스가 내게 물었다.

"방법을 찾을 수 있을 거예요. 날 믿어요. 당신 딸이 FGM의 위협에 처한 수많은 여아에게 롤 모델이 될 거예요. 발발라에서, 아프리카에서, 그리고 전 세계에서."

사파를 구하다

아침 안개가 오버암머가우 별장에 자욱하게 내려앉았다. 전날 파티로 지쳐 다들 아직 곤히 자고 있었다. 하지만 나는 영감이 샘솟았다.

침대에서 벌떡 일어나 조깅복과 운동화 차림으로 밖에 나왔다. 이드리스와의 대화로 나도 몰랐던 내 안의 에너지가 넘쳐흐르고 있었다. 그 힘으로 길게 달렸다. 또 그 힘으로 새로운 프로젝트를 기획했다. 아침 식사가 끝나고 바로 우리 식구들에게 얘기할 생각이었다. 그리고 사막의 꽃 식구들이라고 할 때 그 뜻은, 내 아이들과 동료와 우리 재단을 후원하고 지지하는 사람들을 모두 포함한다.

아침 조깅에서 돌아오니, 월터와 소피, 조애나가 이미 테라스에 앉아 그날 뮌헨에서 있을 시상식의 준비 사항을 마지막으로 점검했다.

"좋은 아침!" 내가 그들에게 외쳤다. 내가 얼마나 힘이 넘치는지 그들도 분명 느꼈을 것이다. 나는 앉아서 오렌지 주스를 한 모금 마신 뒤 전날 사파 아버지와 나눴던 생산적인 대화에 관해 얘기해 주었다.

"이드리스는 지부티에서의 우리 활동을 돕겠다고 말하기까지 했어요." 밝은 목소리로 내가 설명했다. "그러면서도, 여러분도 저도 잘 알다시피," 좀 더 진지한 목소리로 나머지 이야기를 이어갔다. "경제적 지원을 보장하는 것만이 다른 가족들에게 동기를 부여할 유일한 방법이에요. 발발라뿐 아니라, 아프리카 전역의 부모들이 딸들에게 성기훼손을 강요하지 않도록 하기 위해서요. 이 아이들을 FGM의 위협에서 보호하려면, 우리가 사파를 위해 했던 일을 다른 가족을 위해서도 해야 해요." 내가 설명했다.

새로운 제안이 생길 때마다 늘 나는 월터와 조애나, 소피에게 솔직한 의견을 구해 왔다.

나의 가장 가까운 동지가 생각에 잠긴 눈으로 나를 바라봤다. "그런 계약서라면 다른 가족도 많이들 쓰고 싶어 할 것 같아요." 그가 마침내 말을 꺼냈다. "하지만 사람들에게 경제적 지원을 약속할 거라면, 아이들이 정말로 할례를 당하는 일이 없도록 엄격한 확인 절차를 요구해야 해요. 그렇다면 사파를 봐 주시는 아시나 선생님처럼 아이들에게 정기 검진을 해 줄 소아과 의사나 조산사가 더 많이 필요하고요." 조애나의 말이 옳았다.

"그리고 지부티에 지원금 조달을 믿고 맡길 수 있는 파트너가 필요해요." 소피도 말을 꺼냈다. "사막의 꽃 재단의 명성에 먹칠할 수는 없잖아요."

월터가 목소리를 냈다. "엄마와 아이가 동반으로 쓰는 여권이 유럽에 있거든요. 그런 걸 아프리카에 도입한다면 어떨까요? 딸에게 할례를 강제하지 않겠다고 결심한 엄마라면 누구나 계약서에 서명할 때 모녀 동반 서류를 받는 거죠. 엄마와 딸의 사신이 붙어 있고 둘의 이름과 출생일이 기재된 그런 서류요. 3개월에 한 번씩 엄마에게 지원금이 주어질 때 그 여권에 기록하는 거예요. 물론 매번 건강 검진을 받아서 아이가 안전한지 확인받은 내용도 그 안에 들어가야 하고요."

듣자마자 마음에 쏙 드는 발상이었다. "완벽해요! 그리고 딸이 할례를 당하지 않았다는 걸 증명하지 못하면, 그 가족은 지원금을 받을 수 없는 거죠." 내가 정리했다.

"그리고 엄마들을 위한 의무 교육도 제공해야 해요." 소피가 덧붙였다. 빈에서 이나브, 사파, 이드리스를 교육하면서, 아프리카 사람들이 FGM에 대해 잘 모른다는 사실을 뼈저리게 깨달은 것이다. 그 영향이 얼마나 치명적이며 그 잔혹한 의식이 얼마나 말도 안 되는지 제대로 알지 못했다.

"아프리카 여자들은 자신과 딸아이도 권리가 있다는 사실을 모를 뿐이에요." 조애나가 동료의 말에 동의를 표하며 말했다. 그는 빈 종이를 한 장 가져와서 우리 대화를 메모하기 시작했다.

월터가 절차와 형식을 명확히 하고자 했다. "그래요. 그럼 일단 초안을 작성합시다. 이 계획은 분명 성과가 있을 거예요. 이런 후원 제도를 운영하는 단체는 이미 많지만, 실제 관리 감독이 가능한 방식으로 여아들을 FGM에서 보호하는 기관은 현재까진 없어요." 그가 자기 생각을 이야기했다.

그때 갑자기 사파의 아버지가 테라스에 나타나, 궁금한 시선으로 우리를 바라봤다.

"좋은 아침이에요, 이드리스." 내가 말했다. "여기 와서 앉아요. 우리 사막의 꽃 재단의 새로운 프로젝트에 관해 얘기하고 있던 참이에요."

우리의 계획에 관해 그에게 간략히 설명해 주자, 사파의 아버지는 뿌듯하게 웃었다. 그 또한 이제 사막의 꽃 대식구의 일원이 되어 있었다.

어떻게 하면 우리의 새 프로젝트를 실행에 옮기고 필요한 자금을 조달할 수 있을지, 우리의 손님도 대화를 따라갈 수 있게 나머지는 프랑스어로 논의를 이어갔다.

잠시 후, 이드리스가 목소리를 냈다. "발발라 주민들은 한 달 평균 30유로 정도의 돈으로 생계를 꾸려나가요. 그 정도면 겨우 입에 풀칠할 수준이죠. 약값, 병원비, 학교 등록금이나 옷을 살 돈, 제대로 된 집에서 살 돈은 턱없이 부족해요. 모녀 동반 여권으로 돈을 약간 더 지원받을 수 있다면, 기꺼이 그 제안과 모든 조건을 받아들일 거예요. 잃을 게 너무 많을 테니, 딸에게 할례를 강요하지 않을 거고요. 딸아이를 넘길 때 받는 신붓값은 기껏해야 100유로 정도밖에 안 돼요. 게다가 그건 일회성 돈이죠. 사막의 꽃 재단에서 수년간 금전적인 지원을 받는다면, 그 총액이 그보다 훨씬 높을 거예요."

이드리스는 우리의 새 아이디어를 듣자마자 그 목적을 정확히 인지했고, 이제 자신의 의견을 개진하기까지 하고 있었다! 전날 저녁, 빈곤과 절망으로 점철된 삶을 말하던 그 좌절한 남자의 모습은 이제 온데간데없었다.

"가장 완고한 사람들마저 딸에게 할례를 강요하는 것보다 더 나은 삶을 위해 돈을 받는 쪽을 선택할 거예요." 그는 열정적으로 말을 이어갔다. "한 세대 안에 이 만행이 점점 사라지기 시작할 거예요. 확신해요."

이나브와 사파도 어느새 정원에 나와 이드리스의 말을 귀 기울여 듣고 있었다. 두 사람은 열광적인 박수를 보냈다. 아침 햇살을 받은 이드리스의 눈이 빛나기 시작했다.

그의 열정이 내게도 옮은 데다가, 그날 저녁에 있을 시상식은 그간 내가 운 좋게 기회를 잡았던 다른 어떤 경험과도 달랐다. 지난 며칠간 있었던 일과 아침의 생산적인 대화에 이어, 토마스 델러 재단이 주최하고 뮌헨 시청에서 열릴 그 행사 생각에 나는 몹시 들떴다. 하지만 그날이 지부티에서 온 친구들과 보내는 마지막 밤이었으므로, 그 희열에는 다가올 작별이 주는 슬픔 또한 묻어 있었다.

그래도 근사한 연회장의 앞줄에 드디어 사파와 나란히 앉게 되어 기뻤다. 이나브도 우리와 함께 왔고, 이드리스도 축의를 표하려 내 매니저에게서 넥타이까지 빌려 매고 참석했다. 소피, 조애나, 월터도 다른 쪽 좌석에 자리를 잡았다.

수백 명의 귀빈이 우리의 운동을 기념하는 이 자리에 참석했다. 사막의 꽃 재단 소개 영상이 상영된 후, 자비네 로이트호이서-슈나렌베르거 연방 법무부 장관이 무대에 올라 후한 축하 연설을 했다.

"내외 귀빈 여러분." 마침내 그가 운을 띄우자, 사파가 내 손을 꼭 잡았다. "이제 2013년 토머스 델러상 수상자를 이 자리로 모시겠습니다. 와리스 디리를 박수로 맞이해 주세요."

조애나가 수상 연설 대본을 준비해 주었지만, 일어나서 무대로 올라가려는 순간 충동적인 결심으로 그걸 다시 그에게 내밀었다. 대본을 보고 읽고 싶지 않았다. 그날 저녁만큼은 내 마음이 말하는 대로 내뱉고 싶었다.

우레 같은 박수 소리를 뚫고 무대 위에 올라섰다. 내 아련한 시선이 앞줄에 앉아 기쁨으로 활짝 웃는 사파, 이나브, 이드리스를 향했다. 지난 6개월간 세 사람 모두를 진심으로 더욱 좋아하게 되었다. 그동안 얼마나 많은 일이 있었는지. 어린 사파를 두고 얼마나 심각한 고민을 했는지. 사파 아버지와 싸울 때마다 얼마나 좌절했는지. 하지만 우리의 힘과—여태까지 한 번도 고향을 떠나본 적 없는—이들과 함께 일하려는 우리의 노력을 시험에 빠트렸던 그 고난들은 실로 그만한 가치가 있었다.

심호흡을 한 번 하고, 마이크에 입술을 가까이 대고 연설을 시작했다.

"눈을 감고 제 어린 시절로 돌아갈 때면—제 지나온 삶을 돌아볼 때면—지금 이 자리에 설 수 있다는 것이 얼마나 자랑스러운지 모릅니다. 사막에서 온 그 여자아이는 훗날 자신의 영향력이 그토록 많은 사람에게 닿게 될 줄은 꿈에도 몰랐을 겁니다. 제 삶에 일어난 그 좋은 일을 전부 당연하게 여기는 것이 아닙니다. 하지만 이 상, 오늘 제게 주신 이 기회는 특히나 저에게 의미가 깊습니다. 이런 순간이 제게 필요합니다. 여러분의 감사와 인정이 필요합니다. 제게 운동을 이어나갈 힘과 동기를 주고, 포기하지 않게 해 줍니다. 여러분도 아시다시피, 우리는 모두 행복을 꿈꿉니다. 하지만 진정한 행복은 옳은 일을 할 때 찾아옵니다. 의심하지 않고, 주저하지 않고, 아무런 보상도 원치 않을 때 말입니다. 이것이야말로 진정한 행복을 찾는 가장 단순한 방법입니다. 그리고 장담컨대, 정말로 기분 좋은 일입니다. 제가 도움을 준 사람이 짓는 미소가 제게 더없이 소중한 선물입니다. 그리고 저는 우리가 모두 이런 활동을 고려하고 실행에 옮겨야 한다고 생각합니다.

다른 한편으론 그 모든 외로운 날이, 눈물과 좌절로 아침에 눈 뜨던 날이 기억납니다. 절망과 혼란을 느낄 때면, 저 자신에게 계속해서 묻곤 했습니다. '왜 이런 끔찍한 일이 일어날까?' 하지만 저는 무언가 하기로 결심했습니다. 12년 전, 저는 제 가장 친한 친구와 사막의 꽃 재단을 설립했습니다. 외딴 섬에 들어가 발 뻗고 쉬었다면 편했겠지만, 전혀 즐겁지 않았을 겁니다. 제 마음이 그곳에 있지 못했을 것입니다. 제 마음은 날마다 고통받는 그 모든 여자아이들 곁에 남았을 것입니다."

숨을 깊게 내쉬고 객석을 바라보았다. 관객은 모두 앉아서 집중하며 귀를 기울이고 있었다.

"제가 하는 이 운동은 부자가 되거나, 저택을 사거나, 유명해지기 위함이 아닙니다. 언젠가는 모든 여아와 여성이—실로 모든 이들이—행복해지기를 바라기 때문입니다. 우리 인간은 서로를 존중하고 사랑해야 합니다. 이건 돈한 푼 들지 않는 일이죠. 진심으로 감사한 마음을 전합니다. 다른 상도 많이 탔지만, 제게 상을 제일 많이 준 나라가 어디인지 아십니까? 바로 독일입니다. 그러니 오늘 저녁엔 제 마음의 빚을 좀 덜어야겠네요. 사랑합니다!"

객석에서 환호를 보냈고, 잠깐 뜸을 들인 후 내가 연설을 이어갔다.

"저는 평생 하나의 이유, 하나의 목적을 갖고 그 모든 활동을 해 왔습니다. 죄 없는 어린 여아들을 대상으로 한이 잔인하고, 가혹하고, 비인간적인 범죄에 종지부를 찍는 것입니다. FGM이라는 끔찍한 만행을 영원히 종식하는 것입니다."

관객이 다시 한번 동의를 표했고, 뒷줄에서 '이젠 끝내야 합니다!' '더는 보고만 있을 수 없어요!' 같은 외침이 들렸다.

"바로 이 때문에 저는 영화를 제작했고, 수많은 논의에 참여했고, 먼 거리를 여행하며, 전 세계 수천 명에게 제 얘기를 전했으며, 책도 여러 권 썼습니다. 그런데도 이 무도한 행위는 쉽게 사라지지 않고 있습니다. 이 문제를 해결하는 건 단순히 저의 사명만이 아니라는 걸 깨달았습니다. 그건 우리 모두의 사명입니다. 하지만 누군가가 그 싸움을 시작해야만 했고, 그 누군가가 저였던 것입니다. 저 또한 그 범죄의 피해자이기 때문만이 아니라, 제가 아니면 어느 누구도, 어떤 일도 시작하지 않을 거라는 느낌이 들었기 때문입니다. 일부는 이 끔찍한 만행의 존재를 알았지만, 그저 보고도 외면할 뿐이었고, 뭔가를 실천한 사람은 극히 드물었습니다. 이대로 놔둬서는 안 된다고 생각했습니다. 저 또한 자식을 둔 엄마이고, 그렇게 끔찍한 짓을 자기 아이에게 저지른다는 얘기를 들을 때마다, 차마 믿기 힘듭니다. 단순히 FGM뿐만이 아닙니다··· 아동에 대한 범죄는 세계 어디서든 절대로 용납해선 안 됩니다! 인간으로서 최악이며, 어른이, 아버지가, 어머니가 할 수 있는 최악의 행위입니다. 우리는 아이를 보호해야 하지, 아이에게서 가장 소중한 것을 빼앗아서는 안 됩니다.

385

신뢰와 순수함, 그리고 유년기를."

잠깐 말을 끊고 생각을 정리한 후 연설을 다시 이어갔다.

"이 자리에서 밤새도록 얘기할 수 있지만, 여기서 마무리하도록 하겠습니다. 여러분께 보여드릴, 한 여자아이의 영상을 갖고 왔습니다. 바로 우리의 어린 사막의 꽃, 사파입니다. 영화 「데저트 플라워」를 보신 분이 얼마나 계실지 잘 모르겠네요. 사파는 다섯 살 때, 제가 성기훼손을 당했을 당시의 저를 연기했습니다. 저는 사람들의 눈을 띄우기 위해 실로 많은 것을 시도했습니다. 하지만 대개는 별로 효과가 없었습니다. 그래서 지금부터는, 다른 방식을 시도해 보기로 했습니다.

여러분이 보게 될 장면은 잔혹하고 불편하지만, 그것이 엄연한 현실입니다. 영화를 상영하기 전에, 중대 발표를 하나 하고자 합니다. 제 새로운 사명으로, 매년 사파 같은 아이들을 천 명 구한다는 목표입니다. 일 년에 천 명을! 쉽지 않을 거라고요? 맞습니다. 몹시 지칠 거라고요? 맞습니다. 악전고투가 기다리고 있을 거라고요? 맞습니다. 백 퍼센트 확신합니다. 성공할 수 있을까요?" 관객을 향해 물었다.

"네!" 큰 함성이 연회장 전체에 울려 퍼졌다.

"네!" 나도 그들과 함께 소리쳤다. "그리고 제가 되게 할 겁니다. 아니, **여러분의 도움으로,** 되게 할 겁니다! 여러분의 성원과 지지와 사랑에 감사드립니다. 고맙습니다. 제겐 정말 큰 힘이 됩니다. 이건 혼자서 할 수 없는 일입니다. 이제 영화가 시작됩니다만, 그 전에… 사파! 여기 무대 위로 올라와 줄래?"

객석의 첫 줄에서, 흰 원피스 차림의 사파가 일어나 무대로 걸어왔다. 잠시 후 발발라에서 온 그 일곱 살 아이가 수많은 관중 앞에 섰다.

"사파를 소개합니다. 우리의 어린 사막의 꽃이자, 수천 명의 아이 중 첫 번째가 될 주인공을."

우레 같은 박수 소리가 터져 나왔다. 연회장의 모든 이들이 자리에서 일어나 힘찬 박수를 보냈다. 하지만 내 눈에는 그들이 보이지 않았다. 오직 사파만이, 내 품에 행복하게 안긴 그 아이만이 보였다. 사파를 안아 올려 볼에 입을 맞췄다.

"와리스, 저도 준비한 선물이 있어요." 사람들 앞에서 사파가 내게 속삭였다.

그 작은 손을 들여다보니, 무언가가 황금빛으로 반짝였다. 파티마의 수호하는 손이었다.

부록

사막의 꽃 재단

내 친구 조애나와 나는 2002년 오스트리아 빈에서 사막의 꽃 재단을 설립했다. 사람들에게 여성성기훼손의 실태, 즉 FGM이 여아 대상 범죄라는 점을 밝히고 교육하기 위함이었고, 그것이 여전히 우리의 목표다. 우리는 변화를 원했다.

전 세계 최소 1억 5천만 여성이 FGM 피해자이며, 유니세프에 따르면 아프리카에서만 3천만 명이 넘는 여아가 FGM의 위험에 처해 있다.

이제 우리는 여성성기훼손이 아프리카에서만 자행되는 것이 아니라, 아시아 국가에서도 일부 발생한다는 사실을 안다. 예를 들어 인도네시아와 말레이시아에서 성기훼손을 당한 여아의 비율은 거의 백 퍼센트에 육박한다. 수많은 쿠르드 여아와 성인 여자도 이 끔찍한 범죄에서 자유롭지 않다.

2005년에 출간된 나의 저서 『사막의 아이들Desert Children』을 쓰기 위한 방대한 조사로 알게 된 점은, 이 범죄가 용인되는 나라에서 건너온 많은 이민자들이 새로운 터전에서도 FGM을 계속 이어간다는 사실이다.

2005년 한 해, 50만 명이 넘는 유럽 여아와 성인 여자가 성기훼손을 당했고, 미국과 캐나다에서는 30만 명의 피해자가 발생했다. 남미, 호주, 뉴질랜드에서도 피해 사건이 증가하는 추세다. 불행히도 전 세계 정치권은 FGM을 종식할 강력한 조치를 시행하는 데 관심을 거의 두지 않는다.

21세기 사회에 이 끔찍한 폭력이 발붙일 틈이 있어서는 안 된다. 하지만 우리의 활동이 없다면, 이 이슈는 금세 사람들의 관심에서 사라질 것이다. 이 때문에 우리는 끊임없이 전 세계의 수많은 사람과 부딪치며 할 수 있는 한 최대한 많은 피해자를 돕고 여아를 보호하는 데 힘쓰고 있다.

우리의 인내와 끈기 덕분에, FGM을 금지하는 법인이 현재 전 세계 거의 모든 국가에서 채택되었으며, 여러 매체에서도 정기 보고를 보도하고 있다.

사막의 꽃 재단 설립 이후로, FGM에 관해 4천 건이 넘는 조사가 이루어졌다. 이렇게 많은 이들이 이 문제에 주목한다는 사실은 사람들이 적극적으로 관심을 두기 시작했고, 그들도 변화를 원한다는 의미다.

2002년 이후, 우리는 전 세계에서 13만 건이 넘는 이메일을 받았고 거기에 응답했다. 매년 우리 웹사이트는 백만 명이 넘는 방문자 수를 기록하며, 페이스북, 트위터, 유튜브, 사막의 꽃 블로그와 같은 SNS 계정을 통해 수백만이 넘는 사람들과 소통하고 있다.

우리 활동의 중점 중 하나는 FGM을 사람들의 인식 속 선두에 자리매김하고, 피해 여성의 상황을 개선하는 것이다. 하지만 그것만으로는 충분하지 않다. 나는 우리의 목표가—이 범죄에 영원한 종지부를 찍는 것—최대한 빨리 이루어지기를 원한다. 따라서 우리는 유망한 새 프로젝트를 몇 가지 시작하여, 운동에 대한 지속적이고 다각적인 접근법을 택해 목표를 달성하기 위한 싸움을 계속할 계획이다.

사막의 꽃 센터

2013년 9월 11일, 독일 베를린에서 우리의 첫 센터가 개관하여 재단의 역사에 한 획을 그었다. 사막의 꽃 센터는 사막의 꽃 재단과 베를린 발트프리드 병원의 합작 프로젝트로 세워졌다.

사막의 꽃 센터는 FGM 피해자들이 전인적 치료와 지원을 받을 수 있는 세계 최초의 기관이다. 복구 수술과 더불어 산부인과 및 비뇨기과 치료는 물론이고 장기와 골반 저부 수술도 지원한다.

또한 숙련된 심리학자와 사회 복지사가 피해 여성과 가족에게 심리 치료와 복지를 제공한다.

음핵을 수술로 복구하는 기술을 개발하여 현재까지 5천 건이 넘는 수술을 집도한 파리 출신 의사 피에르 폴데즈가 베를린 센터에 자문을 돕고 있다.

사막의 꽃 재단 의료 팀장이자 베를린 센터장인 의사 롤란트 셔러와 함께, 폴데즈는 센터 개관 다음 날 첫 환자 두 명의 수술을 성공적으로 마쳤다. 최근 셔러는 독일 최고의 의사 100인에 (이번이 처음은 아니지만) 이름이 올랐다.

베를린 센터에서는 FGM 피해를 당했거나 위협을 받는 여아와 성인 여자를 위한 워크숍과 세미나도 개최한다. 사회 복지사, 구호원, 의료 스태프, 교사 및 비정부기구 활동가를 위한 연수 프로그램도 제공한다.

문화 행사 프로그램도 제공되는데, 콘서트, 전시회, 독서 모임과 영화 상영회, 그리고 사막의 꽃 재단을 돕는 자선 행사도 기획하고 있다.

재단에서는 이미 발트프리드 병원 직원을 위한 최초의 워크숍을 성황리에 개최했다.

여러 세계 매체에서 우리 센터의 건립과 활동을 예상보다 훨씬 더 주목했다. 스위스, 터키, 프랑스, 네덜란드, 이집트, 케냐, 에티오피아와 지부티에도 센터 설립이 진행 중이다.

복구 수술과 의료 지원은 무상으로 제공되며, 기부금으로 운영된다. 각 사막의 꽃 센터에서 진행 중인 활동에 관해 더 자세한 정보를 알고 싶다면 사막의 꽃 재단 웹사이트*, 페이스북, 트위터, 사막의 꽃 블로그**를 참고하시길.

어린 사막의 꽃 구하기

매년 여성성기훼손의 위협으로부터 천 명의 어린 사막의 꽃을 구하는 것이 우리의 목표다. 그리고 여러분이 우리를 도울 수 있다. 어린 사막의 꽃을 직접 후원할 수 있고, 절차도 매우 간단하다.

* www.desertflowerfoundation.org
** warisdirie.wordpress.com

매달 30유로(약 4만원)라는 적은 돈으로 성기훼손으로부터 여아를 구할 수 있다.

또한 재단에서는 기부금으로 여아의 어머니와 가족을 교육하여, 이 끔찍한 폭력에 종지부를 찍으려 노력하고 있다. 어머니가 지원금을 받으려면 딸을 해당 지역의 사막의 꽃 센터에 데려가야 한다. 첫 상담을 마치고 나면, 모녀 보호 계약서에 서명한다. 어머니는 딸이 성기훼손을 당하지 않게 보호할 것, 그리고 거주지 관할 사막의 꽃 재단에서 운영하는 FGM 교육 워크숍에 매달 참가할 것을 약속한다. 또한 일 년에 네 번 딸을 재단 협력 소아과 의사에게 데려가 건강 검진을 받도록 해 아이의 성기훼손 여부를 확인받아야 한다. 이들은 사진이 부착된 모녀 보호 서류를 받으며, 거기에 매달 가족이 지원받는 돈의 금액과 워크숍 출결 상황, 딸의 건강 검진 결과가 기록된다. 아이가 15세가 될 때까지 가족은 금전적 지원을 받는다.

사막의 꽃 재단은 학령기 여아가 학교에 다니도록 돕는 데 특히 큰 노력을 기울이고 있다. 이들이 학교를 졸업하면 재단에서 구직 활동도 지원한다.

이는 사막의 꽃 센터가 직업 안내 센터 역할도 수행한다는 의미다. 교육과 경제적 독립만이 아프리카 여성을 억압에서 구하고 폭력에서 보호하며 여성성기훼손을 영원히 종식할 방법임을 나는 확신한다.

한국 독자들이 사막의 꽃 구하기 프로젝트에 참여하는 방법과 더 자세한 정보는 책 날개의 QR코드 또는 www.savingsafa.com에서 찾아볼 수 있다.

저자의 말

한국의 독자와 모든 후원자 여러분에게

처음으로 사파를 만나던 날이 생각납니다. 동아프리카의 지부티, 영화 「데저트 플라워」 오디션 현장이었죠. 사파는 저와 다른 영화 관계자들을 한눈에 사로잡았습니다. 이 작고 어린, 흠잡을 데 없이 완벽한 아이는 발발라에서 왔습니다. 열악한 빈민가 사람들은 날마다 삶과 죽음의 갈림길에 섭니다. 하지만 그때부터 이미 사파의 눈동자에는 특별한 빛이 반짝이고 있었습니다. 활짝 웃는 두 눈이 희망과 자신감으로 반짝였습니다. 그건 분명 자신에 대한 확신이었습니다. 머지않아 사파가 영화에서 제 아역을 맡게 되리라는 점이 분명해졌습니다.

이제 사파는 제게 친딸과도 같은 존재가 되었습니다. 이 책에서 그려내는 과정처럼 제가 사막의 꽃 재단과 함께 사파를 FGM의 위협에서 구해냈기 때문만은 아닙니다. 무엇보다도 사파가 스스로 그 모든 역경에 맞서, 사파를 둘러싼 여러 불리한 조건에 맞서 자신의 길을 개척했기 때문입니다.

사파를 볼 때마다 이루 말할 수 없는 자랑스러움을 느낍니다. 이제 사파는 누구보다도 자신감 넘치고, 결단력 있고, 포부가 큰 열다섯 청소년이 되었습니다. 의사와 배우가 되기를 희망하고, 교육이 자신의 삶에 있어 얼마나 중요한지 잘 알고 있습니다. 여성으로서 자신의 삶에 결정권을 갖는 미래를 위해서라면 교육이 반드시 필요하다는 사실을.

사파는 제가 사막의 꽃 재단과 함께 '어린 사막의 꽃 구하기'라는 후원 프로젝트를 시작하게 된 계기였습니다. 이 기금 마련 프로젝트는 현재까지 FGM으로부터 여아 수천 명을 구하는 쾌거를 이루었습니다. 사파는 이제 상징적인 인물이 되었습니다. 그 야만적인 악습과의 싸움뿐 아니라, 전 세계 여아와 여성의 권리를 위한 싸움의 산증인이 되었습니다. 사파는 더 나은 세상, 즉 정의와 존중, 여성과 남성이 평등한 세상의 상징입니다. 사파가 이 프로젝트의 얼굴이 되어주었습니다, 여아와 여성이 자신의 꿈을 위해 싸우도록 격려해 주었습니다. 사파는 우리에게 여성의 권리가 곧 인권이라는 진리를 끊임없이 상기해 줍니다.

사파가 제 앞에 설 때마다, 저는 이 세상의 미래를 봅니다. 사파는 새로운 흐름이자 긍정적인 변화를, 여성 또한 동등하게 만들어나갈 세상이 어떤 세상인지 보여줍니다. 여자도 선두에 설 수 있는 세상이 바로 그것입니다.

이 변화의 흐름은 현재 한국 여성 사이에서도 멈출 수 없는 강력한 운동으로 발전해 나가고 있습니다. 한국의 놀라운 여성운동을 저 또한 관심을 두고 지켜보고 있습니다. 한국은 자유국가이긴 하지만, 여전히 여성에 대한 차별이 존재합니다. 한국 여성에게 제가 전하고 싶은 메시지는 바로 이것입니다. '페미니스트'라는 단어를 욕으로 내뱉는 사람에게, 웃어 보이세요. 그 말을 칭찬으로 여기세요. 저는 확신합니다. 여자가 이 세상을 구할 것이고 더 나은 세상으로 만들 거라는 점을. 더 많은 이해와 사랑, 공감이 있는 사회로 말입니다.

그래서 저는 한국의 여성들에게 이렇게 전하고 싶습니다. 당당히 일어서세요! 여러분의 삶이고, 여러분의 미래고, 여러분의 권리입니다. 자신의 소득을, 교육을, 자립을 위해 싸우세요. 자기 자신이 성적 대상물로 전락하는 걸 두고만 보지 마세요. 창조적인 해결책으로 더 나은 세상을 만들 수 있다는 확신을 가지세요. 서로를 위해, 또 서로와 함께 일어서야 합니다. 더 많이 동참할수록, 성공할 확률은 커집니다. 여자임을 늘 자랑스레 여기세요. 사파를 등불로 생각해 주세요. 사파가 받았던 소외와 배척은 사파를 더욱더 강하게 만들었습니다. 여러분 자신이 하는 일에 자꾸만 의심이 드시나요? 그럴 땐 사파의 눈을 들여다보세요.

와리스 디리
한국에 사랑과 평화를 보내며,

펴내는 말

우리가 함께 사막의 꽃을 피운다면

이 책 『사파 구하기』의 첫인상은 정말 강렬했습니다. 저는 2018년 예멘 난민 사태를 여성주의 관점에서 분석한 책 '난민과 여성혐오'를 쓰기 위해 이슬람 여성인권과 FGM 실태에 관해 조사하고 있었고, 웹사이트에 세계적인 여성성기훼손 철폐 운동가 와리스 디리를 검색했습니다. 사막의 꽃 시리즈로 유명한 그의 저작 중에 국내에 출간되지 않은 책이 있었습니다.

표지에서 제 딸과 꼭 같은 또래로 보이는 똘망똘망한 눈빛을 한 여자 아이를 본 순간, 책에 관한 궁금증이 터져나왔습니다. '사파라는 이름을 가진 이 아이가 누굴까, 이

아이에게 어떤 사연이 있는 걸까.'라는 독자로서의 궁금
증에다 '와리스 디리의 책이 많은 사람들에게 감명을 주
었고 국내에서도 베스트셀러가 되었는데 어째서 이 책은
아직 한국에 나오지 않은 걸까.'하는 출판 편집자로서의
궁금증까지 더해졌습니다.

　시간이 흐른 뒤에 번역가의 수고를 거쳐 나온 초고를
읽으면서 이 책을 출간하기로 결정한 것이 정말 탁월한
선택이었다고 다시 한 번 느끼게 되었습니다. 애초에 유
명 연예인이었던 와리스의 고백은 세계를 놀라게 했고,
여성성기훼손에 관한 모두의 관심을 이끌어낼 수 있었습
니다. 그는 UN과 유럽 연합, 아프리카 연합 등 국제기구
의 인권대사와 초빙 연사로 활약하면서 각국의 대통령과
장관을 만났습니다. 그러나 변화는 너무나도 더뎠고, 국제
사회는 언제까지고 '인식 개선'을 위한 결의를 반복할 뿐
이었습니다. 와리스와 사막의 꽃 재단은 결국 풀뿌리 운
동으로 팔을 뻗혀 대중의 참여를 통한 운동을 기획하게
됩니다. 그 프로젝트가 바로 이 책에서 다루고 있는 '어린
사막의 꽃 구하기'이며, 이 책의 원서가 출간된 후로 수년
이 지난 지금은 벌써 수많은 여아가 여성성기훼손으로부
터 보호받았습니다.

　이 책의 출간을 기획하면서 저 역시 한 사람의 여성운

동가로서 여성박해의 역사를 끝장내기 위해 행동해야 하며, 많은 독자들과 여성들에게 행동할 수 있는 기반을 제공해야 할 책임이 있다고 생각하게 되었습니다. 열다북스는 페미니스트들이 만든 여성주의 출판사이며 이 시대 중요한 페미니즘 담론을 제시하고 이론적 투쟁을 통해 여성 인권 운동을 전개해 나가고 있습니다.

여성주의 출판운동은 사람들이 생각을 바꾸고, 인식을 개선하도록 만드는 데 중요한 역할을 하지만 그것만으로는 충분치 않습니다. 이미 여성성기훼손이라는 악습에 관해 충분히 알고 있고 이를 근절해야 한다는 데 뜻을 같이하고 있는 여성들도 이를 실천할 수 있는 방법을 찾기 힘듭니다. 이는 심각한 문제가 아닐 수 없습니다. 사파구하기는 좋은 책이지만, 뜻 있는 여성들이 책을 읽고 나서도 당장 사파를 구하러 나설 수 없다면, 지구상의 다른 자매들이 겪고 있는 탄압과 핍박이 우리에게 한낱 지식거리밖에 되지 않을 것이기 때문입니다.

한국에서 여성운동은 여전히 현재진행형이고, 성폭력과 성차별에 대항해 쟁취해 나갈 부분이 아직도 많이 있지만 우리가 처한 문제를 놓고 치열하게 싸우는 만큼 우리보다 열악한 환경에 처한 자매들을 돌아보는 것도 중요합니다. 세상에 여자라는 이유로 고통받는 여성이 단 한 명이라도 존재하는 한 우리 역시 그 탄압으로부터 자유로울 수 없기 때문입니다.

우리 여성들은 모두 연결되어 있습니다. 한 쪽에서 성기 훼손을 당하는 여아들이 있는가 하면, 다른 쪽에서 성착취 피해자가 되는 여아들이 있습니다. 여자는 남자를 유혹하지 않기 위해 머리와 몸을 가려야만 하는 문화가 있는가 하면, 여자가 남자의 성적 만족을 위해 벗고 노출하고 화려하게 꾸며야만 하는 문화가 있습니다. 여자라는 이유로 글을 쓰고 읽는 것조차 허락되지 않는 세상이 있는가 하면, 여자가 아무리 똑똑하고 배울 만큼 배웠어도 채용과 승진에서 누락되어 패배를 맛봐야만 하는 세상이 있습니다. 경제 수준이 다르고 문화가 다르고 피부색이 다르고 삶의 모양새가 달라도 우리 여자들은 결국 모두 같은 운명으로 연결되어 있습니다. 우리가 자매의 손을 잡고 함께 탈출해야 하는 이유입니다.

초고를 읽은 저는 와리스에게 편지를 보내서 최근 몇 년간 강력한 여성운동을 전개해 나가고 있는 한국 여성들이 아프리카의 성기훼손 악습을 근절하고 피해자와 연대하기 위해 할 수 있는 행동을 알려달라고 요청했습니다. 이후 사막의 꽃 재단과의 연이은 서신 교환을 통해 한국에서도 사막의 꽃 재단에 직접 기부할 수 있는 길이 열렸습니다. 한국의 인천여성의전화와 사막의 꽃 재단이 기부 협약을 맺고 아프리카 시에라리온에 여자아이들을 위한 학교를 세우기로 한 것입니다.

『사파 구하기』에서 시작된 아이디어는 이제 아프리카에 학교를 짓고 여아들을 교육함으로써 자립과 자존을 지원하는 방식으로 발전했습니다. 재단은 가족에게 딸아이를 키우고 공부시키는 데 드는 경제적 지원을 하고, 아이는 분기마다 소아과 의사에게 안전을 확인받습니다. 지원을 받는 아이는 반드시 학교에 다녀야 하며, 학교에서는 여아의 자립을 위한 교육과 취업 기회까지 제공합니다. 여성성기훼손 관습이 여성들에 의해 전수되고 유지되는 특성을 고려하여 역시 성기훼손 피해자인 여아의 어머니는 물론이고 나아가 지역 공동체를 교육합니다.

의사와 영화배우가 되겠다는 꿈을 가지고 공부하고 있는 사파처럼, 저마다의 꿈을 이루기 위해 노력하고 배우는 여느 나라의 어린이들처럼 아프리카의 다른 여아들도 똑같은 권리와 자유를 누릴 수 있도록 하는 일입니다.

이 책을 읽은 독자들은 앎에 그치지 않고 행동할 수 있습니다. 와리스가 그렇게 했듯이 우리 각자가 작은 행동과 손길로 단 한 명의 사파를 구할 수 있습니다. 와리스 디리는 한국 여성들을 위한 메시지를 친히 써 보내면서, 최근 들불처럼 일어난 한국의 페미니스트들이 여성성기 훼손을 종식하기 위한 일에도 힘을 보태줄 것을 당부했습니다.

미투, 스쿨미투, 탈코르셋, 온라인 성폭력 근절과 타협 없는 반성착취 운동으로 이어진 한국 여성운동의 새로운 물결은 세계의 관심을 받았습니다. 여성 수만 명이 모여 붉게 물든 혜화역과 광화문 광장은 외신을 타고 전해져 다른 나라 여성들의 마음에도 깊은 감동을 전해주었습니다. 한국 사회를 놀라게 하고, 세계 언론의 주목을 받은 한국 여성운동이 그 선한 영향력을 더 먼 곳에까지 뻗칠 차례입니다. 우리 한 명 한 명은 세상을 구할 수 없지만 문화와 종교라는 이름 아래 박해 당하는 여성을-고통받는 한 아이를 구할 수 있습니다. 한 아이는 하나의 세계입니다.

내가 구한 사파가 자라서 변화시킬 아프리카의 미래, 인류의 미래, 여자라는 이유로 참혹한 고문에 시달리지 않아도 되는 모든 여자들의 미래를 기대해 주세요. 사파의 얼굴을 가만히 들여다 보고, 도와주겠다고 말해 보세요. 우리가 도우면 생살점이 잘려나가는 고통을 끝장낼 뿐만 아니라 작지만 귀한 희망까지도 줄 수 있다고.

이 책에서 와리스와 사파, 이나브가 증명하듯 한 아이를 살리는 것은 온 세상을 구하는 일이며, 그것이 곧 나를 구하는 일이 될 것입니다. 우리는 절망 속에서 희망을 길어올리며, 희망 속에서 살아갈 힘을 얻는 여자들이기 때문입니다.

국지혜 열다북스 대표,
'프로젝트 사파구하기' 디렉터

이 책은 열다북스 멤버십 **열린자매들**의 후원으로 만들어졌습니다.

옮긴이 신혜빈

이화여대에서 영문학을 전공하고 같은 대학 통번역대학원을 졸업했다.
현재 프리랜서 번역가로 활동 중이며, 옮긴 책으로는 『와이 아트?』, 『포
르노랜드』 등이 있다.

사파 구하기

초판 펴낸 날 2021년 6월 1일

지은이 와리스 디리 / **옮긴이** 신혜빈
편집 국지혜 / **디자인 표지** 임지인, 본문 영롱한 디자인 / **마케팅** 조현림

펴낸이 국지혜 / **펴낸곳** 열다북스 / **출판등록** 제 353-2017-000032호
주소 인천광역시 부평구 길주로 547번길 8-14

팩스 0303-3442-0517 / **전화** 070-8844-0517
홈페이지 www.yeoldabooks.com
페이스북, 인스타그램 @yeoldabooks
이메일 yeoldabooks@protonmail.com

ISBN 979-11-90158-35-0